Michael Heinlein
Die Erfindung der Erinnerung

Michael Heinlein (Dr. phil.) forscht und lehrt an der Universität München. Seine Arbeitsschwerpunkte sind kollektive Erinnerung, Kosmopolitisierung und Arbeit.

Michael Heinlein

Die Erfindung der Erinnerung

Deutsche Kriegskindheiten im Gedächtnis der Gegenwart

[transcript]

Bibliografische Information der Deutschen Nationalbibliothek
Die Deutsche Nationalbibliothek verzeichnet diese Publikation in der Deutschen Nationalbibliografie; detaillierte bibliografische Daten sind im Internet über http://dnb.d-nb.de abrufbar.

Umschlaggestaltung: Kordula Röckenhaus, Bielefeld
Umschlagabbildung: Julia Hochmuth
Lektorat & Satz: Michael Heinlein
Druck: Majuskel Medienproduktion GmbH, Wetzlar
ISBN 978-3-8376-1609-5

Gedruckt auf alterungsbeständigem Papier mit chlorfrei gebleichtem Zellstoff.

Besuchen Sie uns im Internet: *http://www.transcript-verlag.de*

Bitte fordern Sie unser Gesamtverzeichnis und andere Broschüren an unter: *info@transcript-verlag.de*

Inhalt

TEIL II: DAS MEDIKALISIERTE GEDÄCHTNIS

Danksagung

Dieses Buch stellt eine überarbeitete Fassung meiner Dissertation am Institut für Soziologie der Ludwig-Maximilians-Universität München dar. Sowohl das Schreiben der Dissertation als auch das Überarbeiten zum vorliegenden Text wäre ohne die Hilfe und Unterstützung zahlreicher Personen nicht möglich gewesen. Ulrich Beck hat die Arbeit mit großem Interesse und ebenso großer Geduld betreut – dafür sei aufs Herzlichste gedankt! Für wertvolle Anregungen und Kritik gilt mein Dank Lars Breuer, Oliver Dimbath, Edgar Grande, Albert Gröber, Heiner Keupp, Daniel Levy, Annette Meyer, Nina Müller, Judith Neumer, Tobias Ritter, Michael Schillmeier, Natan Sznaider und Harald Welzer. Maria Hoffmann und Christina Patz haben mir bei der Transkription der Interviews bzw. beim Korrekturlesen des Textes unter die Arme gegriffen – auch dafür sei herzlich gedankt! Ohne die liebevolle Unterstützung meiner Eltern und insbesondere meiner Lebenspartnerin Julia Hochmuth wäre all dies jedoch nicht möglich gewesen. Dir, Julia, ist dieses Buch gewidmet.

München, im Juli 2010 Michael Heinlein

Einleitung

> Nur deshalb spricht man so viel vom Gedächtnis, weil es keines mehr gibt.
> PIERRE NORA

DIE ENTDECKUNG DER KRIEGSKINDER

»Soviel Hitler war nie.« Mit dieser Formel leitet der Historiker Norbert Frei nicht nur seine scharfsinnigen Beobachtungen zum Umgang der Deutschen mit dem Dritten Reich ein, sondern bringt auch den Umstand auf den Punkt, dass momentan eine »Flut von Filmen, Fernsehbildern und Erinnerungen uns, den Nachgeborenen« (Frei 2005: 7) das Jahr 1945 näher denn je bringt.[1] Blickt man auf den aktuellen Erinnerungsdiskurs, dann macht jedoch auch eine kleine Änderung des Satzes Sinn: Soviel *Kriegskindheit* war nie. Mehr als sechzig Jahre nach dem Ende des Zweiten Weltkriegs wird die so genannte *Generation der Kriegskinder* – damit sind die Menschen gemeint, die kurz vor, während und nach dem Zweiten Weltkrieg geboren wurden und seine Schrecken bzw. unmittelbaren Nachwirkungen in ihrer Kindheit miterlebt haben[2] – von der öffentlichen Erinnerung entdeckt und als letzte lebende Kriegsgeneration in das Zentrum der Aufmerksamkeit

---

1 Die Zitate in diesem Buch wurden an die neue Rechtschreibung angeglichen.

2 Auch wenn die Zahlen je nach Autor etwas schwanken, werden in der Regel die Geburtsjahrgänge zwischen 1930 und 1945 als »Generation der Kriegskinder« definiert. Die Probleme, die diese Definition aufwirft, werden im Laufe dieses Buches erörtert.

gerückt. Auf welche Weise, aus welchen Gründen und in welchen Kontexten dies geschieht, ist Thema dieses Buches.

Die Erinnerungen von Kriegskindern werden gegenwärtig nicht nur in Form von unzähligen autobiografischen Schriften – Schätzungen gehen davon aus, dass pro Jahr bis zu 1000 Autobiografien und autobiografische Romane auf den Markt kommen – sowie populärwissenschaftlichen Büchern publiziert und publikumswirksam vermarktet, sondern auch gesammelt und archiviert[3], in das Zentrum wissenschaftlicher Veranstaltungen gerückt und zum Gegenstand therapeutischer Diskurse gemacht. Was im Rahmen dieser buchstäblichen »obsession with memory« (Huyssen 1995: 6) auffällt, ist, dass der öffentliche Erinnerungsdiskurs sich fast ausschließlich auf *deutsche* Kriegskindheiten konzentriert – die Schicksale jüdischer und auch anderer Kinder, die von der nationalsozialistischen Vernichtungspolitik betroffen waren und den Holocaust überlebten, stellen demgegenüber ein eher randständiges Thema dar. Dies mag auch damit zu tun haben, dass im Zusammenhang mit den deutschen Kriegskindern nicht selten die Rede von einem *Tabu* ist, das (wie man ergänzen muss: angeblich) gebrochen wird: Mit den Erinnerungen der Kriegskinder könne, so der Tenor nicht weniger Autoren[4], endlich auch das im Zweiten Weltkrieg selbst erlebte, und das heißt: *deutsche* Leid öffentlich thematisiert werden. So spricht etwa die Journalistin Sabine Bode in ihrem breit wahrgenommenen Buch *Die vergessene Generation: Die Kriegskinder brechen ihr Schweigen* davon, dass seit

»der Kosovo-Erschütterung im Jahr 1998, als erstmals nach 1945 deutsche Soldaten wieder an einem Krieg beteiligt waren, und seit der Nobelpreisträger Günter Grass mit seinem Bestseller ›Im Krebsgang‹ dafür plädierte, dass die Deutschen nun auch ihre eigenen unverarbeiteten Kriegsverletzungen in den Blick nehmen sollten, [...] ein Tabu gelockert worden« sei (Bode 2004: 32).

---

3 Dieser Aufgabe widmet sich insbesondere das Siegener Zentrum für Kindheits-, Jugend- und Biographieforschung.

4 Mit Nennung der männlichen Funktionsbezeichnung ist in diesem Buch, sofern nicht anders gekennzeichnet, immer auch die weibliche Form mitgemeint.

Worin genau dieses Tabu besteht, woher es kommt und durch welche Akteure, Praktiken und Institutionen es aufrechterhalten wird, bleibt in Bodes ebenso energischen wie engagierten Ausführungen leider offen.[5] Doch habe, so die Autorin weiter, diese Lockerung bewirkt, dass sich nun auch die letzten Opfer des Zweiten Weltkriegs, die Kriegskinder hervorwagten, um über »eine Welt, die 60 Jahre lang verschwiegen wurde« (ebd.: 33), über ihre Erfahrungen und ihr Leid im Zweiten Weltkrieg zu sprechen.

Blickt man genauer auf die unmittelbare Nachkriegszeit in Westdeutschland, dann wird jedoch schnell klar, dass die Behauptung, die deutschen Opfer des Krieges seien nach dessen Ende ausschließlich tabuisiert oder beschwiegen worden, so eindeutig und klar nicht aufrecht erhalten werden kann. Vielmehr ist, wie unter anderem der Historiker Robert G. Moeller zeigt, in der unmittelbaren Nachkriegszeit aus verschiedenen Gründen genau das Gegenteil der Fall gewesen:

»By telling stories of the enormity of their losses, West Germans were able to reject charges of ›collective guilt,‹ briefly leveled by the victors immediately after the war, and claim status of heroic survivors. By focusing on the experiences of expellees and POWs in the Soviet Union, they could talk about the end of the Third Reich without assuming responsibility for its origins. In this abbreviated account of National Socialism, all Germans were ultimately victims of a war that Hitler had started but everyone lost. This focus contributed to an account of National Socialism in which Nazi crimes were committed by a handful of fanatics who did not truly represent the German people. In the rhetoric of the 1950s, Jews and other had suffered extraordinary losses, but so too had Germans.« (Moeller 2001: 3 f.)

---

5 Die Psychoanalytikerin Luise Reddemann spezifiziert diesen Tabuverdacht in ihrem Nachwort zu Bodes Buch, ohne dabei jedoch auf die oben genannten Fragen einzugehen: »In den vergangenen Jahren ist mir in meiner therapeutischen Arbeit immer deutlicher geworden, dass es zwar inzwischen möglich ist, sich mit individuellen Traumata zu beschäftigen, dass es aber ein gesellschaftliches Tabu ist, mit dem noch immer viele identifiziert sind, über die kollektiven Traumatisierungen, die der Zweite Weltkrieg und die Nachkriegszeit mit Hunger, Kälte und Vertreibung mit sich brachten, nachzudenken.« (Reddemann 2004: 284 f.)

Opfererzählungen spielten im Nachkriegsdeutschland allein deshalb schon eine zentrale Rolle, da sie einen entlastenden Umgang mit dem verbrecherischen Naziregime und dem Vorwurf der Kollektivschuld möglich machten: Indem die Täter die Anderen waren – eine Handvoll fanatischer Nationalsozialisten –, konnte man Fragen der kollektiven Schuld nicht nur leicht beantworten, sondern sogar von vornherein vermeiden. Die Konzentration auf die so genannten Heimatvertriebenen und die deutschen Kriegsgefangenen, die sich in sowjetischer Hand befanden, erlaubte es darüber hinaus, den Blick von den eigenen Taten auf die der Kriegsgegner zu richten. Dass im Rahmen dieser »Vergangenheitspolitik« (Frei 2003) nichts tabuisiert wurde, zeigt aber auch der Umstand, dass von 1949 bis 1969 ein Bundesministerium für Vertriebene, Flüchtlinge und Kriegsgeschädigte existierte, das sich nicht nur um die Interessen dieser Gruppen kümmerte, sondern zwischen 1954 und 1961 auch eine *Dokumentation der Vertreibung der Deutschen aus Ost-Mitteleuropa* in acht Bänden herausgab.[6] Unter der Regie namhafter Historiker wurde aus der Sicht Betroffener von den Schrecken und der Gewalt berichtet, die Deutsche während der Vertreibung erfahren mussten.[7]

Im Zuge dieser sehr präsenten Erinnerung und öffentlichen Anerkennung deutscher Opfer wurden auch die Erfahrungen deutscher Kriegskinder nicht verschwiegen oder tabuisiert. So finden sich mit Heinrich Bölls *Haus ohne Hüter* aus dem Jahr 1954, das von der familiären Bewältigung des Verlusts des im Krieg gefallenen Vaters handelt, und mit Heinz Küppers 1963 erschienenem Debütroman *Simplicius 45*, in dem der Zweite Weltkrieg und das Dritte Reich aus der Sicht eines Jungen beschrieben werden, frühe literarische Verarbeitungen, die auch über die deutschen Grenzen hinaus bekannt wurden. Doch auch in den Schriften von Autoren wie Alexander Kluge, Christa Wolf und Peter Handke spiegeln sich die kindlichen Erfahrungen insbesondere des Bombenkriegs teils offen, teils zwischen den Zeilen wider (vgl. Hage 2005). Micha Brumlik zieht daraus den Schluss, dass

6 Die Dokumentation wurde 2004 vom Deutschen Taschenbuch-Verlag in einer Gesamtausgabe neu aufgelegt.

7 Zur Problematik der Deutschen als Opfer siehe auch die bei Niven (2006a) versammelten Aufsätze.

es sich hier – wie man hinzufügen muss: bezogen auf den öffentlichen Umgang mit der deutschen Vergangenheit, von dem das einer eigenen Logik folgende familiäre Erinnern und Verschweigen zu unterscheiden ist – um ein *unechtes Tabu* handelt, das »im besten Fall Ausdruck historischer Unbildung, im schlechtesten Fall Ergebnis einer geschichtsklitternden Lüge« sei (Brumlik 2005: 549).[8] Ob damit die Eigenschaften und Motive des gegenwärtigen Kriegskinderdiskurses treffend benannt sind, bleibt zu diskutieren und soll hier nicht Thema sein. Richtig aber ist, dass nach 1968 die deutschen Opfer im öffentlichen Diskurs zunehmend in den Hintergrund gerückt wurden. Doch spricht auch hier wenig dafür, ein ausgewiesenes Tabu am Werk zu sehen. Vielmehr zeigt sich, wie Norbert Frei argumentiert, mit dem Aufkommen der Generation der 68er eine »freiwillige Selbstzensur. Wer von den Deutschen als Opfer sprach, galt als rückwärtsgewandt, tendenziell revanchistisch. Erst seit den 90ern kehrt das Thema mit immer noch zunehmender Wucht zurück.«[9]

Vergleicht man nun die unmittelbare Nachkriegszeit mit der aktuellen Gegenwart, dann scheint der vormals harte Opferdiskurs der 1950er Jahre einem weicheren, emotionalen Diskurs gewichen zu sein, der auf die kriegsbedingten *psychischen* Leiden der Bevölkerung aufmerksam machen will und das *private* Gedächtnis des Zweiten Weltkriegs in den Vordergrund rückt (vgl. Welzer 2008; Stargardt 2007). Doch warum ist das so und warum erhält die Generation der Kriegskinder in diesem Zusammenhang solch große Aufmerksamkeit? Sucht man nach einer dezidiert *soziologischen* Antwort auf diese Frage[10], dann kommt eine gesellschaftliche Dynamik in den Blick, die

---

8 Einen guten Überblick über die historische Literatur zum deutschen Leid in der Nachkriegszeit bietet Berger (2006). Auch sein Fazit lautet, dass »at no point in the history of historiography on the Second World War was there anything resembling repression of the theme of German victimhood.« (Ebd.: 217)

9 Zitiert aus Jan Feddersen/Stefan Reinecke: »Es gab doch keine Tabus«, Interview mit Norbert Frei und Helga Hirsch in der taz vom 08. April 2005, S. 3-4.

10 Aus psychologischer und biografietheoretischer Sicht erklärt sich der gegenwärtige Erinnerungsboom daher, dass die Kriegskinder sich mittler-

sich in Anlehnung an Aleida Assmann (2003: 14) folgendermaßen formulieren lässt: Je weiter sich das Ereignis Zweiter Weltkrieg entfernt, desto näher scheint es uns paradoxerweise zu rücken. Spätestens seit dem mit großem Aufwand begangenen Gedenkjahr 2005 zum sechzigjährigen Ende des Zweiten Weltkriegs ist klar, dass in Deutschland von der vielfach beklagten Last der Erinnerung keine Spur mehr zu finden ist. Erinnern wird vielmehr zu einer öffentlich ausgelebten *Lust*, die bisweilen auch in eine unreflektierte Faszination und »Lust an der Schauseite des Nationalsozialismus« – so Harald Welzer in der Frankfurter Rundschau vom 7. Mai 2005 – umzuschlagen droht. Die Ursache für diese intensive Beschäftigung mit der Vergangenheit lässt sich auf einen zunächst schleichenden, in den letzten Jahren jedoch zunehmend an Brisanz gewinnenden *Umbruch* innerhalb der Erinnerungslandschaft zurückführen: Die Menschen, die die Zeit des Nationalsozialismus und den Zweiten Weltkrieg selbst miterlebt haben, beginnen uns zu verlassen – und damit droht auch das auf den persönlichen Erfahrungen beruhende Gedächtnis dieser Generation verloren zu gehen. Der öffentliche Mediendiskurs reagiert auf diesen möglichen Gedächtnisverlust mit einem *Mehr* an Erinnerung: Kaum eine Zeitung kommt ohne individuelle Erlebnisberichte zum Kriegsende aus, und auch andere populäre Medien wie Bücher, Dokumentationen und Spielfilme – man denke nur an das *Wunder von Bern* (2003), *Dresden* (2005) oder *Die Flucht* (2007) – bemühen sich

---

weile in einem Lebensalter befinden, in dem auf das bisherige Leben zurückgeblickt und Bilanz gezogen wird (vgl. Zinnecker 2006). Eine interessante politikwissenschaftliche Erklärung findet sich bei Bill Niven, der in der intensiven öffentlichen Diskussion über die deutschen Opfer des Zweiten Weltkriegs eine Folge des Regierungswechsels von Schwarz-Gelb zu Rot-Grün sieht: »Because German suffering was not a significant component of post-1998 memory politics, the shift to Red-Green represented, as it were, a ›handing over‹ of the theme to the public realm. It could be talked about without that fear of high-level political instrumentalisation which had obtained before.« (Niven 2006b: 8) Diese Interpretationen sollen weder angezweifelt werden, noch gilt es, die soziologische Perspektive als überlegen darzustellen. Die Fragen, die dieses Buch aufwerfen will, weisen schlichtweg in eine andere Richtung.

um authentische Einblicke in das zivile Gedächtnis des Krieges und die dort aufgehobenen privaten Erinnerungen. Die Kriegskinder werden im Zuge dieser Entwicklung folgerichtig zu den »letzten Zeugen« (Alexijewitsch 2005) dieser Zeit erklärt, denen man zuhören müsse, »bevor es zu spät ist« (Adler 2004).

Auch wenn sich mit diesem Umbruch innerhalb der öffentlichen Erinnerung noch nicht der von vielen Beobachtern befürchtete »triumph of the private over the public, of emotion over enlightenment, and of uncritical empathy over pedagogy« (Niven 2006b: 20) eingestellt hat, erlangen dennoch Narrative eine nicht zu unterschätzende Deutungsmacht, die im Vergleich zur institutionalisierten Erinnerungskultur in Deutschland eine *andere* Geschichte erzählen. Das durch Bombardierungen, Flucht und Vertreibung verursachte Leiden der Zivilbevölkerung, wie es auch in Jörg Friedrichs ebenso populären wie umstrittenen Buch *Der Brand* (2002) beschrieben wurde, rückt in den Mittelpunkt der Auseinandersetzung mit der Vergangenheit. Emotionsgeladene Erzählungen über das Überleben während des Trecks oder im Luftschutzbunker – deren paradigmatischer Ort nach Welzer/Moller/Tschuggnall (2002) das Gedächtnis der Familie ist – bestimmen zunehmend das öffentliche Bild der nationalsozialistischen Vergangenheit. Mit den Erinnerungen der Kriegskinder erhält das Leiden der Zivilbevölkerung nun jedoch auch einen Namen: Der medizinisch-psychologische Begriff des *Traumas* wird nicht nur zur Metapher für individuelle wie kollektive Kriegserfahrungen, sondern immer mehr auch zu einem wesentlichen Bezugspunkt des öffentlichen Erinnerns. Dass damit nicht die Lebenswirklichkeit aller zwischen 1930 und 1945 Geborener – ihre Zahl beträgt rund 14 Millionen (Bode 2006: 31) – abgebildet wird, liegt auf der Hand: Viele Kinder haben die Folgen des Zweiten Weltkriegs nur am Rande erlebt, nur wenige wurden dauerhaft traumatisiert (vgl. Stargardt 2006). Umso überraschender ist, mit welchem Nachdruck die Kriegskinder einerseits selbst in den Bereich der öffentlichen Erinnerung drängen, andererseits aber auch von verschiedenen Akteuren hinein gedrängt werden.

FRAGESTELLUNG UND AUFBAU DES BUCHES

Das Ziel der folgenden Ausführungen besteht nicht darin, die Generation der Kriegskinder in die historische Generationenfolge der Kriegs- und Nachkriegszeit einzuordnen oder die diskussionswürdige Rede von einer Generation der Kriegskinder mit soziologischen Mitteln zu plausibilisieren. Ebenso wenig geht es darum, das kollektive Trauma der Kriegskinder entlang medizinisch-psychologischer Diskurse und Kategorien zu untersuchen und dingfest zu machen. Vielmehr soll von Interesse sein, *auf welche Weise und mit welchen Folgen sich um das Thema deutsche Kriegskindheiten herum ein kollektives Gedächtnis zu bilden beginnt*: In welchen Zusammenhängen und mit Hilfe welcher gesellschaftlichen Praktiken entfaltet sich die öffentliche Erinnerung an deutsche Kriegskindheiten? Und auf welche Weise werden Kriegskinder selbst in diese Erinnerungspraxis einbezogen – zum einen als *Gegenstand* bzw. Objekt der Erinnerung, zum anderen aber auch als *aktive Akteure* des Erinnerns? Die Antwort auf diese Fragen, die ob der Aktualität und Unabgeschlossenheit des Themas in methodischer und theoretischer Hinsicht auf ein exploratives Vorgehen verweisen, erfolgt in zwei Schritten:

Teil I des Buches, der den Titel »Erinnerungspraktiken« trägt, nähert sich der Erinnerung an deutsche Kriegskindheiten zunächst aus einer stärker an theoretischen Fragen orientierten Perspektive. Dies ist – knapp formuliert – nicht selbstverständlich. Obwohl die Soziologie mit Maurice Halbwachs einen Theoretiker in ihren Reihen, der in seinen frühen Arbeiten – sein Buch *Das Gedächtnis und seine sozialen Bedingungen* erschien im französischen Original 1925, seine unvollendete Schrift *Das kollektive Gedächtnis* wurde posthum 1950 veröffentlicht – die Weichen für eine soziologische Auseinandersetzung mit kollektiven Gedächtnissen gestellt hat, blickt sie weitgehend auf eine Tradition der »gedächtnisvergessenen Theoriebildung« (Heinlein/Dimbath 2010) zurück. Nach Halbwachs' Tod am 16. März 1945 im KZ Buchenwald finden sich nur äußerst wenig Ansätze, die seine Ideen in soziologischer Perspektive fortführen oder sich *explizit* mit der Gedächtnisproblematik beschäftigen.[11] Ein Grund dafür mag in der Konstitutionsphase der Soziologie am Ende des 19. Jahrhunderts liegen: Die Modernität soziologischer Theorien und Diagnosen, wie sie etwa bei Max Weber oder Karl Marx zu finden sind, zeigt sich gerade darin, dass sie sich auf *gegenwärtige* Wirklichkeiten und mögliche *Zukünfte* konzentrieren. Erinnerung und Gedächtnis werden dabei implizit wie explizit mit überkommener Vergangenheit und Tradition gleichgesetzt und ausgeblendet. Vor diesem »gedächtnisvergessenen« Hintergrund will dieser Teil der Arbeit nun einen Zugang zu den Phänomenen der Erinnerung und des Gedächtnisses erschließen, der sich auf ihre gesellschaftliche *Praxis* konzentriert. Am Beispiel der Kriegskinder lässt sich – man möchte fast sagen: in Echtzeit – beschreiben, wie Erinnerung und Gedächtnis kollektiv *gemacht* werden, wie Erinnerung und Gedächtnis als gesellschaftliches Phänomen konstruiert und organisiert werden. Der Blick wird sich dementsprechend auf die konkreten *Herstellungspraktiken* des kollektiven Gedächtnisses der Kriegskinder richten und danach fragen, auf welche Weise individuelle Praktiken des Erinnerns darin einbezogen und verändert werden. Zu diesem Zwecke werden erinnerungssoziologische Einsichten mit praxistheoretischen Überlegungen verknüpft, wobei insbesondere auf Ideen der so genannten Akteur-Netzwerk-Theorie (z.B. Latour 2007; siehe auch Heinlein 2003) zurückgegriffen wird.

Teil II der Arbeit – überschrieben mit »Das medikalisierte Gedächtnis« – untersucht vor diesem Hintergrund, wie der medizinisch-psychologische Begriff des *Traumas* in die Konstruktion und Erfindung der Erinnerung an deutsche Kriegskindheiten eingebunden ist. Die bisherige Auseinandersetzung mit dem Phänomen des Traumas von Kriegskindern findet entlang zweier Fronten statt: Auf der einen Seite ist, wie oben bereits kurz angedeutet wurde, von einem notwendigen Tabubruch und der Aufgabe, das eigene Leid anzuerkennen die

---

11 Nur zögerlich nähert sich die Soziologie dem Gedächtnisthema, wobei die wesentlichen Impulse – wie etwa die Gründung der Zeitschrift *Memory Studies* im Jahr 2008 sowie eine Reihe von Überblicks- und systematisierenden Arbeiten (z.B. Connerton 1989, 2009; Olick/Robbins 1998; Middleton/Brown 2005; Misztal 2003a; Zerubavel 2003) belegen – vom angelsächsischen Raum ausgehen.

Rede, auf der anderen Seite wird dies als ein Versuch gewertet, die öffentliche Erinnerung mit Hilfe des Traumabegriffs so umzubauen, dass die deutsche Täternation als ein Volk von Opfern erinnerbar wird (vgl. etwa Frei 2005; Welzer 2008). Was dabei jedoch nicht in den Blick kommt, sind die *konkreten Mechanismen*, mit denen der medizinisch-psychologische Begriff des Traumas in der gesellschaftlichen Praxis zu einem wirkmächtigen Erinnerungsnarrativ gewendet wird, und die unterschiedlichen *Bedeutungen*, die Trauma dabei erhält. Die These, die die in diesem Teil versammelten empirischen Analysen anleitet, lautet dementsprechend, dass wir uns den Praktiken zuwenden müssen, mit denen das deutsche Leid im Zweiten Weltkrieg repräsentiert und legitimiert wird, um einerseits zu verstehen, warum gerade der Begriff des Traumas eine solch zentrale Rolle spielt, und andererseits die Dynamik des gegenwärtigen Umbruchs innerhalb der Erinnerungslandschaft – mit anderen Worten: das Verschwinden der Zeitzeugen – besser abschätzen zu können. Das Gedächtnis der Kriegskinder wird in diesem Teil des Buches als ein *medikalisiertes* Gedächtnis in den Blick kommen, in dem Trauma einerseits auf Individuen bezogen wird, andererseits aber auch als ein kollektives Trauma der Generation der Kriegskinder und, damit verbunden, der deutschen Nation inszeniert und erinnert wird.

Die beiden Teile dieses Buches beleuchten das komplexe gesellschaftliche Phänomen der Erinnerung an deutsche Kriegskindheiten somit aus unterschiedlichen Perspektiven, die auch mit verschiedenen Schwerpunktsetzungen einhergehen. Wichtig zu sehen ist dabei, dass im ersten Teil kein theoretischer Rahmen entwickelt wird, der im zweiten überprüft wird. Vielmehr soll im je unterschiedlich gewichteten Zusammenhang von theoretischer Reflexion und empirischer Illustration die Problematik der Erinnerung an deutsche Kriegskindheiten entfaltet werden. Für den Leser bedeutet das, dass sich die beiden Teile zwar für sich allein lesen lassen, jedoch erst in ihrem Zusammenspiel ein tiefenscharfes Bild (der Herstellung) des Gedächtnisses der Kriegskinder erzeugen.[12] Ein Schlusskapitel fasst noch einmal

12 Die Aufteilung der Arbeit in zwei Teile hat auch zur Folge, dass der Stand der Forschung einerseits zum Thema des Gedächtnisses aus sozialwissen-

pointiert die zentralen Erkenntnisse der beiden Teile zusammen und diskutiert den (erinnerungs-)soziologischen Ertrag des Buches. Ein technischer Hinweis: Alle Internetquellen, auf die verwiesen und aus denen zitiert wird, waren zum Zeitpunkt des Redaktionsschlusses am 1. Juli 2010 gültig.

EMPIRIE UND METHODE

Doch nicht nur auf theoretischer und empirischer, sondern auch auf *methodischer* Ebene soll der hier bereits anklingenden Komplexität von Erinnerung und Gedächtnis Rechnung getragen werden. Was genau mit dieser Komplexität gemeint ist, lässt sich mit einem Zitat des Phänomenologen Edward S. Casey verdeutlichen, der sich mit der Logik des *Remembering* – so der Titel seiner Studie – auseinander setzt. Er schreibt:

»In the case of memory, we are always already in the thick of things. [...] Not only because remembering is at all times presupposed, but also because it is always at work: it is continually going on, often on several levels and in several ways at once. Although there are many moments of misremembering and of not successfully recollecting, there are few moments in which we are not steeped in memory; and this immersion includes each step we take, each thought we think, each word we utter. Indeed, every fiber of our bodies, every cell of our brains, holds memories – as does everything physical outside bodies and brains, even those inanimate objects that bear the marks of their past histories upon them in mute profusion. What is memory-laden exceeds the scope of the human: memory takes us into the environing world as well as into our individual lives.« (Casey 2000: xix)

Das Bild des Dickichts (*thick of things*), das Casey hier verwendet, macht deutlich, dass sich der – zunächst individuell gedachte – Akt des Erinnerns auf ganz verschiedene Bereiche erstreckt und verteilt, die unter anderem Denken, Sprechen und auch körperliche Empfin-

schaftlicher Sicht, andererseits zum Trauma von Kriegskindern direkt in die jeweilige Argumentation eingebunden wird.

dungen umfassen. Die ständige Präsenz von Erinnerungen ergibt sich dabei jedoch nicht allein aus der Tätigkeit des menschlichen Gehirns oder des menschlichen Körpers, sondern wird auch dadurch gestützt, dass Erinnerungen auf Dinge verteilt sind, die *außerhalb* des Individuums liegen: Neben dem individuellen geistigen und körperlichen Gedächtnis ermöglichen auch unbelebte Objekte, bestimmte Orte und andere Personen, dass Menschen sich als Individuen erinnern können. Betrachtet man diese Erkenntnis von der Warte des *kollektiven* Erinnerns aus, d.h. von einem Erinnern, das mehrere Menschen umfasst, dann wird deutlich, dass es auch hier nicht nur um miteinander kommunizierende und interagierende Individuen geht, die gemeinsam ein »kommunikatives Gedächtnis« (J. Assmann 1988; Welzer 2002) verfertigen. Vielmehr geht es auch um Objekte wie Bücher, die Erinnerungen über Zeit und Raum hinweg transportieren und Menschen zum Erinnern anregen, um Tagungen und Ausstellungen, die Kriegskindern als temporäre Treffpunkte und Vergemeinschaftungsgelegenheiten dienen sowie um institutionalisierte Gruppen, die den Erinnerungsdiskurs formen und beeinflussen.

Um einen ebenso tiefen wie gewinnbringenden Einblick in unterschiedliche Praktiken und Zusammenhänge des Gedächtnisses der Kriegskinder zu erhalten, genügt es somit nicht, ausschließlich Gespräche mit Kriegskindern zu führen, sondern es gilt auch, die *Medien* und *Akteure* in den Blick zu nehmen, mit deren Hilfe das Gedächtnis der Kriegskinder zu einem kollektiven Gedächtnis gemacht wird. In den folgenden Analysen spielen daher unterschiedliche Quellen und Materialien eine Rolle: *Wissenschaftliche Texte*, die sich insbesondere mit dem Trauma und der Historiografie von Kriegskindern auseinandersetzen; populärwissenschaftliche und journalistische *Bücher*, die über die Generation der Kriegskinder berichten und aufklären wollen; veröffentlichte *Autobiografien* von Kriegskindern, die Einblicke in das subjektive Erleben der Kriegs- und Nachkriegszeit geben; und schließlich auch *Interviews* mit Experten – darunter vor allem Ärzte, Psychotherapeuten und Sozialwissenschaftler –, die sich mit dem Thema deutsche Kriegskindheiten auseinander setzen. Während Teil I stärker auf eine Systematisierung und soziologische Durchdringung der Praxis der Gedächtniserzeugung in organisatorischen, medialen und institutionellen Kontexten abhebt, greift Teil II hauptsächlich auf mündliche Quellen (Interviews) und inhaltliche Aspekte von Veröffentlichungen zum Trauma deutscher Kriegskinder zurück.

Für die insgesamt neun leitfadengestützten Interviews, die zwischen November 2005 und Januar 2006 geführt wurden, wurden drei zum Teil miteinander vernetzte und im Austausch befindliche Gruppen ausgewählt, die nicht nur im öffentlichen Erinnerungsdiskurs eine maßgebliche Rolle spielen, sondern zu großen Teilen auch Zusammenschlüsse von Kriegskindern darstellen:

Der 2003 in Kiel gegründete und zum Zeitpunkt der Befragung etwa fünfzig Mitglieder starke Verein *kriegskind.de e.V.* beschäftigt sich mit dem Thema Kriegskindheit aus einer medizinisch-psychologischen Perspektive, wobei zwei Schwerpunkte im Vordergrund stehen: Zum einen geht es um die Therapie und Beratung Betroffener. Der Verein will als Anlaufstelle für Menschen dienen, die im Alter von den Erinnerungen an ihre beschwerliche Kindheit im Zweiten Weltkrieg heimgesucht werden und unter den Folgen kriegsbedingter Traumatisierungen zu leiden haben. Gleichzeitig werden auch Seminare und Selbsterfahrungsgruppen angeboten, in denen Kriegskinder sich austauschen und gemeinsam über ihre Vergangenheit sprechen können. Zum anderen will der Verein über die lebenslangen Folgen von Kriegskindheiten aufklären und betreibt über TV- und Radiointerviews, Tagungen und Vorträge gezielt Öffentlichkeitsarbeit. Folgt man der Homepage des Vereins, dann steht hinter seiner Gründung auch die Frage, wie die leidvollen Erfahrungen von Kriegskindern »öffentlich gemacht werden können, damit die Spätfolgen des Krieges in der deutschen Gesellschaft und in deutschen Familien nicht länger ignoriert werden bzw. Schaden anrichten können.« Durch den solchermaßen vermittelten »Zugang zum eigenen Leiden an Trauer und Schuld, in der Opfer- wie in der Täterschaft« könne »der politische Prozess des Wiedergutmachens sich erstmals wirklich ereignen.«[13] Aus den Reihen des Vereins wurden die 1. Vorsitzende Dr. Helga Spranger, Dr. Irmgard Koppenhöfer und Klaus Bachmann, allesamt nach eigenen Angaben selbst Kriegskinder, interviewt.

Die Studiengruppe *weltkrieg2kindheiten*, die zum Zeitpunkt der Untersuchung am Kulturwissenschaftlichen Institut Essen angesiedelt

13 Siehe http://www.kriegskind.de

war und im Jahr 2002 ins Leben gerufen wurde, ist interdisziplinär ausgerichtet und bietet Forschern aus den Bereichen der Zeitgeschichte, Literaturwissenschaft, Psychologie, Psychoanalyse und Psychotherapie sowie Medizin die Möglichkeit zum Austausch und gemeinsamen Arbeiten. Für die Gruppe, deren Mitglieder sich zum Teil selbst zur Generation der Kriegskinder hinzu definieren (etwa der Psychoanalytiker Hartmut Radebold und der Historiker Jürgen Reulecke), steht dabei die wissenschaftliche und politisch-kulturelle Auseinandersetzung mit deutschen Kriegskindheiten im Vordergrund: Folgt man den Angaben auf der Homepage, dann geht es »um die vielfältigen Bedeutungen, welche die Erfahrung von ›Kriegskindheit‹ für die weitere individuelle und generationelle Lebensgeschichte der Betroffenen angenommen hat. Hier gilt es insbesondere Anregungen aufzugreifen und fortzuführen, die aus Kreisen der Gerontologie, der Entwicklungspsychologie des Lebenslaufs und der Psychoanalyse erwachsen sind, und in denen es um mögliche riskante Langzeitfolgen von Kriegskindheiten geht, die erst im Prozess des Alterns dieser Generation – und das bedeutet: in der gegenwärtigen medizinisch-therapeutischen Praxis – sichtbar werden. Eine weitere Forschungsfrage bezieht sich sodann auf die Geschichte der Mentalitäten und politischen Kulturen in den vom Weltkrieg betroffenen nationalen Gesellschaften.«[14] Die Mitglieder der Gruppe veröffentlichen dabei nicht nur regelmäßig – im Weinheimer Juventa-Verlag existiert beispielsweise eine eigene Reihe »Kinder des Weltkrieges«, deren Schriften für die folgenden Analysen eine wichtige Rolle spielen werden –, sondern organisieren auch wissenschaftliche Tagungen und Kongresse, darunter den groß angelegten Frankfurter Kriegskinderkongress »Die Generation der Kriegskinder und ihre Botschaft für Europa sechzig Jahre nach Kriegsende«. Aus der Studiengruppe wurden mit Jürgen Zinnecker, Professor für Erziehungswissenschaft, und Insa Fooken, Professorin für Entwicklungspsychologie, Interviews geführt. Beide sind an der Universität Siegen tätig.

Als dritter und letzter institutioneller Zusammenhang wurde das an der Klinik für Psychiatrie und Psychotherapie der Ludwig-Maximilians-Universität München angesiedelte Projekt *Kriegskindheit*

---

14 Siehe http://www.weltkrieg2kindheiten.de

ausgewählt. Das 2003 angelaufene Projekt hat sich zwei Ziele gesetzt: Zum einen will es die psychosoziale Lebensqualität von Kriegskindern sechzig Jahre nach dem Kriegsende untersuchen, zum anderen soll laut der Homepage des Projekts erforscht werden, »wie Menschen kollektive und kumulative traumatische Erfahrungen wie Fliegerangriffe, Ausbombung, Flucht und kriegsbedingte Gewalterfahrung unter der Voraussetzung des anschließenden politischen Zusammenbruchs des herrschenden Systems verarbeiten.«[15] Neben der wissenschaftlichen Auseinandersetzung mit der Thematik ist das Projekt durch Vorträge, Radiointerviews und Tagungsorganisationen auch öffentlichkeitswirksam tätig. Aus dem Projekt wurden dessen Leiter Prof. Dr. Michael Ermann, emeritierter Leiter der Abteilung für Psychotherapie und Psychosomatik der Klinik für Psychiatrie und Psychotherapie der Ludwig-Maximilians-Universität München sowie der Eigenwahrnehmung nach Kriegskind, und der im Projekt arbeitende Psychologe und Psychotherapeut Harald Kamm befragt. Aus dem wissenschaftlichen Beirat des Projekts wurden die Psychologin und Psychotherapeutin Dr. Gudrun Brockhaus sowie Heiner Keupp, mittlerweile ebenfalls emeritierter Professor für Sozialpsychologie an der Ludwig-Maximilians-Universität München interviewt.

Dass die meisten Befragten[16] sowohl Experten zum Thema Kriegskindheit darstellen als auch sich selbst als Kriegskinder definieren und begreifen, hat nicht nur Folgen für die Form der geführten Interviews, sondern auch für die Auswertung der Texte. Auf der einen Seite lassen sich die Transkripte als Experteninterviews lesen, in denen die Interviewpartner als Träger eines »praktischen ›Insiderwissens‹« (Bogner/Menz 2005: 7) auftauchen. Sie geben mit diesem Wissen unter anderem Einblicke darin, welche Rolle deutsche Kriegskinder im wissenschaftlichen Diskurs spielen, woher ihr Trauma kommt und wie es sich äußert und was unternommen wird, um die Erinnerungen von Kriegskindern öffentlich anschlussfähig zu machen. Auf der anderen Seite finden sich in Verbindung mit diesen Informationen immer wieder narrative Elemente, die nicht nur auf die Kriegskindheit der Be-

15 Siehe http://www.kriegskindheit.de/html/projektskizze.html

16 Ich möchte mich an dieser Stelle bei allen Befragten für ihre Zeit und ihr Vertrauen bedanken.

fragten verweisen, sondern auch die in der persönlichen Lebensgeschichte verankerte Motivation zeigen, die hinter ihrer Arbeit steckt. Die Expertenrolle verschränkt und verknüpft sich somit auf spezifische Weise mit der eigenen Biografie und der – das eigene Wahrnehmen und Handeln strukturierenden – Selbstidentifikation als Kriegskind. Methodologisch gesehen bedeutet dies, die Interviews sowohl hinsichtlich ihres Informationsgehalts *inhaltsanalytisch* auszuwerten als auch die darin enthaltenen individuellen Erinnerungen, die in die Selbstidentifikation mit der Figur des Kriegskinds eingebunden sind, *interpretativ* zu rekonstruieren. Diese beiden Ebenen gilt es im Blick zu behalten, wenn im zweiten Teil des Buches die Interviews mit den anderen oben genannten Materialien verknüpft werden, um die Logik und Dynamik der Herstellung des Gedächtnisses der Kriegskinder sowohl theoretisch als auch empirisch zu beleuchten und zu entfalten. Der nun folgende Teil I, dem es um eine Rekonstruktion der Mechanismen der kollektiven Gedächtniserzeugung geht, rückt demgegenüber stärker die organisatorischen Praktiken der untersuchten Institutionen in den Vordergrund, wobei das Augenmerk auch auf die mediale Praxis des gesellschaftlichen Erinnerns gelegt werden soll.

Teil I: Erinnerungspraktiken

1. Erinnern und erinnert werden: Vier Beispiele zur Einführung

In seinem 2005 erschienenen Buch *Witnesses of War: Children's Lives under the Nazis*[1] beschreibt der Historiker Nicholas Stargardt, welche Folgen mit dem Zweiten Weltkrieg und der nationalsozialistischen Herrschaft für Kinder verbunden waren. Seine mitunter sehr bedrückenden Beobachtungen, die chronologisch von der Frühphase des Krieges bis zur unmittelbaren Nachkriegszeit geordnet sind und sich auf das Deutsche Reich und die besetzten Ostgebiete beziehen, machen dabei vor allem eines deutlich: Mit welcher Wucht der Zweite Weltkrieg stellenweise in die Erfahrungsräume von Kindern eingebrochen ist und wie sehr Unsicherheiten und Gefahren zur Normalität ihres Lebens wurden. In Ergänzung, aber auch im Unterschied zur geschichtswissenschaftlichen Auseinandersetzung mit dem Kriegsalltag Erwachsener[2] zeigt Stargardt, dass auch die Kinder des Zweiten Weltkriegs nicht mehr ohne weiteres auf die sichere und sichernde Ordnung des eingespielten Alltags vertrauen konnten. Ebenso wie erwachsene Menschen, jedoch in anderer Intensität und vor dem Hintergrund anderer Chancen und Möglichkeiten, mussten sie mit Angst, Willkür, Tod und Zerstörung, mit dem Verlust oder der Trennung von Familie und Freunden zurechtkommen, diese Einschnitte in ihr noch

---

1 Alle folgenden Zitate stammen aus der bei Random House erschienenen englischen Taschenbuchausgabe aus dem Jahr 2006. In deutscher Übersetzung liegt das Buch seit September 2006 bei DVA als *Maikäfer flieg! Hitlers Krieg und die Kinder* vor.

2 Siehe für viele die Arbeiten von Echternkamp (2003, 2004, 2005) und Plato (1998).

junges Leben verarbeiten und damit umgehen lernen. Der historische Blick, den dieses Buch auf beeindruckende Weise entfaltet, fällt dabei jedoch nicht nur auf die Bedrohungen und Verunsicherungen, die der Zweite Weltkrieg Kindern gleichsam von außen auferlegt hat. Vielmehr widmet sich Nicholas Stargardt auch und gerade den kindlichen Umgangsweisen mit den Schrecken des Krieges, die sich beispielsweise in den Spielen zeigen, die Kinder nicht nur in deutschen Häusern und auf deutschen Straßen, sondern auch im von deutschen Truppen besetzten Polen, in Behindertenheimen, jüdischen Gettos und Konzentrationslagern erfanden und praktizierten.

Eine zentrale Erkenntnis des Buches lautet, dass nicht alle Kinder die gleichen Erfahrungen gemacht haben. Der Zweite Weltkrieg und seine Folgen wurden von Kindern in ganz unterschiedlichen Ländern, Regionen, Kontexten und »Rhythmen« erlebt und verarbeitet – und dazu gehört auch, dass manche Kinder nur sehr wenig von den Zerstörungen des Krieges und den nationalsozialistischen Verbrechen betroffen waren. Stargardt schreibt:

»Children established their own chronologies of the war through key events; the moment when *their* war became real. When exactly their secure world collapsed became a defining moment, dividing the war from a previous ›golden age‹. For Jewish children in Germany, Austria and the Czech lands, that moment almost certainly came before the war, often with their emigration, especially if that involved family separations. For Poles, this often happened in 1939-40, with the mass shootings, deportations and – for Polish Jews – ghettoisation. For German children in the cities of the Rhineland and Ruhr, it came with the onset of heavy bombing in 1942. For children in the eastern German provinces, that moment was usually the mass flights of 1945. For many other German and Austrian children, their intact and safe world did not end until occupation and the collapse of the Third Reich: for them, the events shaping their inner sense of time were more likely to be the capitulation of 8 May 1945 and the hunger years which followed than the Nazi period itself.« (Stargardt 2006: 10; Herv. i.O.)

Für jüdische Kinder, die in Deutschland, Österreich oder der Tschechoslowakei lebten, war bereits die Zeit vor dem Krieg mit der Trennung von der Familie, mit Deportation, Gettoisierung und dem Verlassen der Heimat verbunden. Polnische Kinder erlebten Massenerschießungen und Deportationen, während Kinder im Ruhrgebiet und im Rheinland vor allem von Bombardierungen betroffen waren. Für viele deutsche und österreichische Kinder hingegen wurden die Folgen des Krieges erst mit dem Hunger und den emotionalen wie materiellen Entbehrungen der Nachkriegszeit zur alltäglichen Realität. Dazu gehört auch das Aufwachsen in zum Teil vaterlosen Familien, in denen selten über die Vergangenheit gesprochen wurde. Und dennoch war das Leben von Kindern sowohl im als auch unmittelbar nach dem Zweiten Weltkrieg vielschichtig und komplex: »Children were neither just the mute and traumatised witnesses to this war, nor merely its innocent victims. They also lived in the war, played and fell in love during the war; the war invaded their imaginations and the war raged inside them.« (Ebd.: 17) Der Krieg machte Kinder nicht zwingend und allein zu unschuldigen Opfern und stummen, traumatisierten Zeugen, sondern durchdrang sämtliche Poren ihres Alltags – den Kinder trotz allem aktiv zu gestalten hatten und, wie wir von Stargardt lernen, auch zu gestalten wussten.

Nicholas Stargardt greift im Rahmen seiner Ausführungen immer wieder auf zeitgenössische Quellen, auf Briefe, Zeichnungen, Fotografien und auch Schulheft- und Tagebucheinträge von Kindern zurück, die den Krieg in verschiedenen Ländern miterlebt haben (vgl. ebd.: 16). Es geht ihm dabei ganz dezidiert nicht um in der Gegenwart verankerte, subjektive Erinnerungen von Kriegskindern – auch wenn ihm diese, wie er schreibt, dabei geholfen haben, seine Erkenntnisse besser zu verstehen und einzuordnen (vgl. ebd.: xii) –, sondern darum, ein möglichst objektives, historisch akkurates Bild ihres damaligen Alltags zu zeichnen. Die *Geschichte* der Kriegskinder steht für ihn, den Historiker im Vordergrund, nicht ihr Gedächtnis. Doch ist mittlerweile nicht nur die Geschichtswissenschaft, sondern auch – und darauf soll im Folgenden der Fokus gelegt werden – die öffentliche Erinnerung auf die Kriegskinder aufmerksam geworden. In Deutschland wurde das Thema Kriegskindheit im Zuge der Ende der 1990er Jahre aufkommenden Diskussion um die deutschen Opfer von Bombenkrieg, Flucht und Vertreibung von einer regelrechten Erinnerungswut erfasst, die sich unter anderem in einer Flut von autobiografischen, populärwissenschaftlichen und auch fiktionalen Büchern zeigt. Das Gedenkjahr 2005 zum sechzigjährigen Ende des Zweiten Weltkriegs scheint dabei einen vorläufigen Höhepunkt dieses Erinnerungsbooms zu markieren.[3]

Doch wird über die Erinnerungen von Kriegskindern, so die These dieses Buches, nicht nur öffentlich gesprochen, verweist die gleichsam obsessive Beschäftigung mit den Kindern des Zweiten Weltkriegs nicht nur auf eine von unterschiedlichen Stimmen begleitete und geprägte Auseinandersetzung mit der Vergangenheit. Vielmehr lässt sich beobachten, dass im Zuge dieser Auseinandersetzung ein *kollektives Gedächtnis* der Kriegskinder[4] von bestimmten Akteuren, im Rahmen bestimmter Diskurse, entlang bestimmter Praktiken, mit Hilfe von Medien, Veranstaltungen und Ausstellungen aktiv *erfunden und erzeugt wird* – und dieses intensive und plötzliche Herstellen von Erinnerung und Gedächtnis soziologisch zu begreifen und danach zu fragen, auf welche Weise, in welchen Zusammenhängen und mit welchen Folgen Erinnerungen von Kriegskindern kollektiv(iert) werden, soll Aufgabe der folgenden Ausführungen sein.

Damit stellen sich jedoch bereits zu Beginn dieser theoretischen Annäherung an Erinnerung und Gedächtnis eine Vielzahl von Fragen: Wie und wo zeigt sich dieses Gedächtnis der Kriegskinder? Was macht das Gedächtnis der Kriegskinder zu einem *kollektiven* Gedächtnis und was ist aus einer soziologischen Warte damit gemeint? Und was sind die Gründe dafür, dass heute, das heißt: mehr als 60 Jahre nach dem Ende des Zweiten Weltkriegs die Erinnerung an Kriegskindheit mit einer solchen Wucht zu einem öffentlichen Thema wird? Diese Fragen können in einem ersten Schritt mit Hilfe von vier Beispielen erhellt werden, die sich auf ganz unterschiedliche Bereiche

3 Auch das große Interesse, das die Geschichtswissenschaft bzw. Oral History neuerdings den Kriegskindern entgegen bringt, lässt sich im Rahmen dieses Booms verstehen.

4 Mit der Rede von einem Gedächtnis der Kriegskinder ist nicht gemeint, dass dieses Gedächtnis ausschließlich Kriegskindern gehört oder allein diesen zugänglich ist. Vielmehr soll in den Vordergrund gerückt werden, dass die Herstellung und Kollektivierung dieses Gedächtnisses auf individuellen Erinnerungen von Kriegskindern aufbauen und auf diese wieder zurück wirken.

und Praktiken des Gedächtnisses der Kriegskinder beziehen. Im Anschluss daran wird, auf diesen Beispielen aufbauend, eine soziologische Perspektive entwickelt, die es erlaubt, die Arbeit am Gedächtnis, die sich hier zeigt, zu systematisieren und in allgemeine Prozesse des gesellschaftlichen Erinnerns einzubetten. Auf diese Weise lassen sich nicht nur die politische, soziale und kulturelle Bedeutung und Brisanz der gegenwärtigen Erinnerung an Kriegskindheit besser verstehen; vielmehr kann damit auch eine *empirisch geschärfte* und *praxeologisch orientierte* Soziologie der Erinnerung und des Gedächtnisses erkundet und entworfen werden.

MAIKÄFER FLIEG...

Von November 2001 bis Januar 2002 zeigte das Ruhrlandmuseum Essen die Ausstellung »Maikäfer flieg... Kindheitserfahrungen 1940-1960«. Für diese Ausstellung wurden Erinnerungsberichte von Menschen, die während des Zweiten Weltkriegs aufgewachsen sind, gesammelt und mit Gegenständen kombiniert, die diese Menschen in ihrer Kriegskindheit begleiteten und auch heute noch Erinnerungswert für sie besitzen. Mathilde Jamin, seit 1984 Kuratorin am Ruhrlandmuseum und Leiterin des Bereichs Kultur- und Sozialgeschichte des 19. und 20. Jahrhunderts, schreibt über die Entstehung und die Idee der Ausstellung:

»Das Projekt ging von der Idee aus, den bemerkenswerten Wandel der Kindheit deutlich zu machen, der in der Bundesrepublik in den 1960er und 70er Jahren stattfand – hinsichtlich der materiellen Bedingungen, unter denen Kinder aufwachsen, hinsichtlich des Erziehungsstils sowie der kulturellen Normen und Werte, die Erziehung zu vermitteln sucht. In einem über Presse und Rundfunk in Nordrhein-Westfalen verbreiteten Sammlungsaufruf baten wir im Oktober 1999 die ehemaligen Nachkriegskinder, deren Kindheit in die Jahre 1945 bis 1960 fiel, uns Objekte zur Verfügung zu stellen, die in ihrer Kindheit wichtig waren, zusammen mit den dazugehörigen Erinnerungen. Dabei fragten wir insbesondere nach kulturellen und Erziehungsnormen, aber auch nach den Spuren und Folgewirkungen von Krieg und Nationalsozialismus in der Nachkriegszeit sowie nach eventuell noch vorhandenen eigenen Erinnerungen an den Krieg.« (Jamin 2006: 19)

Dieser allgemeine Aufruf stieß, wie Jamin weiter berichtet, vor allem bei der Gruppe der Kriegskinder auf ein großes Echo:

»Die Resonanz war mit mehr als 250 Antworten insgesamt und rund 200 ausführlichen Erinnerungsberichten überwältigend und es meldeten sich zu mehr als zwei Dritteln ehemalige Kriegskinder, die eindringlich über ihre Erlebnisse während des Krieges sprachen. Wir erweiterten daraufhin unsere Zielgruppe auf zwei Alterskohorten – die Kriegs- und die Nachkriegskinder der Geburtsjahrgänge 1933 bis 1953. Eine Fokussierung auf die Kriegserlebnisse deutscher Kriegskinder lag also nicht in der ursprünglichen Absicht des Museums, sondern war eine Antwort auf das eindrucksvolle Gesprächsbedürfnis derer, die sich auf unseren Sammlungsaufruf gemeldet hatten. Das Museum ergriff damit die Chance, ein bis dahin offensichtlich noch wenig beleuchtetes Thema der Erfahrungsgeschichte des 20. Jahrhunderts öffentlich zur Diskussion zu stellen.« (Ebd.: 19 f.)

Mit den Kriegskindern wurden telefonische Interviews geführt. Viele von ihnen schickten auch Objekte, die für sie eng mit der Erinnerung an die eigene Kindheit verbunden sind:

»Die meisten Gesprächspartner stellten auch Objekte zur Verfügung – Alltagsgegenstände, die sie fast 60 Jahre lang aufbewahrt und zumeist liebevoll gepflegt hatten. Von den Männern kamen eher bombenkriegstypische Objekte: der Bunkerkoffer der Familie, eine Bunker-Taschenlampe, Bombensplitter, der Kanister einer Brandbombe, ein Schraubenschlüssel aus einem abgestürzten Bomber – also rollenspezifisch eher funktionale Gegenstände oder Trophäen. Die Exponate der Leihgeber*innen* waren bis auf Ausnahmen nicht bombenkriegstypisch, sondern Liebesobjekte wie Puppen und Stofftiere, Andenken und magische Bewältigungsobjekte – Gegenstände, die sie selbst aufgrund der damit verbundenen Erfahrungen mit Bedeutung aufgeladen hatten.« (Ebd.: 21; Herv. i.O.)

Die Objekte, die von Kriegskindern eingeschickt wurden, verkörpern Erinnerungen, die auf der einen Seite unangenehm sind und von Verlust und Zerstörung handeln, auf der anderen Seite aber auch, wie Jamin schreibt, »liebevoll gepflegt« wurden. In der Ausstellung wurden diese intimen Objekte mitsamt den durch die Interviews gewonnenen Erzählungen und den von Kriegskindern verfassten Erinnerungsberichten einem größeren Publikum präsentiert. Auf diese Weise konnten Besucher die einzelnen Exponate besichtigen und über sie sprechen, sich mit ihnen und den dazugehörigen Erinnerungen von Kriegskindern auseinandersetzen. Die Objekte selbst waren in der Lage, in ihrer neuen, durch die Praxis des Ausstellens hergestellten Öffentlichkeit andere Kriegskinder zum Erinnern, zum Nachdenken über die eigene Vergangenheit anzuregen und vergangene Erlebnisse ins Gedächtnis zu rufen. Darüber hinaus wurde auch die Konzeption der Ausstellung zum Anlass genommen, über die angemessene Vermittlung von Vergangenheit zu reflektieren. In der Welt am Sonntag war zu lesen: »Angenehm ist das Fehlen von belehrenden Erklärungen. Die Exponate und Erinnerungstexte sprechen für sich. ›Wir bieten keine wissenschaftlichen Ergebnisse an, wir stellen Fragen‹, so Jamin. An die Stelle historischer Erläuterungen treten die Erinnerungen der Kriegskinder.«[5] Mit anderen Worten: Die Geschichte, die bei Nicholas Stargardt noch im Vordergrund stand, weicht hier dem Gedächtnis.

Die Generation der Kriegskinder und ihre Botschaft für Europa

Drei Jahre später, genauer gesagt: vom 14. bis 16. April 2005, fand in Frankfurt a.M. ein Kongress statt, der den Titel »Die Generation der Kriegskinder und ihre Botschaft für Europa sechzig Jahre nach Kriegsende« trug. Er wurde von der 2002 ins Leben gerufenen Forschungsgruppe *weltkrieg2kindheiten*, dem Institut für Jugendbuchforschung der Johann-Wolfgang-Goethe Universität in Frankfurt a.M. sowie dem ebenfalls dort ansässigen Sigmund-Freud-Institut organi-

5 So Ferdinand Knauß: »Die Kinder des Krieges. Das Ruhrlandmuseum in Essen erzählt mit der Ausstellung ›Maikäfer flieg‹, wie Kinder die Geschichte von 1945 bis 1960 erlebten« in der Welt am Sonntag vom 4. November 2001.

siert und geplant. Das Ziel der Veranstaltung bestand darin, die Erinnerungen von Menschen, die den Zweiten Weltkrieg in ihrer Kindheit miterlebt hatten, öffentlich zu Gehör zu bringen und danach zu fragen, mit welchen lebenslangen Belastungen und Kriegsfolgen sich diese spezifische Bevölkerungsgruppe auseinander setzen musste. In der Ankündigung des Kongresses hieß es:

»Wenn sich im Mai 2005 für Europa das Ende des Zweiten Weltkriegs zum 60. Mal jähren wird, bedeutet dies für viele von Holocaust und Krieg betroffene Menschen nicht schon einen dauerhaften inneren Frieden. Bei der Auseinandersetzung mit den Spätfolgen hat das lang andauernde Leid der Holocaustüberlebenden und ihrer Nachkommen zurecht im Vordergrund gestanden. Daneben haben in jüngster Zeit die Erinnerungen auch derjenigen Aufmerksamkeit erlangt, die, ohne von organisierter Vernichtung bedroht oder politisch verfolgt worden zu sein, belastende Kindheitserfahrungen aufzuweisen haben und diese im weiteren Lebensverlauf vielfach nicht abzuschütteln vermochten. Oft brechen schmerzhafte Kindheits- und Jugenderinnerungen nach Ausscheiden aus dem Beruf wieder mit ganzer Heftigkeit hervor. In der Konzentration auf die zwischen 1928 und 1948 Geborenen und deren kriegsbedingte, oft lebenslang wirksame psychische, soziale und körperliche Belastungen möchte der Kongress auf die Spätfolgen aufmerksam machen, die Kriege jeglicher Art für die Zivilbevölkerung besitzen. Auch wenn die Waffen schweigen, reichen die Schatten von Kriegen weit in das Leben der Menschen hinein. Dies beunruhigt umso mehr, als die Schädigung von Kindern durch Konflikte, Kriege oder Geiselnahmen weltweit kein Ende zu nehmen scheint.«[6]

Die Erwartungen der Veranstalter wurden bei Weitem übertroffen: Rund 600 Teilnehmer – darunter etliche Menschen, die den Zweiten Weltkrieg selbst in ihrer Kindheit miterlebt hatten – sorgten für volle Säle, und auch regionale wie überregionale Tageszeitungen berichteten ausführlich über den Kriegskinderkongress. Da, wie in der Ankündigung weiter zu lesen war, »die Geschichtspolitik und Erinnerungskultur von den 1950er Jahren bis heute die tatsächlichen Kriegserfahrungen dieser Jahrgänge überlagert, teils auch beiseite geschoben

---

6 Dieses Zitat ist der Ankündigung auf der Homepage des Kongresses entnommen. Siehe http://www.kriegskinderkongress2005.de

haben« (Ewers et al. 2006: 9), wollte der Kongress Neuland auf diesem Gebiet der öffentlichen Erinnerung betreten. Im Medienecho, das die Veranstaltung begleitete, fand diese Zielsetzung große Zustimmung: Vom überfälligen Bruch eines »Rede-Tabus«[7] war hier die Rede, und auch die Notwendigkeit, das kriegsbedingte Trauma der Generation der Kriegskinder öffentlich zu artikulieren und auszusprechen, wurde betont. Ein solchermaßen therapeutisch orientiertes Fazit des Kriegskinderkongresses lautete dann auch:

»Dürfen wir uns also an die deutschen Leiden erinnern? Wir dürfen. Ja, wir müssen sogar, fordert die Zunft der Psychotherapie, wenn wir unsere frei flottierenden Ängste, die bibelhaft ›bis ins dritte und vierte Glied‹ weiterwirken und Deutschland zu einer immobilen ›Hochsicherheitsgesellschaft‹ gemacht haben, loswerden wollen«.[8]

Doch auch wenn sich die Veranstalter bereits im Vorfeld bemühten deutlich zu machen, dass es bei der Tagung weder um die Vergleichbarkeit und Parallelisierung von deutschen Opfern und Opfern der Deutschen noch um ein »neues Opferbewusstsein« (Norbert Frei) innerhalb der deutschen Erinnerung gehe[9], wurde ein erinnerungspolitisch heikles Terrain beschritten. Die Brisanz der Veranstaltung zeigte sich bereits am Eröffnungstag: Dieter Graumann, seinerzeit Vorstandsmitglied der Jüdischen Gemeinde Frankfurt, kritisierte in seiner Begrüßungsansprache die Konzeption der Veranstaltung mit scharfen

7 So Heide Platen: »Kriegskinder – ein spätes Coming-out«, taz vom 18. April 2005, S. 7. Vgl. auch »Auf der Suche nach der verdrängten Zeit«, Frankfurter Allgemeine Sonntagszeitung vom 23. Januar 2005, S. 53.

8 So Ute Scheub: »Blick zurück in Trauer«, taz vom 7. Mai 2005, S. 22. Vgl. dazu auch Matthias Drobinski: »Unsichtbare Narben der Geschichte«, Süddeutsche Zeitung vom 11. April 2005, S. 10 sowie Helga Levend: »Spätes Leiden«, Frankfurter Rundschau vom 13. April 2005, S. S. 23.

9 Siehe dazu Uta Grossmann: »Die späte Botschaft der Kriegskinder«, Frankfurter Rundschau vom 24. März 2005, S. 1 sowie Matthias Arning: »Eine andere Erzählung: Was die Botschaft der Kriegskinder mit ihren unterschiedlichen Erfahrungen ist, darüber wird auf einem Kongress nachgedacht«, Frankfurter Rundschau vom 16. April 2005, S. 3.

Worten: »Angesichts des üppigen Programms« komme die Frage auf, »wo denn eigentlich die Holocaust-Kinder bleiben.« Die Juden seien im Rahmen des Kongresses »abgedrängt« worden und er »verspüre in diesem Zusammenhang ›ein Unbehagen‹. Für Juden sei es ›töricht und verletzend‹, wenn man jetzt sage, ›nun sei es auch mal Zeit für die Erinnerung an andere Opfer.‹ Der Holocaust bleibe singulär.« Und weiter: »›Wir wollen keinen Wettbewerb der Opfer haben, [...] aber Gleichmacherei darf nicht sein.‹ [...] ›[W]as wir derzeit erleben, ist die Umdeutung der deutschen Geschichte‹, die das Leid der Kriegskinder stark hervorhebe.«[10] Diese Kritik fand sich sinngemäß auch an anderer Stelle von nicht-jüdischer Seite wieder.[11]

Unabhängig davon bot der Kongress den Menschen, die sich mit der im Titel proklamierten Generation der Kriegskinder identifizieren konnten (und wollten), die Gelegenheit, sich in einem organisierten Rahmen zu treffen. Die teilnehmenden Kriegskinder konnten sich ein Bild von anderen Kriegskindern machen, sich einer wahrnehmbaren, weil – zumindest in Teilen – anwesenden Generation zurechnen und auch für die Medienöffentlichkeit als eine reale Erinnerungsgemeinschaft sichtbar werden.[12] Der Kongress eröffnete den Kriegskindern auf diese Weise die Chance, sich untereinander auszutauschen und über persönliche Erfahrungen im Kriegsalltag zu sprechen – und genau das tat dann auch der Großteil der mehr als 600 Teilnehmer mit regem Interesse: sich in den Pausen zwischen den Vorträgen gemein-

10 Zitiert aus: »Kriegskinder-Kongress beginnt mit jüdischem Widerspruch«, Frankfurter Rundschau vom 15. April 2005, S. 1.

11 Siehe hierzu das Interview mit Norbert Frei und Helga Hirsch »Es gab doch keine Tabus« in der taz vom 8. April 2005, S. 3-4. Vgl. auch Brumlik (2005), Frei (2005) und Welzer (2008).

12 Vgl. hierzu die den Kongress begleitenden Berichte über die Generation der Kriegskinder in der Frankfurter Rundschau vom 16. April 2005, S. 3, in der taz vom 18. April 2005, S. 7, und vom 7. Mai 2005, S. 22, sowie den einigen Widerspruch erregenden Artikel von Harald Welzer: »Nervtötende Erzählungen« in der Frankfurter Rundschau, ebenfalls vom 7. Mai 2005 auf S. 1 der Sonderbeilage »Deutschland danach«. Die Leserreaktionen auf diesen Artikel finden sich in der Frankfurter Rundschau vom 10. Mai auf S. 8.

sam an vergangene Erlebnisse zu erinnern, eigene Erlebnisse zu erzählen, anderen Kriegskindern zuzuhören und nach Übereinstimmungen und Unterschieden im Erlebten zu suchen. Im Rahmen einer »veranstalteten Öffentlichkeit« (Gerhards 2006: 433), die auf durchdachter Organisation und Planung beruhte, fanden somit spontane Akte des Erinnerns statt, an denen sich grundsätzlich jedes der anwesenden Kriegskinder beteiligen konnte. Und damit wurde, zumindest für die Zeit des Kongresses, auch der Gegenstand der Tagung – die »Generation der Kriegskinder« – als erfahrbare Erinnerungsgemeinschaft Wirklichkeit.

DIE LETZTEN ZEITZEUGEN

Seit Kurzem verzeichnet der deutsche Buchmarkt einen enormen Anstieg von Publikationen, die sich mit dem Thema Kriegskindheit beschäftigen. Vor allem das Gedenkjahr 2005 zum sechzigjährigen Ende des Zweiten Weltkriegs und Veröffentlichungen wie Jörg Friedrichs Buch *Der Brand: Deutschland im Bombenkrieg 1940-1945* (Friedrich 2002) und Günter Grass Novelle *Im Krebsgang* (Grass 2002), scheinen diesem Thema Türen geöffnet und einen Markt geschaffen zu haben.[13] Der Erinnerungsboom, der sich, gemessen an der Literatur, bisher auf Luftkrieg und Vertreibung bezog, hat auch die Kriegskinder erfasst und sie zu den »letzten Zeugen« (Alexijewitsch 2005) des

13 Sabine Bode sieht hier sogar Parallelen zur Frauenbewegung: »Vielleicht wird sich mit genügendem Abstand zeigen, dass ›Der Brand‹ für die Kriegskindergeneration eine ähnliche Bedeutung hatte wie Alice Schwarzers ›Der kleine Unterschied und die großen Folgen‹ für die neue Frauenbewegung. Auch damals, 1975, war es für die Kritiker leichter, in diesem Buch eine haltlose Aneinanderreihung von Behauptungen zu sehen, als sich zu fragen, warum die Leserinnen es so fasziniert verschlangen, vor allem aber, wieso es fremde Frauen dazu brachte, einander plötzlich ihre intimsten Dinge zu erzählen.« (Bode 2004: 268 f.) Was Bode in ihrem Vergleich jedoch übersieht, ist, dass die Kritik an Friedrichs Buch die Inszenierung deutscher Opfer mit Hilfe von Begriffen, die für die grausamen Verbrechen der Deutschen reserviert sind, bemängelt.

Zweiten Weltkriegs werden lassen, die nun über ihr Aufwachsen im Zweiten Weltkrieg, ihr im Krieg erlittenes Trauma und die Folgen des Krieges für ihr weiteres Leben berichten. Im hessischen Wartberg-Verlag findet sich dazu eine ganze Buchreihe, die den Titel »Wir Kriegskinder« trägt und die Erfahrungen von Kriegskindern nach verschiedenen Regionen unterteilt: So gibt es einen Band über die »Münchner Zeitzeugen« (Fruhstorfer 2005) – darunter auch die Erinnerungen des Musikers Max Greger sowie des 1990 verstorbenen Schauspielers Walter Sedlmayr –, wie auch das Leben von Kindern während des Zweiten Weltkriegs in Wiesbaden, Nordhessen und Südniedersachsen sowie Ostwestfalen-Lippe näher betrachtet wird. Fotografien und Abbildungen helfen dabei, die Berichte der dort vorgestellten Kriegskinder als authentisch auszuweisen und, wie ein Blick auf die Verlagshomepage zeigt, zu vermarkten. Zum Band *Wir Kriegskinder – Wiesbadener Zeitzeugen erinnern sich* (Gerber 2005) heißt es dort:

> »Inzwischen sind über 60 Jahre vergangen, doch die schrecklichen Ereignisse des Zweiten Weltkriegs sind noch immer nicht vergessen. Die Zeitzeugen von heute sind die Kriegskinder von damals. Im Rahmen einer Leseraktion des Wiesbadener Kuriers haben sie sich noch einmal erinnert und ihre oft schmerzlichen Erlebnisse niedergeschrieben – und das Erzählbedürfnis war groß. Lesen Sie die dramatischen und authentischen Berichte über das Alltagsleben im Krieg, die Bombenangriffe auf Wiesbaden, die Kriegsgefangenschaft und den Einmarsch der Amerikaner. Foto- und Bildmaterial, in der Neuerscheinung zum größten Teil zum ersten Mal veröffentlicht, illustriert die in jeder Hinsicht berührenden Schilderungen.«[14]

Demgegenüber finden sich aber auch auflagenstärkere Bücher, die individuelle Lebensberichte und Erinnerungen von Kriegskindern nicht nur sammeln und ordnen, sondern auch versuchen, den allgemeinen Erfahrungs- und Erinnerungszusammenhang einer ganzen Generation

14 So die Präsentation des Buches auf der Internetseite des Verlags, abzurufen unter http://www.wartberg-verlag.de. Auch dem Band über Nordhessen war ein Aufruf einer Zeitung, in diesem Falle der HNA (Hessische/Niedersächsische Allgemeine), vorausgegangen.

von Kriegskindern abzustecken. Diese Form von Dokumentation findet sich beispielsweise in Sabine Bodes 2004 erschienenem Buch *Die vergessene Generation: Die Kriegskinder brechen ihr Schweigen*, in Guido Knopps *Hitlers Kinder* aus dem Jahr 2000 – »über 1000 Interviews«, so heißt es dort auf Seite 8, »sind für dieses Buch geführt worden – mit Menschen, die nach einem langen Berufsleben oft erst jetzt die Kraft und auch den Mut finden, sich zu erinnern« –, in Margarete Dörrs zweibändigem und über 1000 Seiten umfassenden *Der Krieg hat uns geprägt* aus dem Jahr 2007 oder auch in dem in erster Auflage 2003 erschienenen Band *Kriegskinder: Das Schicksal einer Generation* von Hilke Lorenz. Folgt man Bode und Lorenz, dann geht es mit ihrem Schreiben jedoch nicht nur um ein neutrales Beschreiben kindlicher Kriegserinnerungen, sondern immer auch darum, das Thema Kriegskindheit dem »Denk- und Fühlverbot« (Lorenz 2005: 292) sowie dem »kollektiven Geheimnis« (Bode 2004: 19, 247 ff.) zu entreißen, die es ihrer Meinung nach seit dem unmittelbaren Ende des Zweiten Weltkriegs begleiten und umgeben: Die traumatisierten Kriegskinder selbst erzählten nicht gerne aus ihrer Kindheit bzw. verdrängten ihre negativen Erinnerungen, wie auch die Öffentlichkeit – unter anderem aus Scham über die nationalsozialistischen Verbrechen – bisher wenig über dieses Thema zu reden gewillt gewesen sei und es regelrecht tabuisiert habe. »Aber genau diese verschwiegenen Geschichten, die eine ganze Generation und teilweise wohl auch noch deren Kinder prägten, müssen«, so umreißt Sabine Bode ihr erinnerungspolitisches Projekt, »erzählt werden. Sie sind wichtig für die einzelnen und für die Identität und die Zukunft der Deutschen als Europäer.« (Ebd.: 29)

AUTOBIOGRAFIEN

Folgt man Jürgen Zinnecker, Kindheits- und Jugendforscher sowie Mitglied der Studiengruppe *weltkrieg2kindheiten*, dann werden jedoch bereits seit den 1980er Jahren Hunderte von Autobiografien aus der Kriegskindergeneration veröffentlicht, »von hoch literarischen Geschichten bis zu ganz populären, einfachen, selbst bezahlten, kleinen

Autorenverlagen.«[15] Auch hier kommt wieder eine Art Erinnerungsprojekt zum Vorschein: Das autobiografische Schreiben ehemaliger Kriegskinder stellt laut Zinnecker nichts Zufälliges dar, sondern ist gerade Ausdruck dafür, dass die »letzte lebende Kriegsgeneration in den Zeugenstand [tritt], eine kommunikative Erinnerungskultur pfleg[t] und versuch[t], ihre besondere Perspektive als Kinder und Jugendliche in das künftige kulturelle Gedächtnis über den Zweiten Weltkrieg einzubringen.« (Zinnecker 2006: 93) Schreiben und publizieren ehemalige Kriegskinder Autobiografien, dann geht es immer auch darum, einer eigenen Erzählung der Vergangenheit zur Anerkennung zu verhelfen, sie zu institutionalisieren und tradierungsfähig zu machen. Vor diesem Hintergrund ist es auch nicht verwunderlich, dass die Zahl der veröffentlichten Autobiografien stetig zunimmt:

»Gegenwärtig dürften im deutschsprachigen Raum jährlich bis zu 1000 Autobiografien und autobiografische Romane in Buchform neu auf den Markt kommen. Genauere Statistiken sind meines Wissens nicht verfügbar. Die von der Studiengruppe ›Kinder des Weltkrieges‹ in einer Präsenzbibliothek an der Universität Siegen gesammelten autobiografischen Monografien der Kriegskinder – weit gefasst die Geburtsjahrgänge zwischen 1925 und 1945 – umfassen gegenwärtig etwa 750 Bände. Dazu kommen zahlreiche Sammelbände mit kürzeren autobiografischen Erzählungen der Kriegskinder. Wir schätzen grob, dass wir in diesem Archiv rund die Hälfte der bisher erschienenen autobiografischen Publikationen der Kriegskinder-Generation erfasst haben. Jedes Jahr wird der Bestand um etwa 100 in Buchform publizierte Autobiografien von Kriegskindern erweitert.« (Ebd.: 109 f.)

Die Kriegskinder schreiben ihre Erinnerungen in ganz verschiedenen Formen nieder – in längerer Form als Autobiografie oder autobiografischer Roman, in kürzerer Form als Erzählung, die zu einem Teil von Sammelbänden werden kann. Blickt man nun auf die Gesamtheit dieser Veröffentlichungen – insbesondere die Archivierungsarbeiten der Gruppe am Siegener Zentrum für Kindheit-, Jugend- und Biografie-Forschung machen dies für einen großen Teil der Gesamtpublikationen möglich –, dann lassen sich dort jedoch nicht nur individuelle Er-

15 Interview mit Jürgen Zinnecker vom 20.12.2005, Z. 214-215.

innerungen und persönliche Schicksale von Kriegskindern nachlesen. Vielmehr beginnen sich, wie Jürgen Zinnecker weiter ausführt, die Konturen eines überindividuellen, genauer gesagt: eines generationellen Erfahrungszusammenhangs abzuzeichnen: Erinnerungen beginnen sich zu ähneln, Muster und Strukturen werden erkennbar, Inhalte wiederholen sich. Jede individuelle Erinnerung wird auf diese Weise zu einem Moment eines allgemeinen Generationsgedächtnisses, jeder Verweis auf die Individualität des Erlebten zugleich zu einem Ausdruck einer kollektiven Erfahrung. Zinnecker bezeichnet diese Wechselseitigkeit und Abhängigkeit von Individuum und Kollektiv als ein allgemein zu beobachtendes Paradoxon des autobiografischen Schreibens:

»Mittels autobiografischem Erinnern will der Autor seine Einzigartigkeit und Einmaligkeit authentisch öffentlich darlegen. Er will seine individuelle Geschichte und vielleicht noch die singuläre seiner Familie erzählen. Indem er dieses tut, wird das Kollektive, Gemeinsame seines einzigartigen Lebens und Erlebens vor allem mit seiner Generation, seinen ›Zeitgenossen‹ und seinem spezifischen Milieu innerhalb seiner Generation, oftmals unbeabsichtigt sichtbar gemacht. Autobiografien geben sich, als literarische Textgattung, als Ausdrucksform einer persönlichen, individuellen Erfahrung. Das Paradoxon ist, dass diese autobiografischen Geschichten, zeitgleich von vielen unterschiedlichen Einzelautoren verfasst, in der Addition und, darüber hinaus, im systemischen Zusammenspiel (Intertextualität), sich in eine kollektive Ausdrucksform transformieren. In dieser Perspektive werden Autobiografien zu einer kollektiven generationellen Erfahrung – der ganzen Generation oder einzelner signifikanter Gruppierungen und Milieus innerhalb dieser Generation. Mehr noch: Durch autobiografisches Erzählen und Publizieren werden historische Generationen in gewissem Umfang überhaupt erst konstituiert. Dies umso mehr, wenn diese Autoren und Autorinnen umeinander wissen, sich gegenseitig anregen, kopieren, miteinander diskutieren.« (Ebd.: 110)

Das autobiografische Schreiben der Kriegskinder geschieht also nicht, wie man vermuten könnte, in abgeschlossenen Räumen und in isolierter, einsamer Erinnerung. Vielmehr werden die veröffentlichten Bücher von den verschiedenen Autoren wahrgenommen und gelesen, tauschen sich die schreibenden Kriegskinder untereinander aus und erinnern sich gemeinsam an ihre Kindheit. Erinnern heißt hier: Erinnern mit und durch den Anderen. Entlang der Erinnerungspraxis des autobiografischen Schreibens spannt sich somit ein Gedächtnisraum auf, der zum einen auf dem Schreiben und Veröffentlichen von Autobiografien (und damit zu einem Teil auch auf einem mehr oder weniger geplanten Erinnerungsprojekt) beruht, zum anderen aber auch auf dem kommunikativen Austausch und der gemeinschaftlichen Erinnerung von Kriegskindern. Verschiedene Formen des Erinnerns – das individuelle Schreiben einer Autobiografie, das Verbreiten von Erinnerung mittels Büchern und die Erinnerung im gemeinsamen Gespräch – vermischen sich im Falle des autobiografischen Schreibens der Kriegskinder und bauen aufeinander auf, stützen sich gegen- und bedingen sich wechselseitig.

2. Die Erfindung der Erinnerung oder: Was diese Beispiele zeigen

An dieser Stelle ließen sich noch viele weitere Beispiele anführen, die klar machen: mit dem Thema »deutsche Kriegskinder« befinden wir uns inmitten einer öffentlich geführten Auseinandersetzung mit der Vergangenheit, deren Intensität in den letzten Jahren zunehmend stärker geworden ist. Das Interesse an den Erinnerungen von Kriegskindern ist groß: Sie werden nicht nur publiziert und publikumswirksam vermarktet, sondern auch gesammelt und archiviert, in Form von Texten und Objekten ausgestellt, in das Zentrum wissenschaftlicher Veranstaltungen gerückt und zum Gegenstand therapeutischer Diskurse gemacht. Darüber hinaus werden auch Forschungsgruppen und Vereine gegründet, die sich, wie beispielsweise der Verein *kriegskind.de*, mit dem sich der zweite Teil des Buchs eingehend auseinander setzen wird, nicht nur aus wissenschaftlicher, sondern auch aus therapeutischer Perspektive mit dem Trauma von Kriegskindern beschäftigen. Eng verknüpft damit sind wiederum Bemühungen, die Erinnerungen von Kriegskindern mit einer Botschaft zu versehen und für die Gegenwart identitäts- und handlungsrelevant zu machen. Der Frankfurter Kriegskinderkongress ist nur ein Beispiel für diese Form der Politisierung von Erinnerung – ein Beispiel jedoch, das aufgrund der drastischen Kritik an seiner Konzeption und Durchführung zeigen kann, auf welch sensiblem Terrain sich die öffentliche Erinnerung an die Zeit des Zweiten Weltkriegs und den Holocaust in einer Gegenwart bewegt, die vom Verschwinden nicht nur der erwachsenen Opfer und Täter, sondern mittlerweile auch der gealterten Kinder des Zweiten Weltkriegs gekennzeichnet ist.

Die Beispiele haben jedoch auch deutlich gemacht, dass sich ehemalige Kriegskinder selbst verstärkt an ihre Kindheit zu erinnern beginnen – und zwar nicht nur, wie man vermuten könnte, aus biografischen Gründen, sondern auch angeregt und angeleitet durch das öffentliche Interesse an ihrem Schicksal. Die öffentliche Auseinandersetzung mit dem Thema Kriegskindheit schafft gleichsam eine Art von »Arena« (Thießen 2009), die Menschen die Möglichkeit bietet, sich öffentlich als Kriegskind zu erinnern und in der Öffentlichkeit als Kriegskind wahrgenommen zu werden. Die Folge ist, dass wir es nicht nur mit einem Diskurs *über* Kriegskinder zu tun haben, der Kriegskindheit gleichsam zum *Objekt* der Erinnerung macht, sondern auch mit einem Erinnern *von* Kriegskindern, die als Erinnerungs*subjekte* in der Öffentlichkeit in Erscheinung treten. Diese Gleichzeitigkeit von Erinnerungssubjekt und -objekt oder von Erinnern und Erinnertwerden, wie es einleitend bezeichnet wurde, zeigt sich in besonderer Weise auch dort, wo Kriegskinder in einer Art Doppelrolle über Kriegskinder und ihre Traumatisierungen forschen. Dies ist etwa bei der interdisziplinär ausgerichteten Studiengruppe *weltkrieg2kindheiten*, der unter anderen der Psychoanalytiker Hartmut Radebold (Jahrgang 1935), der Historiker Jürgen Reulecke (Jahrgang 1940) und der oben bereits zitierte Biografieforscher Jürgen Zinnecker (Jahrgang 1941) angehören, der Fall. Über Kriegskindheit zu forschen heißt hier – knapp formuliert –, sich selbst zum Objekt eines medizinisch-psychologischen Blicks zu machen, der jedoch keineswegs nur sachlich ist, sondern auch durch die subjektive Erfahrung der eigenen Kriegskindheit und das individuelle Zeitzeuge-Sein (das wiederum mit dem wissenschaftlichen Blick verknüpft ist) angeleitet und motiviert wird.[1]

Der Historiker Norbert Frei bringt dieses Phänomen auf die griffige, von ihm jedoch nicht näher ausgearbeitete Formel der »Selbsterfindung« einer Generation (Frei 2005: 17). Mit Hilfe dieser Zuspitzung lassen sich die Kriegskinder als eine Gemeinschaft von Erinnerungsakteuren begreifen, die ihre kollektive Identität post hoc aus einem Kern geteilter historischer Erfahrungen ableiten, eine eigene Botschaft entwickeln und im öffentlichen Erinnerungsdiskurs Fuß fassen

1 Siehe dazu genauer in Teil II den Abschnitt »Trauma subjektivieren«.

und anerkannt werden wollen. Dass Kriegskinder ihre Erinnerungen aufschreiben und veröffentlichen, sich im Rahmen von Kongressen und professionell organisierten Erinnerungswerkstätten (vgl. Behnken/Mikota 2008) treffen oder sich in Vereinen engagieren, wäre in dieser Lesart ein Indiz für solch eine Selbsterfindung, die einem strategisch geprägten »Einschwören auf die Kollektivvergangenheit« (Neumann 2003: 62) einer spezifischen Gruppe in einer pluralisierten Erinnerungslandschaft gleich kommt. Da jedoch sowohl die öffentliche als auch die wissenschaftliche Auseinandersetzung mit den Kriegskindern vom Generationsbegriff dominiert wird (z.B. Bude 1999; Radebold/Heuft/Fooken 2006; Ewers et al. 2006; Seegers/ Reulecke 2009), haben wir es hier nicht nur mit einer Selbst-, sondern auch mit einer *Fremd*erfindung einer Generation zu tun: Der Generationsbegriff lässt als analytisches Instrument »die Kriegskinder« von außen als eine mehr oder weniger homogene Gruppe mit einer relevanten Geschichte erscheinen und macht sie sowohl für die Forschung als auch für die (Medien-)Öffentlichkeit als kulturelles und politisches Kollektiv sichtbar und adressierbar.[2]

Doch darf hier nicht vergessen werden, dass der Begriff der Generation in der Erinnerungspraxis der Kriegskinder selbst im Rahmen einer »politics of self-generationalization« (Weisbrod 2007: 31) eingesetzt wird, um Identität zu stiften, gesellschaftlich anerkannt zu werden und kulturelle Deutungsmacht zu erlangen. Der Begriff der Generation ist hier gerade *nicht* neutral – und das gilt selbst dann, wenn er im scheinbar neutralen Gewand der Wissenschaft präsentiert wird. Über die Generation der Kriegskinder zu forschen birgt somit das Risiko (für manche jedoch auch: die Chance), an der Konstruktion der Generation der Kriegskinder und ihrer öffentlichen Anerkennung mit-

2 In der Tat wird hier auch ein sprachliches Problem berührt: Wie lässt sich über etwas sprechen, das sich selbst konstruiert/das konstruiert wird, ohne gleichzeitig an dessen Konstruktion mitzuwirken? Die Auswege, die hier gesucht werden, liegen a) in einer Vermeidung von Demonstrativpronomen – anstelle von *den* Kriegskindern wird, soweit es eben geht, von Kriegskindern gesprochen; und b) in der Betonung der konstruierten Wirklichkeit des untersuchten Phänomens, wie es die Begriffe »Erfindung von Erinnerung«, »Arbeit am Gedächtnis«, etc. ausdrücken.

zuwirken und selbst zu einem erinnerungspolitischen Akteur zu werden, der – bewusst oder unbewusst, gewollt oder ungewollt – in das Erinnerungsprojekt der Kriegskinder eingebunden ist. Das aber wiederum bedeutet, dass die Selbst- und die Fremderfindung der Generation der Kriegskinder nicht nur gleichzeitig stattfinden, sondern sich auch verschränken, verstärken und wechselseitig unterstützen.[3]

Bei genauerem Hinsehen wird jedoch klar, dass es hier nicht nur bzw. nicht in erster Linie um die Selbst- oder Fremderfindung einer Generation geht, sondern um einen *allgemeinen* Prozess der gesellschaftlichen Erfindung und Konstruktion von Erinnerung. Die »obsession with memory« (Huyssen 1995: 6), die die Kriegskinder umgibt, verknüpft sich, wie man sagen kann, mit einem *doing memory*. Die zentrale These lautet entsprechend, dass sich im Zuge der öffentlichen Auseinandersetzung mit dem Thema Kriegskindheit ein *Gedächtnis* herausbildet – und zwar ein Gedächtnis, das nicht allein in den Köpfen von Individuen zu finden ist, sondern das *einerseits* etwas mit Akteuren, Medien und Diskursen zu tun hat, die die Erinnerungen von Kriegskindern gesellschaftlich relevant (zu) machen (versuchen), *andererseits* jedoch auch Menschen in das öffentliche Erinnern einbindet, die den Zweiten Weltkrieg selbst in ihrer Kindheit miterlebt haben. Sich allein auf die Kriegskinder als unhinterfragt gegebene Generation und damit auf das Konzept der kollektiven Identität zu konzentrieren, stellt demnach nicht nur ein erinnerungspolitisch riskantes Unterfangen dar, sondern würde auch zu kurz greifen, da die hier in Echtzeit zu beobachtende gesellschaftliche Konstruktion von Gedächtnis – in die die Politik der Selbst- und Fremdgenerationalisierung gleichwohl eingebettet ist – nicht ausreichend gewürdigt werden kann. Für die Erfindung der Erinnerung an deutsche Kriegskindheiten, wie sie hier ins Zentrum gerückt wird, ist der Begriff der Generation zwar

3 Da die deutschen Kriegskinder aufgrund recht unterschiedlicher Erfahrungshintergründe und einer breiten zeitlichen Einordnung (in der Regel werden die Geburtsjahrgänge von 1930 bis 1945 darunter verstanden) nur schwerlich einer einzelnen Generation zugerechnet werden können, besteht die Gefahr, mit dem undifferenzierten Gebrauch des Generationsbegriffs unterschiedliche Erfahrungshintergründe und individuelle Überlebensstrategien von Kriegskindern vorschnell zu vereinheitlichen.

wichtig, jedoch nicht als Ausgangspunkt einer an kollektiver Identität interessierten bzw. diese Identität festschreibenden Analyse, sondern als empirisch auffindbares *Werkzeug* der Erinnerungs- und Gedächtniserzeugung; der zweite Teil dieses Buches liefert hierzu weitere Einsichten.

Dass nicht nur Individuen, sondern auch Gruppen und Kollektive ein Gedächtnis besitzen, stellt für die Soziologie – auch wenn sie das Thema (noch) stiefmütterlich behandelt (Heinlein/Dimbath 2010) – nichts Neues dar. In seiner 1925 erschienenen Pionierarbeit über die sozialen Bedingungen des Gedächtnisses zeigte der französische Soziologe Maurice Halbwachs im Anschluss an Émile Durkheim nicht nur, dass individuelle Gedächtnisse mit Hilfe von gesellschaftlichen Bezugsrahmen und damit *über*-individuell organisiert werden, sondern auch, dass kollektive Gedächtnisse von Gruppen – Halbwachs hat sich in seinen Werken vor allem auf die Familie und religiöse Gemeinschaften konzentriert – über Kommunikationsprozesse erzeugt und aufrecht erhalten werden. Menschen haben und entwickeln ein individuelles Gedächtnis, weil sie nach Halbwachs immer schon in präexistente, d.h. vorgegebene kollektive Gedächtnisse hineingeboren oder in deren Rahmen sozialisiert werden.

In den 1980er Jahren war es Jan Assmann, der Halbwachs' Überlegungen für den Bereich der Kulturwissenschaften fruchtbar gemacht und zu einer Theorie des »kommunikativen« und des »kulturellen Gedächtnisses« ausgebaut hat (J. Assmann 1988, 1992).[4] Das kommunikative Gedächtnis stellt nach Assmann ein gelebtes und gleichsam lebendiges Gedächtnis des Alltags dar, in dem Erinnerungen so lange mündlich weitergegeben werden, wie die entsprechende Gruppe existiert – das war im Großen und Ganzen auch die Form von Gedächtnis, die Halbwachs im Blick hatte. Das kulturelle Gedächtnis hingegen wird durch Medien, Rituale, Politik und Institutionen gefestigt und »mit allgemeinem Geltungsanspruch und Verbindlichkeit gegenüber den Gruppengedächtnissen« (Zimmer 2005: 70) versehen; es stellt im Gegensatz zum vergänglichen kommunikativen Kurzzeitgedächtnis

4 Gleichzeitig wurde auch in der Oral History Halbwachs' Theorie des kollektiven Gedächtnisses zunehmend rezipiert (vgl. Niethammer 1985, 2000).

von Familien, Generationen, etc. ein gesellschaftliches Langzeitgedächtnis dar.

Folgt man dieser Unterscheidung, dann lässt sich die intensive Auseinandersetzung mit den Erinnerungen von Kriegskindern damit erklären, »dass das Erfahrungsgedächtnis der Zeitzeugen, wenn es in Zukunft nicht verloren gehen soll, in ein kulturelles Gedächtnis der Nachwelt übersetzt werden muss. Das lebendige Gedächtnis weicht damit einem mediengestützten Gedächtnis, das sich auf materielle Träger wie Denkmäler, Gedenkstätten, Museen und Archive stützt.« (A. Assmann 2003: 15) Dabei ist es nicht nur normal, dass öffentliche Diskussionen und ein Erinnerungsboom diesen Gedächtnisumbruch begleiten, sondern auch *notwendig*, um zukünftige Inhalte des kulturellen Gedächtnisses gesellschaftlich auszuhandeln und kritisch-reflexiv festzulegen. Interessant ist dabei jedoch, dass das kommunikative Gedächtnis der Zeitzeugen in dieser Sichtweise als etwas Gegebenes gesehen wird, das solange vom Verschwinden bedroht ist, bis es in ein kulturelles Gedächtnis einfließt, von dem zwar nicht die konkreten Inhalte – die müssen ausgehandelt werden –, aber doch zumindest seine Formen bekannt sind. Das kommunikative Gedächtnis wird gesellschaftlich also nicht konstruiert – das kulturelle schon. Aus soziologischer Sicht liegt hier aber der Verdacht nahe, dass das zu übersetzende kommunikative Gedächtnis keineswegs bloß vorliegt, sondern selbst im Kraftfeld der Obsession mit der Erinnerung beeinflusst, verändert und auch erzeugt wird. Mit anderen Worten: Auf welche Weise *sowohl* das kommunikative *als auch* das kulturelle Gedächtnis im Prozess der Übersetzung gleichermaßen konstruiert werden, wie sich diese beiden Gedächtnistypen zueinander verhalten, wie sie aufeinander einwirken und auseinander hervorgehen, bleibt in der kulturwissenschaftlichen Perspektive weitgehend im Dunklen.

Auch wenn sich diese äußerst populäre Unterscheidung im wissenschaftlichen Gedächtnisdiskurs in vielen Fällen bewährt haben mag, verweist sie im Rahmen der Fragestellung dieses Buches auf zwei analytische Defizite: Die Arbeit am Gedächtnis, die hier in den Blick genommen wird, macht nämlich gerade darauf aufmerksam, dass sich diese beiden Gedächtnisformen *nicht* voneinander trennen lassen und dass wir es *nicht* (bzw. nicht ausschließlich) mit einer Übersetzung eines bereits vorhandenen kommunikativen Gedächtnisses in ein zukünftiges kulturelles Gedächtnis zu tun haben. Im Falle des Frankfurter Kriegskinderkongresses wird, wie einleitend zu sehen war, durch die »Kulturalisierung« von Erinnerung überhaupt erst so etwas wie ein flüchtiges gemeinschaftliches Erinnern der Kriegskinder erzeugt, das auf Interaktion und Anwesenheit beruht. Ähnliches gilt auch für die Praxis des autobiografischen Schreibens, die Menschen gemeinsam *und* alleine in einem Beziehungsnetz erinnern lässt, das durch diese Praxis erst hergestellt wurde.[5] In beiden Fällen zeigten sich viele und vielschichtige Schritte, in denen Erinnerungen zwischen Individuen und Medien so ausgetauscht, übersetzt und verändert werden, dass ein kollektives Gedächtnis entstehen kann. Die Unterscheidung von kommunikativen und kulturellen Gedächtnissen blendet diese Zusammenhänge der Kollektivierung von Gedächtnis und daraus entstehende Fragen – die auch und gerade die *Praxis* des gesellschaftlichen Erinnerns betreffen – jedoch weitgehend aus. Für die weiteren Ausführungen stehen daher nicht die apriorische Setzung und Trennung, sondern die *Koproduktion* und *wechselseitige Durchdringung* dessen im Vordergrund, was Jan und Aleida Assmann als kommunikatives und kulturelles Gedächtnis bezeichnet haben.

5 Der zweite Teil dieses Buches wird darüber hinaus zeigen, dass erst die Verwissenschaftlichung und Medikalisierung der Erinnerung an deutsche Kriegskindheiten Kriegskindern Raum zur Rahmung und Artikulation ihrer Erfahrungen gibt.

3. Kriegskindheit zwischen individueller und kollektiver Erinnerung

Somit stellen sich zwei Fragen: Wie lässt sich das Phänomen der Kriegskinder mit Hilfe eines auf Verknüpfung und Verbindung angelegten Erinnerungs- bzw. Gedächtnisbegriffes tiefenscharf verstehen? Und was meint der hier verwendete Begriff *Erfindung von Erinnerung* genau? In den einleitenden Beispielen wurde bereits immer wieder das sichtbar, was Jan Assmann in seiner Studie über das kulturelle Gedächtnis »Außendimensionen des menschlichen Gedächtnisses« (J. Assmann 1992: 19) genannt hat. Romane und Autobiografien etwa sorgen dafür, dass die Erinnerungen von Kriegskindern von konkreten Personen und individuellen Erfahrungszusammenhängen gelöst und anderen Menschen verfügbar gemacht werden. Bestimmte Diskurse und »Gedächtnisrahmen« (Maurice Halbwachs) verleihen den Erinnerungen ehemaliger Kriegskinder in der Gegenwart einen besonderen Sinn und fügen sie in einen größeren Zusammenhang gesellschaftlicher Erinnerung ein. Ausstellungen und Archive wiederum lagern Erinnerungen aus und machen sie in der Form materialisierter Objekte und Texte für prinzipiell jeden Menschen erfahrbar. Die Erinnerung an deutsche Kriegskindheiten ist folglich immer mit Formen der Medialität und Materialität verbunden, die sie mehr und mehr aus dem Bereich des Individuellen herauslösen, sie »verdinglichen«, wie Hannah Arendt dies nennt, und auf diese Weise zum Gegenstand gesellschaftlicher Reflexion, Planung und Gestaltung machen. »Die Faktizität des gesamten Bereichs menschlicher Angelegenheiten«, schreibt Arendt in ihrem Buch *Vita activa*,

»hängt davon ab, einmal dass Menschen zugegen sind, die gesehen und gehört haben und darum erinnern werden, und zum anderen davon, dass eine Verwandlung des Nichtgreifbaren in die Handgreiflichkeit eines Dinghaften gelingt. Ohne Erinnerung und die Verdinglichung, die aus der Erinnerung selbst entspringt, weil die Erinnerung der Verdinglichung für ihr eigenes Erinnern bedarf [...], würde das lebendig Gehandelte, das gesprochene Wort, der gedachte Gedanke spurlos verschwinden, sobald der Akt des Handelns, Sprechens oder Denkens an sein Ende gekommen ist; es würde sein, als hätte es sie nie gegeben.« (Arendt 2002: 113 f.)

Öffentlichkeit und Greifbarkeit sind hier die beiden Schlüsselbegriffe: Erst durch das gemeinsame Wahrnehmen, Erinnern und damit auch Verdinglichen[1] von Handlungen, Worten und Gedanken können diese vor dem spurlosen Verschwinden – vor dem Vergessen also – bewahrt werden. Die flüchtigen und prekären Produkte des Handelns, Sprechens und Denkens müssen wiederholbar gemacht und in einen festeren, um nicht zu sagen: widerständigeren Zustand überführt werden. Wichtig zu sehen ist dabei, dass Erinnerung einerseits zu solchen Verdinglichungen führt, wie sie andererseits auch stets auf Verdinglichungen Bezug nimmt bzw. auf diese angewiesen ist: Ohne Verdinglichung gäbe es nach Arendt keine Erinnerung – und vice versa.

Auf genau diese Verknüpfung von Öffentlichkeit, Erfahrbarkeit und Verdinglichung – die Hannah Arendt freilich vor dem Hintergrund anderer Probleme thematisiert hat – soll dann auch der in diesem Buch gewählte Begriff der Erfindung von Erinnerung aufmerksam machen: Die Erinnerung an Kriegskindheit muss, um zu einem gesellschaftlich relevanten Phänomen zu werden, *verdinglicht* und *kollektiviert*, d.h. zirkuliert, verbreitet, gerahmt, gespeichert, repräsentiert und inhaltlich zugeschnitten werden. Damit kommt ein Vergesellschaftungsprozess von Erinnerung und Gedächtnis in den Blick, der mit der bloßen Rede von einer »Generation der Kriegskinder« weitgehend ausgeblendet wird: Die Erinnerung an Kriegskindheiten ist nämlich weder per se kollektiv, noch stellt das Gedächtnis der Kriegskinder – damit ist die mit dem Erinnern an Kriegskindheit ver-

---

1 Die zentrale wissenssoziologische Referenz in diesem Zusammenhang lautet Berger/Luckmann (1969).

bundene materiale, mediale und diskursive Struktur gemeint – einen bereits vorhandenen Speicher oder ein vorab gegebenes kollektives Gedächtnis dar. Sowohl der gesellschaftliche Prozess des Erinnerns an Kriegskindheit als auch die gesellschaftliche Struktur des Gedächtnisses der Kriegskinder – und damit auch seine Individualität und Kollektivität – müssen hergestellt und erzeugt werden. Damit schließt die Argumentation zwar an einer allgemeinen Unterscheidung an, die »Erinnern als ein[en] Prozess, Erinnerungen als dessen Ergebnis und Gedächtnis als eine Fähigkeit oder eine veränderliche Struktur« (Erll 2005: 7) fasst, will dabei aber gerade auch der praktischen Verwobenheit von Ereignis, Prozess und Struktur, von Erinnerung, Erinnern und Gedächtnis nachgehen.[2] Wichtig zu sehen ist dabei, dass das Gedächtnis der Kriegskinder *Arbeit am Gedächtnis* erfordert – und diese »Gedächtnisarbeit« (Hemken 1996: 11), in deren Folge Erinnerungen nicht nur geformt und verändert, sondern auch gespeichert und verbreitet werden, gilt es, mit ihren Eigenheiten, Dynamiken, Ambivalenzen sowie Folgen und Nebenfolgen zu begreifen.

Der springende Punkt dabei ist, dass viele Kriegskinder selbst in vielfältiger Weise an dieser Arbeit beteiligt sind, dass wir es dementsprechend auch hier mit einer Selbst- und Fremderfindung, diesmal jedoch von Erinnerung und Gedächtnis zu tun haben. Sie übernehmen dabei die eigentümliche Rolle, zugleich *Konsumenten* und *Produzenten* von Erinnerung zu sein:[3] Einerseits werden ehemalige Kriegskinder durch das breite Angebot von Büchern und Veranstaltungen zum Erinnern angeregt und, wie man in einer etwas anderen Pointierung sagen kann, verleitet. Dahinter stehen zwar auch, wie zu sehen war,

2 An dieser Stelle wird auch deutlich, dass der Begriff der Generation sich in diesem Zusammenhang selbst als ein Rahmen von Gedächtnis begreifen lässt, der in der Lage ist, einerseits Erinnerung gesellschaftlich zu repräsentieren und zu organisieren, andererseits aber auch zwischen individuellen und kollektiven Gedächtnissen zu vermitteln. Genaueres dazu wird in Teil II, Kapitel 3 »Das Trauma der Generationen und das nationale Gedächtnis« herausgearbeitet.

3 Dass Erinnerungen auch rezipiert bzw. konsumiert werden, wird demgegenüber in der sozial- und kulturwissenschaftlichen Erinnerungsforschung kaum diskutiert (vgl. Kansteiner 2002).

erinnerungspolitische Überlegungen, doch kann dieses Rezipieren von Erinnerung wie im Falle des Frankfurter Kriegskinderkongresses auch zu einer spontanen und temporären Vergemeinschaftung (die beispielsweise als Zusammenkunft von Angehörigen einer Generation gerahmt ist) führen. Zudem wird vielen Menschen durch Veranstaltungen und Veröffentlichungen überhaupt erst bewusst, dass sie selbst Kriegskinder sind und ihre Erinnerungen gesellschaftlich wertvoll und relevant sein könnten. Demgegenüber produzieren Kriegskinder jedoch auch Erinnerungen. Darunter fällt beispielsweise das autobiografische Schreiben, das aber, wie ebenfalls zu sehen war, selbst wiederum in ein wechselseitiges Lesen und Rezipieren, in ein Konsumieren von Erinnerung also eingebunden ist. Diese Wechselseitigkeit gilt auch für die Selbsterforschung der Kriegskinder, die auf der einen Seite die persönlichen Kindheitserfahrungen der Forscher einbezieht, auf der anderen Seite aber auch auf allgemeine Topoi wie beispielsweise Generationalität oder die kulturelle Form des Zeitzeugen Bezug nimmt, um das Thema Kriegskindheit für den öffentlichen Erinnerungsdiskurs und das öffentliche Erinnern anschlussfähig zu machen. Man kann also sagen, dass sich im Falle der Kriegskinder das individuelle Erinnern mit der medialen Vermittlung und gesellschaftlichen Organisation von Erinnerung verschränkt.

Das bedeutet jedoch nicht, die Erinnerungen von Kriegskindern als ›falsch‹ oder ›erfunden‹ im eigentlichen Sinne des Wortes abzustempeln. Vielmehr geht es darum, dass die *Individualität* und die *Kollektivität* des Erinnerns auf besondere Weise zwei Seiten des Gedächtnisses der Kriegskinder darstellen, die sich nicht getrennt voneinander denken lassen: Solange die Kriegskinder leben, wird die kollektive Erinnerung an Kriegskindheit immer auch von »Primärerfahrungen« (Hockerts 2001) und individuellen Erinnerungen getragen und inspiriert, wie auf der anderen Seite das individuelle Erinnern der Kriegskinder aufs Engste mit den Medien, Organisationen, Rahmen und Diskursen des kollektiven Erinnerns an Kriegskindheit verbunden ist. Spontane Akte des Erinnerns verzahnen sich auf diese Weise mit einer »gezielte[n] Erinnerungs- bzw. Vergessenspolitik« (A. Assmann 2003: 15), so dass ein rein individuelles Erinnern ebenso wenig möglich ist wie eine rein kollektive Erinnerung, die sich *nicht* auf individuelle Gedächtnisse stützen würde (vgl. dazu bereits Halbwachs 1967, 1985).

Diese Vermischung und Durchdringung von Erinnerungen macht auch Astrid Erll in methodologischer Hinsicht stark, indem sie die »Verbindungslinien« zwischen individueller Erinnerung, Geschichte, öffentlichen Diskursen, fiktionalen Erzählungen, etc. als zentralen Punkt der Erforschung kollektiver Gedächtnisse ansieht (vgl. Erll 2005: 6). Solche Verbindungs- und Fluchtlinien der Erinnerung werden im Laufe dieses Buches immer wieder auftauchen. Die entscheidende Einsicht lautet hier, dass sich im Gedächtnis der Kriegskinder stets unterschiedliche Formen und Ebenen des Erinnerns vernetzen, sich dieses Gedächtnis dementsprechend nicht als ein eindimensionaler oder einfacher Erinnerungsraum beschreiben lässt, sondern als ein komplexes Gebilde – eine »circulating entity«, um mit Bruno Latour (1999: 17) zu sprechen –, in dem Erinnerungen nicht nur erzeugt werden, sondern auch zwischen Individuen und Medien zirkulieren, ausgetauscht und verändert werden. Die Sozialpsychologen David Middleton und Steven D. Brown bringen die hier zugrunde liegende Frage der Wechselwirkung und Rekursivität individueller und kollektiv(iert)er Erinnerung auf den Punkt: Es geht darum zu verstehen, »how the reach and depth of our remembering activities becomes expanded beyond ourselves by means of cultural tools and, at the same time, how mediation acts back on us as individuals, and the effects this ›reverse action‹ has on what we can achieve.« (Middleton/Brown 2005: 33) Die Erfindung der Erinnerung, die hier skizziert werden soll, lässt sich somit einerseits als das Auslagern, Verbreiten und Materialisieren des Erinnerns mit Hilfe von – beispielsweise – Objekten, Medien, Diskursen und Archiven fassen, wie sie auf der anderen Seite auch das Zurückwirken auf und Verändern von individuellen Gedächtnissen beinhaltet (Middleton und Brown sprechen hier treffend von »mediation« bzw. »reverse action«).

4. Repräsentation, Zirkulation, Speicherung

Es bietet sich an dieser Stelle an, die bisherigen Überlegungen weiter zu systematisieren und drei Bereichen der gesellschaftlichen Erinnerung – und darüber hinaus auch des wissenschaftlichen Gedächtnisdiskurses – zuzuordnen: Bei der Erfindung des Gedächtnisses der Kriegskinder geht es *erstens* darum, die Vergangenheit von Kriegskindern kollektiv erfahrbar zu machen und zu repräsentieren, *zweitens* um die Zirkulation und Ausdehnung von Erinnerungen und *drittens* um ihre Speicherung.

REPRÄSENTATION

Die Kollektivierung und Verdinglichung von Erinnerung ist, wie in einem ersten Schritt argumentiert werden soll, eng an ihre gesellschaftliche Erfahrbarkeit und Kommunizierbarkeit gekoppelt. Die Erinnerung an Kriegskindheit als kollektive Erinnerung zu erfinden, bedeutet dementsprechend, Wege zu finden, sie in einer geeigneten Weise für eine Vielzahl von Menschen kommunizier- und identifizierbar zu machen. Wie in den obigen Beispielen gezeigt wurde, geschieht dieses Erfahrbar- und Kommunizierbarmachen nicht nur entlang bestimmter Begriffe und Narrative, sondern auch mit Hilfe materialer Repräsentationen und Medien, wie sie etwa Bücher, Texte, Bilder und Objekte darstellen. Auf diese Weise werden die Erinnerungen von Kriegskindern in eine gesellschaftliche Form gebracht, die es Menschen erlaubt, sich sinnvoll auf sie zu beziehen, sie gutzuheißen oder zu kritisieren. Mit Repräsentation ist jedoch keineswegs die unverfälschte, gleichsam originalgetreue Abbildung der Vergangenheit ›so, wie sie war‹ gemeint. Vielmehr ist, wie die Soziologie auch bereits früh erkannt hat, die Repräsentation von Vergangenheit eng mit ihrer *Konstruktion* verbunden.

In seinem Aufsatz *The Nature of the Past* aus dem Jahr 1929 unternimmt George Herbert Mead den expliziten, von der kultur- und sozialwissenschaftlichen Gedächtnisforschung jedoch sträflich vernachlässigten Versuch, Vergangenheit vor dem Hintergrund der zeitlichen Dynamik und Ordnung sozialer Praxis zu denken. Mead geht dabei von einem elementaren Unterschied zwischen Vergangenheit und Gegenwart aus: Sämtliche Bilder und Vorstellungen über die Vergangenheit können, so seine These, nur in der Gegenwart bestehen und dort ihren Sinn entfalten. Er schreibt:

> »The present is not the past and the future. The distinction which we make between them is evidently fundamental. [...] The past arises with memory. We attach to the backward limit of the present the memory images of what has just taken place. [...] The past as it appears is in terms of representations of various sorts, typically in memory images, which are themselves present.« (Mead 1929: 235)

Erst durch die Erinnerung (memory), die an der Grenze zwischen Gegenwart und Vergangenheit operiert, wird Vergangenheit in der Gegenwart erfahrbar. Mead spricht hier von Erinnerungsbildern (memory images), die in der Gegenwart verankert sind und in ihrem Gegenwärtig-Sein Vergangenheit repräsentieren. Da zwischen Vergangenheit und Gegenwart ein fundamentaler Unterschied besteht, kann die Vergangenheit auch nur über solche Repräsentationen erschlossen werden. Das Verhältnis von Vergangenheit und Gegenwart lässt sich demnach über den Begriff der Erinnerung als gegenwärtige Repräsentation und damit auch Produktion von Vergangenheit fassen. Da die Vergangenheit erst im Modus des Erinnerns erscheint, stellt die Gegenwart gleichsam die Bedingung der Möglichkeit einer in diesem Sinne erinnerten und aktualisierten Vergangenheit dar: Ohne Gegenwart und gegenwärtige Repräsentationen gäbe es auch keine Vergangenheit, deren Konstruktion »from the standpoint of the new problem of today« (ebd.: 241) erfolgt. Vergangenheit – in unserem Falle die

Vergangenheit der Kriegskinder – erhält sich somit nicht von selbst, sondern findet ihre Bestimmung von der Gegenwart und ihren Problemen her. Sie wird in diesem Sinne zu einem »overflow of the present.« (Ebd.: 238) Die »memory images«, d.h. die in der Gegenwart eingebetteten Repräsentationen von Vergangenheit eröffnen erst einen notwendigerweise selektiven und prinzipiell auch kritisier- und anfechtbaren Zugang zur Vergangenheit. Vergangenheit kann mit Mead entsprechend als eine vergangene Gegenwart verstanden werden, die sich in ihrer »representational form« in einer gegenwärtigen Gegenwart re-präsentiert, sich dort als erinnerte Vergangenheit entfaltet und in der Gegenwart wirkt. Dass damit jedoch kein beliebiges Konstruieren von Vergangenheit gemeint ist, macht Mead im folgenden Zitat deutlich: »That which is novel can emerge, but conditions of the emergence are there. It is this conditioning which is the qualitative character of the past as distinguished from mere passage. Mere passage signifies disappearance and is negative.« (Ebd.: 236) Gegenwarten gehen nicht einfach auf willkürliche Weise ineinander über. Vielmehr lässt sich das Verhältnis von vergangenen und gegenwärtigen Gegenwarten als eine Art Beeinflussungsverhältnis verstehen: Die Gegenwart »passes into another present with the effects of the past in its textures, not with the burden of its events upon its back.« (Ebd.: 238) Auch wenn die Vergangenheit nur in der Gegenwart als Repräsentation Bestand hat, sind die Möglichkeiten des Repräsentierens von Vergangenem abhängig. Die Gegenwart als Ereignis bzw. Entfaltung von Zeit ist in diesem Sinne untrennbar mit der Vergangenheit verwoben, d.h. die Vergangenheit kanalisiert die Möglichkeiten der Gegenwart und damit auch die des Erinnerns. Dies gilt nicht nur für das individuelle Erinnern an Kriegskindheit, das durch persönliche Kriegserfahrungen ebenso beeinflusst ist wie durch eine je individuelle Biografie, sondern auch für die kollektive Erinnerung an die Zeit des Zweiten Weltkriegs, die eine eigene Erinnerungsgeschichte besitzt (vgl. Frei 2005; Moeller 2001).

Mit Maurice Halbwachs, dem eigentlichen Klassiker[1] der soziologischen Gedächtnisforschung, lässt sich an dieser Stelle der Bogen

1 Im Zuge des gegenwärtigen Erinnerungsbooms werden auch Maurice Halbwachs und seine Theorie des kollektiven Gedächtnisses als zentrale

zum weiter oben angesprochenen rekursiven Verhältnis individueller und kollektiver Erinnerung schließen. Auch für Halbwachs stellt sich die Frage nach dem Zusammenhang von Vergangenheit und Gegenwart als eine Frage der Gegenwart: Die Vergangenheit zeige sich in der Gegenwart, so Halbwachs in seinem Buch *Das Gedächtnis und seine sozialen Bedingungen* (im französischen Original erschienen im Jahr 1925, hier zitiert nach der deutschen Fassung von 1985), nicht als »fossiles Tier« (Halbwachs 1985: 132), das sich aus der Summe der Erinnerungen gleichsam rekonstruieren ließe, sondern erscheine in der Form von »vagen Spuren« (ebd.), die im Lichte der Gegenwart interpretiert und der Gegenwart angepasst würden. In diesem Sinne lassen sich Erinnerungen als »Vergangenheitsversionen« (Echterhoff/Saar 2002b: 18) verstehen, die Vergangenheit nicht aufbewahren oder speichern, sondern diese perspektivisch und vor dem Hintergrund gegenwärtiger Problem- und Interessenlagen verarbeiten, formen und repräsentieren.

Die Repräsentation von Vergangenheit meint damit immer auch eine Rekonstruktion im Sinne einer – wenn auch nicht beliebigen – Neuschöpfung.[2] Die Rede vom Gedächtnis und von Erinnerung zielt bei Halbwachs jedoch stets auf soziale Gedächtnisse und sozial vermittelte Erinnerungen ab. In Anlehnung an Émile Durkheim[3] führt Halbwachs die Frage nach dem soziologischen Gehalt von Erinnerungen auf die »gesellschaftlichen Rahmen des Gedächtnisses« (Halbwachs 1985: 21) zurück, d.h. auf die kollektiv geteilten Kategorien und Konzepte, die in sozialen Beziehungen und deren Wissensordnungen verankert sind und mit denen Vergangenheit in der Gegenwart angeeignet wird. Individuelle Erinnerungen sind damit immer schon

---

Anknüpfungspunkte für eine kultur- und sozialwissenschaftliche Auseinandersetzung mit Erinnerung und Gedächtnis wiederentdeckt. Für einen größeren Überblick über die Halbwachs'sche Theorie, der hier nicht geleistet werden kann, siehe unter anderem Echterhoff/Saar (2002a), Egger (2003) und Krapoth (2005).

2 Mit Wägenbaur (1998: 6; Herv. i.O.) gesprochen: Erinnerungen »*constitute* but do not *restitute* a passed event«.

3 Für eine erweiterte Diskussion des Durkheim'schen Erinnerungs- und Gedächtnisbegriffes siehe Misztal (2003b) sowie Heinlein/Dimbath (2010).

in soziale Verhältnisse eingebettet, die die Art und Weise der Vergangenheitsvergegenwärtigung – mit anderen Worten: die Selektion, Ordnung und Anpassung von Vergangenheit in der Gegenwart – bestimmen. Dies kann die Familie sein, aber auch Freundeskreise, Städte, Regionen und Nationen – Halbwachs spricht hier konsequent von der »nationalen Gruppe« (Halbwachs 1967: 35) – lassen sich als solche Rahmen verstehen, die einen Einfluss auf unser individuelles Erinnern haben. Kollektive Erinnerung wird auf diese Weise nicht nur multipliziert und multiperspektivisch gedacht, sondern lässt sich auch als Ergebnis von Aushandlungsprozessen und »Rahmenstreitigkeiten« (Goffman 1980: 353) verstehen: Unterschiedliche Gruppen können verschiedene Erinnerungen an ein und dasselbe vergangene Ereignis haben, was wiederum zu Deutungskonkurrenzen und Definitionskämpfen nicht nur, aber auch im Sinne einer »Politik mit der Erinnerung« (Reichel 1995) führen kann. Die Kritik am Frankfurter Kriegskinderkongress lässt sich beispielsweise als Ausdruck solch eines Deutungskampfes bzw. einer wahrgenommenen Konkurrenz der Opfer (Chaumont 2001) lesen.

Astrid Erll hat in diesem Zusammenhang darauf hingewiesen, dass auch Medien im Sinne »medialer Rahmen des Erinnerns« (Erll 2005: 140) eine zentrale Rolle für das Erfahrbarmachen und Repräsentieren von Vergangenheit spielen. Diese Rahmen »ermöglichen und prägen die Vergegenwärtigung und Deutung von eigener und fremder Erfahrung« und »bilden einen Horizont von Versionen des Zusammenhangs von Vergangenheit, Gegenwart und Zukunft« (ebd.: 141 f.). Der Gedanke, dass Medien und Erinnerung auf irgendeine Weise zusammenhängen, zeigt sich bereits bei Maurice Halbwachs. In seinen Ausführungen finden sich immer wieder Beispiele, die verdeutlichen, dass Medien im Individuum Erinnerungsprozesse auslösen, weil sie es mit der Gesellschaft verbinden und als Ersatz für das persönliche Gespräch dienen. Sein mittlerweile klassisch gewordenes Beispiel stellt der Spaziergang durch London dar, der sein Buch *Das kollektive Gedächtnis* einleitet. Halbwachs erzählt hier den Weg eines Neuankömmlings, der die Stadt ohne Begleitung erkunden will. Doch auch wenn der Spaziergang alleine erfolgt, behält der Spaziergänger nicht nur individuelle, gleichsam ungeteilte und unteilbare Erinnerungen zurück:

»Vor Westminster habe ich daran gedacht, was mir mein Freund, der Historiker, darüber gesagt hatte (oder – was auf dasselbe hinausläuft – daran, was ich darüber in einem Geschichtsbuch gelesen hatte). Auf einer Brücke habe ich die Wirkung der Perspektive betrachtet, auf die mein Freund, der Maler, hingewiesen hatte (oder die mir auf einem Gemälde, auf einem Stich aufgefallen war). Ich habe mich bei meinem Gang in Gedanken von meinem Stadtplan leiten lassen. Als ich zum ersten Mal in London war – vor Saint Paul oder Mansion House, auf dem ›Strand‹ oder in der Umgebung von Court's of Law – brachten mir viele Eindrücke die Romane von Dickens in Erinnerung, die ich in meiner Kindheit gelesen hatte: so ging ich dort also mit Dickens spazieren.« (Halbwachs 1967: 2 f.)

Ein Stadtplan, in der Kindheit gelesene Romane von Charles Dickens, Gemälde oder das Geschichtsbuch – kurz: Medien – ermöglichen dem Spaziergänger ein nach innen verlagertes, persönliches Gespräch, das unter Abwesenheit des Gegenübers bzw. der Erinnerungsgemeinschaft stattfindet. Durch das Wirken von Medien hat das Individuum die Betrachtungsweisen unterschiedlicher Gruppen, den Autoren, Malern, Historikern, Architekten und Städteplanern, die sich mit London beschäftigt haben, im Kopf – und damit auch die zu diesen Gruppen gehörenden und in diesem Sinne kollektiven Erinnerungen. Auch wenn das Individuum alleine ist, ermöglichen ihm die medialen Rahmen, sich »von neuem in die Gruppe ein[zufügen]« (ebd.: 3), sich im sozialen Raum zu verorten und dort zu erinnern. Denkt man dieses Argument weiter (Halbwachs selbst wurde am 16. März 1945 im KZ Buchenwald ermordet und konnte sich nicht mehr systematisch damit auseinander setzen), dann wird klar, dass Medien nicht nur unsere Weltsicht vermitteln, sondern durch ihre »sinnmiterzeugende Kraft« (Krämer 1998: 73) auch an der Formierung von Gedächtnis beteiligt sind. Medien stellen keine neutralen Träger der in sie eingelassenen Botschaften dar, sondern hinterlassen im Akt der Sinnvermittlung und -erzeugung materielle »Spuren« an der Botschaft. Die Medienphilosophin Sybille Krämer beschreibt diesen Gedanken folgendermaßen:

»Das Medium verhält sich zur Botschaft, wie die unbeabsichtigte Spur sich zum absichtsvoll gebrauchten Zeichen verhält, wie also – jedenfalls im Sprachspiel Freuds – das Unbewusste in einem Verhältnis steht zu dem, was dem Bewusstsein zugänglich ist. Die sinnprägende Rolle von Medien muss also nach dem Modell der Spur eines Abwesenden gedacht werden; so rückt in den Blick, warum die Bedeutung von Medien gewöhnlich verborgen bleibt. *Das Medium ist nicht einfach die Botschaft; vielmehr bewahrt sich an der Botschaft die Spur des Mediums.*« (Ebd.: 81; Herv. i.O.)

Vor dem Hintergrund dieses Zitats wird einsichtig, dass es einen Unterschied macht, wenn Erinnerungen mit Hilfe von Autobiografien und populärwissenschaftlichen Büchern oder aber im Rahmen von Kongressen und Ausstellungen repräsentiert werden. Wie auch in den einführenden Beispielen zu sehen war, werden Erinnerungen in Abhängigkeit von verschiedenen Medien auf ganz unterschiedliche Weise verdinglicht, hervorgerufen, vermittelt und weitergegeben. Eine Autobiografie zu schreiben setzt Unterschiedliches voraus und hat Anderes zur Folge wie der Besuch einer Ausstellung oder einer Tagung. Man kann also sagen, dass jedes Medium eine ihm eigene Materialität besitzt, die einerseits in ein Verhältnis zu dem tritt, was in es eingeschrieben ist und die andererseits auch einen Einfluss auf diejenigen Praktiken hat, in die es eingebettet ist. Anstatt also allein die medial vermittelte Botschaft von Büchern und Veranstaltungen zum Thema Kriegskindheit in den Blick zu nehmen, gilt es auch, die spezifischen Praktiken – beispielsweise des Austauschs, der Produktion und der Rezeption von Erinnerung – zu berücksichtigen, die diese Medien gleichermaßen voraussetzen und erzeugen. Dieser Gedanke wird weiter unten fortgeführt, wenn es um die Art und Weise der Gedächtnisherstellung geht, die einerseits mit der Zirkulation, andererseits mit dem Speichern und Abrufen von Erinnerungen verbunden ist.

Mit der Rede von einem kollektiven Gedächtnis ist jedoch gerade nicht gemeint, dass alle Individuen, die für Halbwachs die eigentlichen Träger kollektiver Erinnerungen darstellen, gleiche Erinnerungen haben. Vielmehr geht es um die Erkenntnis, dass der individuelle Akt des Erinnerns selbst von Rahmenbedingungen abhängt und bestimmt wird, die über das Individuelle hinausgehen und gleichzeitig einen Zwang auf das Individuum ausüben. Das Soziale[4] wird in dieser Les-

4 Im Gegensatz zu Durkheim und seiner mehr oder weniger monolithischen Auffassung des Sozialen geht Halbwachs in der Bestimmung dessen, was

art zur Bedingung der Möglichkeit von Erinnerungen, die, wie Halbwachs es formuliert, erst »unter dem Druck der Gesellschaft« (Halbwachs 1985: 159) zustande kommen. Hier zeigt sich klar die von Émile Durkheim entwickelte Idee der sozialen Tatsache (Durkheim 1984). Die gesellschaftlichen – und ergänzend dazu: die medialen – Rahmen organisieren und stabilisieren das individuelle Erinnern und die persönliche Vergangenheitserfahrung und helfen dabei, Erinnerungen zu lokalisieren; dies ist ein Punkt, den später auch Erving Goffman ganz ähnlich, jedoch ohne expliziten Verweis auf Halbwachs in seiner Rahmen-Analyse in Bezug auf die individuelle Organisation der Alltagserfahrung entwickeln wird (Goffman 1980).[5] Das einzelne Individuum ist dabei Teil verschiedener Gruppen und damit immer auch von einer Vielzahl sozialer Gedächtnisrahmen abhängig:

> »Vom Individuum aus gesehen stellt sich das Gedächtnis als ein Agglomerat dar, das sich aus seiner Teilhabe an einer Mannigfaltigkeit von Gruppengedächtnissen ergibt; von der Gruppe aus gesehen stellt es sich als eine Frage der Distribution dar, als ein Wissen, das sie in ihrem Innern, d.h. unter ihren Mitgliedern verteilt. Die Erinnerungen bilden jeweils ein ›unabhängiges System‹, dessen Elemente sich gegenseitig stützen und bestimmen, sowohl im Individuum als auch im Rahmen der Gruppe.« (J. Assmann 1992: 37)

Diese Abhängigkeit des individuellen Erinnerns von gesellschaftlichen Rahmungen ließ sich auch in den Beispielen beobachten, die diesen Teil des Buches eingeleitet haben: Viele Kriegskinder drängen gerade auch deshalb erst jetzt in den öffentlichen Erinnerungsdiskurs, weil sich solche Rahmen herausbilden, an die sie mit ihren individuellen Erinnerungen anschließen können (vgl. Thießen 2009). Der Be-

das Soziale ausmacht, wesentlich feinsinniger vor (vgl. Coser 1992). Dies zeigt sich vor allem daran, dass Halbwachs stets von verschiedenen kollektiven Gedächtnissen innerhalb einer gegebenen Gesellschaft ausgeht.

5 Wie Maria Hoffmann (2008: 8) scharfsichtig bemerkt, liefern die Halbwachs'schen Rahmen im Gegensatz zu Goffmans Rahmenbegriff nicht die Antwort auf die Frage: »Was geht hier vor?«, sondern bieten eine Lösung für das Problem, das sich dem Einzelnen mit der Frage: »Was ist hier vorgegangen?« stellt.

fund eines vormaligen Schweigens der Kriegskinder lässt sich mit Hilfe der Halbwachs'schen Überlegungen dann weniger auf ein angebliches Tabu, als vielmehr auf das Fehlen geeigneter gesellschaftlicher Rahmen und Repräsentationen von Erinnerung zurückführen.

Erinnern kann als gegenwärtiges Ereignis die Vergangenheit nicht zurückholen (siehe dazu auch den Punkt der Speicherung weiter unten), sondern nur an Bekanntes anschließen. Bei der hier zu beobachtenden Erfindung von Erinnerung geht es somit gerade darum, Rahmen zu schaffen, die in der Lage sind, Erfahrungen *nachträglich* zu organisieren und Erinnerungen mit *neuem* Sinn zu versehen. Von einem Trauma der Kriegskinder zu sprechen, stellt demnach keinen neutralen wissenschaftlichen Diskurs dar, sondern verändert die Art und Weise, wie sich Kriegskinder erinnern und wie wir individuelle wie kollektive Vergangenheiten aus einer gegenwärtigen Perspektive konstruieren, bewerten und wahrnehmen. Wenn also die Herausbildung und Erfindung der kollektiven Erinnerung an Kriegskindheit beschrieben werden soll, dann muss auch geklärt werden, welche Rahmen und Repräsentationen auf welche Weise und mit welchen Folgen geschaffen, (re-)interpretiert und miteinander verknüpft werden. Zu diesem Zwecke wird im zweiten Teil des Buches auch die augenfällige *Medikalisierung* – damit ist die Verknüpfung von medizinischen Diskursen mit dem Feld der Erinnerung gemeint, die in dem kulturellen Konzept des Traumas ihren Ausdruck findet – des Gedächtnisses der Kriegskinder näher betrachtet.

Dass es sich dabei jedoch nicht um eine bloße massenmediale Inszenierung individueller und kollektiver Vergangenheiten handelt, sondern um einen *sozialen* Prozess des Erinnerns, wird dann klar, wenn mit Halbwachs davon ausgegangen wird, dass die gesellschaftlichen Rahmen des Gedächtnisses selbst Erinnerungen darstellen. Bezüglich der Frage, »in welchem Sinne das Verschwinden oder die Umformung der Bezugsrahmen des Gedächtnisses das Verschwinden oder die Umformung unserer Erinnerungen nach sich zieht« (Halbwachs 1985: 143) hält Halbwachs fest, »dass zwischen dem Rahmen und den Ereignissen von Natur eine Identität [besteht]: Die Ereignisse sind Erinnerungen, aber der Rahmen ist gleichfalls aus Erinnerungen gebildet.« (Ebd.: 144) Die gesellschaftlichen Rahmen, die unser Erinnern organisieren, sind also selbst Ergebnis einer Konstruktion: Sie werden durch die Verdichtung und Verallgemeinerung individueller Erinnerungen gebildet und geben als stabilisierte Erinnerung den sozialen Kontext vor, innerhalb dessen sich spontane Ereignisse der individuellen Erinnerung abspielen. Dabei bestehen auch Wechselwirkungen und Austauschprozesse: Verändern sich die Rahmen, dann verändern sich dadurch auch die spontanen Erinnerungen, wie auch aufgrund der Rekursivität des gesellschaftlichen Erinnerns die stabilen Rahmen durch spontane Erinnerungen verändert werden können.[6]

ZIRKULATION

Allein die Arbeit an Repräsentationen und Rahmen reicht jedoch nicht aus, um Erinnerungen gesellschaftlich relevant und kollektiv erfahrbar zu machen. Erinnerungen müssen nicht nur in bestimmte Formen gegossen, sondern auch verteilt und verbreitet werden. Diese Aufgabe übernehmen Medien, die in diesem Zusammenhang als Zirkulationsmedien in den Blick kommen. Die Literaturwissenschaftlerin Astrid Erll schreibt dazu:

»Medien ermöglichen kulturelle Kommunikation nicht nur durch die Zeit hindurch, sondern auch über weite Räume hinweg. Zirkulationsmedien kommt die Aufgabe zu, große Erinnerungsgemeinschaften, in denen *face-to-face*-Kommunikation nicht mehr möglich ist, zu synchronisieren. Eine solche Funktion erfüllte der Buchdruck seit der Frühen Neuzeit, Zeitschriften im 18. und 19. Jahrhundert, Fernsehen und Internet in einer Zeit der Globalisierung. Zirkulationsmedien sind Massenmedien.« (Erll 2005: 137 f.; Herv. i.O.)

Zirkulationsmedien verdinglichen Erinnerung auf eine besondere Weise: Sie *de-territorialisieren* den Akt des gemeinschaftlichen Erinnerns und entkoppeln ihn von der Notwendigkeit und Logik räumlicher und sozialer Nähe. Durch den Gebrauch von Zirkulations- bzw.

6 Dass Zweiteres schwerer fallen dürfte und einen voraussetzungsvollen Prozess der Institutionalisierung gleichsam neuer oder anderer Erinnerungen erfordert, liegt auf der Hand. Dennoch lässt sich dies später an der selektiven Zuschneidung des Traumakonzepts beobachten.

Massenmedien müssen Menschen nicht mehr zwingend zur gleichen Zeit an ein und demselben Ort anwesend sein, um sich gemeinsam zu erinnern und geteilte Vergangenheitsversionen zu entwickeln. Wir haben es hier vielmehr mit dem Phänomen einer weiträumigen und mitunter auch anonymisierenden *medialen Vermittlung* von Erinnerung zu tun. Wichtig zu sehen ist hierbei jedoch, dass Zirkulationsmedien Kommunikation unter Anwesenden (Kieserling 1999) nicht einfach ersetzen oder obsolet machen, sondern dem Akt des Erinnerns selbst eine neue Qualität verleihen: Erinnerung spielt sich nämlich nicht mehr nur kommunikativ zwischen Individuen ab, sondern findet nun auch im Austausch zwischen Individuen und Medien statt – beispielsweise beim Lesen eines Buchs, im Rahmen eines Ausstellungsbesuchs oder beim Zuhören eines Vortrags. Medien können Erinnerung jedoch nur dann erfolgreich ausbreiten und kollektivieren, wenn Menschen diese Angebote auch wahrnehmen und sich zueigen machen, wenn Individuen durch ihr Angebot also zum Erinnern »verleitet« werden, wie dies weiter oben formuliert wurde.

Folgt man obigem Zitat, dann erschöpft sich die Funktion von Zirkulationsmedien jedoch nicht darin, Erinnerungen im sozialen und geografischen Raum zu verteilen und kollektives Erinnern über räumliche Grenzen hinweg zu ermöglichen. Weitaus wichtiger ist für Astrid Erll die Tatsache, dass sie in der Lage sind, gegebene (!) Erinnerungsgemeinschaften zu synchronisieren und zu stabilisieren. Zirkulations- bzw. Massenmedien erreichen dies, indem sie Erinnerung sowohl *de-* als auch *re*-territorialisieren: Medien machen Erinnerungen aufgrund ihrer Mobilität einerseits unabhängig von konkreten Orten, speisen sie andererseits aber auch wieder in bestimmte Orte und Kontexte ein. Auf diese Weise knüpfen Medien ein Netz von Orten und Menschen, in dem Erinnerungen zirkulieren, d.h. transportiert und ausgetauscht werden. Gleichzeitig werden durch diese Verknüpfungsleistung große Erinnerungsgemeinschaften – darunter lassen sich nicht nur Nationen verstehen, sondern auch transnationale Gemeinschaften, Regionen und größere Städte, die ein »kommunales Gedächtnis« (Thießen 2009) besitzen – aufrecht erhalten und aufeinander abgestimmt.

Solche Medien sind uns auch bereits in den einführenden Beispielen begegnet: Die Autobiografien, Bildbände, populärwissenschaftlichen Bücher und Romane, auf die wir dort gestoßen sind, erschließen und ermöglichen in ihrer Praxis in der Tat einen gesellschaftlichen Gedächtnisraum, der über räumlich relativ engmaschig gestrickte Sozialzusammenhänge – im Falle der Kriegskinder können dies neben der Familie und dem Freundeskreis auch Selbsthilfegruppen, Vereine oder Erinnerungswerkstätten sein – hinausgeht. So sind beispielsweise die verschriftlichten und in Buchform gebrachten Erinnerungen eines Kriegskinds weder an feste Orte noch an eine vorab festgelegte Anzahl von Lesern gebunden, sondern können immer wieder an verschiedenen Orten von verschiedenen Personen gelesen, diskutiert und überdacht werden. Ähnliches gilt auch für Foren im Internet, in denen Kriegskinder ihre Erinnerungen veröffentlichen und somit prinzipiell jedem Internetnutzer verfügbar machen. Im thematisch nicht auf Kriegskindheit beschränkten »Zeitzeugenforum« beispielsweise waren Ende Juni 2008 bereits 27 Erinnerungsberichte von Kriegskindern aufgeführt, die zu diesem Zeitpunkt mehr als die Hälfte aller Einträge ausmachten.[7]

Zirkulation verweist somit, wie man sagen kann, immer auch auf ein wiederholbares Aneignen und Rezipieren von Erinnerung in a priori nicht festgelegten Kontexten. Diese gleichsam multilokale und multikontextuelle »Verbreitung und Zirkulation von Inhalten des kollektiven Gedächtnisses« (Erll 2005: 139) geschieht dabei nicht (nur) zufällig, sondern stellt (auch) ein bewusstes und intendiertes Unterfangen dar. Solch eine »produzentenseitige Funktionalisierung« von Medien, wie Erll dies nennt (ebd.: 135), lässt sich beispielsweise bei Autoren beobachten, deren Schreiben gerade darauf abzielt, die Erinnerung an Kriegskindheit auf größere Personenkreise auszudehnen und »in Zukunft Erinnerungsprozesse aus[zu]lösen.« (Ebd.) Zu diesen Autoren gehört auch die weiter oben schon zitierte Journalistin Sabine Bode: Ihr Plädoyer, die »verschwiegenen Geschichten« der Kriegskinder zu erzählen, da sie »wichtig für die einzelnen und für die Identität und die Zukunft der Deutschen als Europäer« seien (Bode 2004: 29), lässt sich somit nicht nur als eine Aufforderung an Kriegskinder (nämlich: Erinnerungen öffentlich zu erzählen und zu teilen) und Öffentlichkeit (komplementär dazu: Erinnerungen von Kriegskindern

7 Das Forum ist unter der Adresse http://www.zeitzeugenforum.de erreichbar.

anzuerkennen und von ihnen zu lernen) lesen, sondern auch in Bezug auf die Medialität ihres eigenes Buches verstehen: Ihr Buch selbst soll zur Kollektivierung von Erinnerung beitragen, soll selbst ein Medium sein, das Erinnerungen von Kriegskindern verbreitet, sie »den Deutschen« erzählt und für diese im Idealfall auch identitäts- und zukunftsrelevant wird. (Auf die Frage der Zukunftsfähigkeit medialisierter Erinnerung kommen wir weiter unten zurück.)

Für die weiterführenden Überlegungen sind an dieser Stelle noch zwei Anmerkungen wichtig: Zunächst synchronisieren Zirkulationsmedien nicht nur, wie Erll betont, bereits bestehende Erinnerungsgemeinschaften, indem sie Erinnerungen von einem Ort zum anderen transportieren. Medien *erzeugen* vielmehr auch Erinnerung – und zwar *gerade* aufgrund ihrer Fähigkeit, Erinnerungen weiträumig zu zirkulieren. Dieses Phänomen stellt gewissermaßen den Kern dessen dar, was weiter oben als Verschränkung des Produzierens und Konsumierens von Erinnerung bezeichnet wurde: Wie bereits dort zu sehen war, sind Medien dafür verantwortlich, dass Subjekte gleichsam objektivierte Erinnerungen nicht nur passiv wahrnehmen, sondern durch das Medium selbst zum Erinnern angeregt werden. Dies wurde vor allem beim autobiografischen Schreiben von Kriegskindern und dem Frankfurter Kriegskinderkongress deutlich; in beiden Beispielen fanden Prozesse des Erinnerns und Erinnertwerdens synchron und uno actu statt. In Bezug auf das hier besprochene Ausdehnen und Verbreiten von Erinnerung lässt sich nun sagen: Es ist gerade die Mobilität von Zirkulationsmedien, die sie zum Anlass und zur Inspirationsquelle für räumlich verteilte Prozesse des Erinnerns werden lässt. Zirkulationsmedien erzeugen in ihrer Bewegung lokale und globale Ereignisse, genauer gesagt: *Erinnerungsereignisse*, die sowohl individuell als auch kollektiv – beispielsweise als Schreiben oder Lesen eines Romans, als öffentlicher Kongress, als pädagogisch aufbereitete Ausstellung oder als Eintrag in einem Internetforum – erfahren werden können. Dies schließt nicht aus, dass im Rahmen dieser Erfahrung Erinnerungsgemeinschaften, die bereits über ein gemeinsames Repertoire an Vergangenheitsversionen und Gedächtnisrahmen verfügen, stabilisiert und synchronisiert werden können. Das Erinnerungsereignis bestünde dann darin, kollektive Erinnerung zu reproduzieren und fortzuschreiben – diese Aufgabe übernehmen beispielsweise Gedenktage, aber auch Jahresfeiern, Feste und gemeinschaftsdienliche Rituale[8] kommen hier in den Blick. Im Falle der aktuell sich entwickelnden Erinnerung an Kriegskindheit und der damit verbundenen Arbeit am Gedächtnis kann jedoch weder von solch einer Fortschreibung von Erinnerung noch von einem bereits vorhandenen Vorrat an Rahmen, Repräsentationen und Ritualen ausgegangen werden. Durch die mediale Zirkulation wird Erinnerung überhaupt erst *kollektiviert*, d.h. sowohl von verschiedenen Individuen wahrgenommen als auch über-individuell gerahmt und repräsentiert.

Für die hier verfolgte Argumentation ist daher wichtig zu sehen, dass Zirkulationsmedien nicht nur als passive Gedächtnis*träger*, d.h. als Medien der Synchronisation und reibungslosen Vermittlung – als Zwischenglieder, wie Bruno Latour (2007) sagen würde[9] – verstanden werden können, sondern auch aktive Gedächtnis*akteure* darstellen, die in einem performativen Akt neue Erinnerung(sgmeinschaft)en entstehen lassen. Es spricht viel dafür, Zirkulationsmedien in diesem Zusammenhang als *Mittler* zu begreifen:

»Mittler übersetzen, entstellen, modifizieren und transformieren die Bedeutung oder die Elemente, die sie übermitteln sollen. [...] Ganz gleich wie einfach ein Mittler aussehen mag, er kann komplex werden; er kann in verschiedene Rich-

8 In seinem Werk *Die elementaren Formen des religiösen Lebens* (im französischen Original 1912 erschienen) hat Émile Durkheim bereits sehr früh auf die mnemonischen Qualitäten des religiösen Ritus als einer »Art impliziter Gedächtnisfeier« bzw. »Erinnerungsfeier« (Durkheim 2007: 548) in traditionellen Gesellschaften hingewiesen, bei dem es darum geht, die Solidarität der Gruppe, deren Regeln und Glaubensüberzeugungen über die Zeit hinweg zu erhalten.

9 »Ein *Zwischenglied* ist in meinem Vokabular etwas, das Bedeutung oder Kraft ohne Transformation transportiert: Mit seinem Input ist auch sein Output definiert. Für alle praktischen Belange kann ein Zwischenglied nicht nur als Black Box verstanden werden, sondern ebenfalls als eine Black Box, die als eine Einheit zählt, selbst wenn sie im Innern aus vielen Teilen besteht.« (Latour 2007: 70; Herv. i.O.) Zwischenglieder kommen der Vorstellung neutraler und unsichtbarer Medien in einem einfachen Sender-Empfänger-Modell sehr nahe.

tungen führen, und jede von ihnen wird die seiner Rolle zugeschriebenen widersprüchlichen Erklärungen modifizieren.« (Latour 2007: 70; Herv. i.O.)

Mittler übermitteln nicht einfach Erinnerungen entlang bestehender Gedächtnisbahnen. Sie sind vielmehr in der Lage, durch das Vernetzwerken verschiedenster Elemente – das können nicht nur Individuen, sondern auch Orte, Körper und Objekte sein – diese Bahnen zu erzeugen und dadurch Erinnerung zu kollektivieren. Die Kollektivität der Erinnerung an Kriegskindheit wird, wie man sagen kann, über die Verknüpfungen produziert, die Mittler in ihrem Zirkulieren herstellen. Diese Verknüpfungen können auf viele verschiedene Weisen realisiert werden – die Gegenstände, die in der Ausstellung »Maikäfer flieg...« gezeigt wurden, lassen sich beispielsweise als Mittler verstehen, die nicht selbst zirkulieren, sondern Besucher um sich zirkulieren lassen; Bücher wiederum ziehen selbst Kreise, in denen das Gedächtnis der Kriegskinder ausgedehnt wird. In beiden Fällen wird jedoch deutlich, dass Zirkulationsmedien nicht einfach gegebene Inhalte transportieren und verbreiten – dafür sind die Zwischenglieder zuständig –, sondern *Erinnerungsereignisse multiplizieren*. Das Gedächtnis der Kriegskinder ist somit immer in Bewegung – was wiederum Folgen für das Kartografisieren eines solchen Gedächtnisses hat: Medien können ebenso wenig als neutrale Transmitter betrachtet werden wie auch der Akt der Vermittlung selbst als *black box* angesehen werden kann. Der Blick muss vielmehr auf die materiale Praxis von (Zirkulations-)Medien gerichtet werden, muss sowohl deren »unbeabsichtigte Spur« (Sybille Krämer) an der Botschaft berücksichtigen, als auch die *Spuren der Medien* selbst verfolgen, die sie in ihrem Zirkulieren hinterlassen. Erst dann lässt sich nämlich verstehen, »*what media do*« (Van Loon 2008: 20; Herv. i.O.), wenn es um das Erfinden von Erinnerung und Gedächtnis geht. Joost van Loon macht diesen Perspektivenwechsel mit Hilfe eines einfachen Beispiels deutlich:

»It is *the use* that makes a hammer a tool for joinery or smithing, a means of destroying toys, or a weapon of mass destruction. Use does not foreclose potentiality (a hammer could still be all of these things), but actualises it, in temporary form, to become ›one‹ with the practice of handling it.« (Ebd.: 3; Herv. i.O.)

Ein Hammer kann Vieles sein: Ein Werkzeug für Tischler und Schmiede, ein Mittel, um beispielsweise Spielzeugautos kaputt zu schlagen und auch – wenn auch etwas unwahrscheinlicher – ein Massenvernichtungsmittel. Letztendlich kommt es darauf an, was man mit dem Hammer macht, oder anders formuliert: Erst durch die Praxis wird das a priori nicht festgelegte Potenzial des Hammers aktualisiert, d.h. einer konkreten Nutzung zugeführt und im Rahmen der Nutzbarmachung selbst eingeschränkt. Gleiches gilt jedoch auch für die Praxis des Erinnerns: Ob beispielsweise eine Autobiografie ihre Leser zum Nachdenken und Handeln bringt, ob sie Erinnerungsgemeinschaften irritieren, verändern oder erzeugen kann oder aber gar nicht erst gelesen wird, entscheidet sich *im konkreten Tun*. Erst in der räumlich und zeitlich situierten Erinnerungspraxis erlangen und entfalten Medien ihr veränderbares mnemonisches Gewicht – und damit auch ihre Funktionalität als Gedächtnisträger oder Gedächtnisakteure.

SPEICHERUNG

Die dritte und letzte Ebene der hier vorzustellenden Erfindung von Erinnerung stellt die Ebene der Speicherung dar. Speichermetaphern, wie beispielsweise das Magazin, die Dachkammer oder die Kiste (vgl. A. Assmann 2004: 55), spielen seit jeher eine zentrale Rolle für verschiedenste Gedächtnisdiskurse und die Art und Weise, Gedächtnis vorstellbar zu machen (Weinrich 1964). Aleida Assmann (1991), die sich näher mit den Bedingungen und Folgen der Metaphorik des Gedächtnisses auseinandergesetzt hat, hat darauf hingewiesen, dass zwischen Gedächtnis-Metaphorik und Gedächtnis-Theorie ein zwar nicht oft gesehener, jedoch wirkmächtiger Zusammenhang besteht: Die Metapher, die für Gedächtnis verwendet wird, leitet, sei es bewusst oder unbewusst, auch unsere theoretische Arbeit am Gedächtnisbegriff an. Im Zusammenhang dieses Buches wurde – wie in der soziologischen Theoriebildung zu Gedächtnis und Erinnerung üblich (vgl. Heinlein/Dimbath 2010) – von einem dezidiert nicht-speicherorientierten Gedächtnismodell ausgegangen: Mit Hilfe verschiedener Beispiele und mediensoziologischer Überlegungen wurde gezeigt, dass das Gedächtnis der Kriegskinder gerade keinen wie auch immer gearteten

›Container‹ darstellt, in dem Erinnerungen an die Vergangenheit einfach aufbewahrt und bei Bedarf abgerufen werden können. Vielmehr lässt es sich als ein teils lose, teils stark verknüpftes Netzwerk geplanter wie ungeplanter, individueller wie kollektiver Erinnerungsereignisse beschreiben, die mit Hilfe gesellschaftlicher Rahmen und zirkulierender Medien Vergangenheit, wenn auch nicht beliebig, repräsentieren und verbreiten – und damit auch erzeugen. Die Vergangenheit kann also nicht, wie Jan Assmann (1997: 14) treffend bemerkt, einfach gespeichert werden, »but always has to be ›processed‹ and mediated.«[10]

10 Im in Bezug auf das Thema Gedächtnis relativ kargen Bereich der Soziologie hat sich wohl die Systemtheorie am radikalsten vom Speichermodell des Gedächtnisses gelöst. Vor dem Hintergrund der Annahme, dass sich soziale Systeme – damit sind nicht nur Interaktionssysteme, sondern auch Organisationen und die (Welt-)Gesellschaft gemeint – durch Anschlüsse von Kommunikation an Kommunikation autopoietisch reproduzieren, erhält der Begriff des Gedächtnisses eine ganz eigene Interpretation: »Von Gedächtnis soll hier nicht im Sinne einer möglichen Rückkehr in die Vergangenheit, aber auch nicht im Sinne eines Speichers von Daten oder Informationen die Rede sein, auf die man bei Bedarf zurückgreifen kann. Vielmehr geht es um eine stets, aber immer nur gegenwärtig benutzte Funktion, die alle anlaufenden Operationen testet im Hinblick auf Konsistenz mit dem, was das System als Realität konstruiert.« (Luhmann 1998: 578 f.) Im Rahmen dieser Konsistenzprüfung, die Redundanz und Varietät ermöglicht, kommt dann auch nicht dem Erinnern, sondern dem Vergessen die zentrale Bedeutung zu (siehe dazu ausführlicher Esposito 2002). Jan Assmann (2002) sieht in dieser theoretischen Weichenstellung jedoch den unvermeidlichen »Präsentismus« (ebd.: 402) der Soziologie am Werk, der nicht imstande ist, die Widerständigkeit der Vergangenheit in der Gegenwart zu denken. Ob und in welchem Ausmaß diese Kritik zutrifft, ist diskussionswürdig. Viel treffender scheint jedoch der Einwand, dass die Systemtheorie keine wirkliche Theoretisierung von Gedächtnis unternimmt, sondern diesen Begriff lediglich aus theoriearchitektonischen Gründen – auch soziale Systeme haben es mit dem Problem zu tun, dass Zeit vergeht und die Zukunft unsicher ist! – gemäß ihrer Vorgaben einbaut.

Und doch lassen sich jenseits dieser theoretischen Überlegungen zahlreiche Beispiele finden, die zeigen, dass sowohl das Speichern als auch das Abrufen von Erinnerungen eine wichtige Rolle bei der Herstellung des Gedächtnisses der Kriegskinder spielen. So werden etwa Bücher, die sich mit den Erinnerungen von Kriegskindern beschäftigen, nicht nur – wie oben bereits angemerkt – für heute geschrieben, sondern auch mit dem Ziel verfasst, kommende Generationen zu informieren, zu berühren und zum Nachdenken anzuregen. Gleiches gilt für das wissenschaftlich motivierte Archivieren der Autobiografien von Kriegskindern: Auch hier geht es darum, Erinnerungen langfristig zu konservieren und eine aus kindlichen Perspektiven erinnerte Vergangenheit an einem eigens dafür geschaffenen Ort verfügbar zu halten. Bei den Objekten, die in der Ausstellung »Maikäfer flieg... « gezeigt wurden, dreht sich dieses zeitliche Verhältnis um: Ihr Zweck bestand nicht darin, in die Zukunft zu weisen, sondern als Relikte aus der Vergangenheit im Hier und Jetzt die Lebensumstände von Kriegskindern und die an ihnen bewahrten kulturellen Normen der Kriegs- und Nachkriegszeit zu offenbaren. In der Praxis des Ausstellens wurden die im Vorfeld gesammelten Gegenstände als Speichermedien genutzt und einem interessierten Publikum präsentiert. In psychotherapeutischen Kontexten wiederum wird der Körper als materiales Speichermedium verdrängter traumatischer Erfahrungen zum Anknüpfungspunkt medizinisch-psychologischen Handelns, wobei die Widerständigkeit des Körpers und das Bergen und Bearbeiten von Erinnerungen aus dem Körperspeicher in den Vordergrund rücken (siehe Teil II).

Zwei Fragen stellen sich an dieser Stelle: Was genau meint das Speichern und Abrufen von Erinnerung hier bzw. wie lassen sich solch unterschiedliche Praktiken des Speicherns und Abrufens von Erinnerung vor dem Hintergrund der bisherigen Überlegungen verstehen? Und auf welche Weise und mit welchen Folgen wird das Gedächtnis der Kriegskinder im Modus des Speicherns und Abrufens hergestellt, d.h kollektiviert und verdinglicht?

Es macht – zumindest unter bestimmten Bedingungen, auf die hier eingegangen werden soll – Sinn, Medien nicht nur als Zirkulations-, sondern auch als Speichermedien zu betrachten. Bei genauerem Hinsehen lässt sich die Speicherfunktion von Medien sogar über den Begriff der Zirkulation reformulieren, wobei die Betonung nicht auf dem räumlichen Aspekt der Ausdehnung von Erinnerung liegt, sondern auf ihrer zeitlichen Wiederholung: Medien erlauben nämlich nicht nur, Erinnerungen über weite Räume hinweg zu kommunizieren und für unterschiedliche Menschen anschlussfähig zu machen, sondern erfüllen auch die Aufgabe, »Inhalte (bzw. Gegenstände) des kollektiven Gedächtnisses zu speichern und durch die Zeit hindurch zur Verfügung zu halten« (Erll 2005: 137). Indem Medien bestimmte Inhalte und Informationen nicht nur symbolisch bewahren, sondern auch in ihrer Materialität Vergangenes in der Gegenwart repräsentieren, sorgen sie für eine gewisse zeitliche Stabilität kollektiver Gedächtnisse und ermöglichen ein Wiedererinnern vergangener Ereignisse zu verschiedenen Zeitpunkten.

Beispiele für diese Form des Auf-Dauer-Stellens von Gedächtnis gibt es viele. So wurden etwa Bilder aus Konzentrationslagern Teil des kollektiven Gedächtnisses nicht nur unserer, sondern auch vergangener Generationen – und werden es auch zukünftiger sein. Es ist zu vermuten, dass auch Aufnahmen des Falls der Berliner Mauer und der Anschläge des 11. September 2001 nicht nur heute, sondern auch in Zukunft Teil des kollektiven Gedächtnisses verschiedener Generationen sein werden. Soziologisch gesprochen ermöglichen Medien damit die zeitliche Entkopplung von Erinnerungsereignissen: Menschen können sich mit Hilfe von Medien in verschiedenen und unterschiedlich fernen Zukünften erinnern bzw. werden von Medien zu verschiedenen Zeiten – beispielsweise an Gedenktagen, in feierlichen Ritualen oder zu Jahresrückblicken – immer wieder an bestimmte Ereignisse erinnert. Analog zur oben besprochenen De- und Reterritorialisierung von Erinnerung lässt sich somit von einer *De- und Retemporalisierung* von Erinnerung sprechen, die das individuelle wie kollektive Erinnern aus zeitlich begrenzten Räumen herauslöst und eine Zirkulation von Gedächtnis über Zeiträume hinweg möglich macht.

Da jedoch die Vergangenheit in Medien ebenso wenig gerinnt, wie das individuelle Gedächtnis Vergangenheit ohne innere und äußere Einflüsse der Gegenwart aufbewahren kann, darf die Praxis des Speicherns nicht mit einem unmittelbaren Verfügbarhalten bzw. einem reibungslosen Einschreiben von Vergangenheit in stabile Gedächtnisträger verwechselt werden. Der Akt des Speicherns von Erinnerung stellt – ebenso wie der Akt des Abrufens von Erinnerungen – vielmehr eine in bestimmte gesellschaftliche und historische Zusammenhänge und Strukturen eingebettete Konstruktionsleistung dar, die einerseits von den gesellschaftlichen Rahmen des Gedächtnisses abhängt und beeinflusst wird, andererseits aber auch die Materialität des Mediums umfasst. Gedächtnisrahmen stellen zwar keine eigenständigen Speicher dar, sorgen jedoch dafür, dass einerseits Informationen aus Speichern gelesen und in Erinnerungsprozesse eingebunden werden können, andererseits Medien überhaupt als Speicher funktionalisiert werden können. Wie auch im Falle der räumlichen Zirkulation von Erinnerung setzen Speichermedien somit Praktiken der Produktion und Rezeption voraus. Gleichzeitig fließt auch die materielle Spur des Speichermediums bzw. die »fortbestehende Präsenz eines Restes« (Jacques Derrida), der in die Gegenwart hineinragt, in die Speicherungs- und Aneignungsmöglichkeiten der Vergangenheit ein. Eine Stoffpuppe, die in einer Ausstellung gezeigt wird und eine Art materiellen Anker der Vergangenheit in der Gegenwart darstellt, eröffnet und verschließt andere Möglichkeiten, auf die Vergangenheit zuzugreifen und sie zu erinnern bzw. an sie erinnert zu werden, wie eine Fotografie aus der Kindheit oder ein alter Tagebucheintrag.[11] Medien fungieren also auch dann als materiale Mittler von Gedächtnis bzw. als Gedächtnisakteure, durch die Gedächtnisse unterschiedlich lange stabilisiert und reproduziert werden können, wenn es um Möglichkeiten des Speicherns und Abrufens von Erinnerungen geht.

Damit tauchen jedoch auch wieder Probleme der Funktionalisierung von Gedächtnismedien auf: Sowohl die Produktion als auch Rezeption von Speichermedien ist mit Unsicherheiten behaftet, die aus der einfachen Tatsache resultieren, dass Zeit vergeht. Verändern sich beispielsweise die gesellschaftlichen Rahmen des Gedächtnisses oder gehen bestimmte Rahmen mitsamt den sozialen Beziehungen, in die sie eingebettet waren, verloren, so sind auch die mit ihnen verknüpften Speichermedien nicht mehr im vom Produzenten intendierten Sinne als Erinnerung dechiffrierbar. Gleichwohl kann ein Objekt spontan

11 Für eine historiografische Analyse von Tagebucheinträgen von Kriegskindern siehe etwa Stargardt (2007), für eine entsprechende Untersuchung von Fotografien siehe z.B. Stambolis (2009) und Stambolis/Jakob (2006).

und zu unvorhergesehener Zeit als Speicher funktionalisiert werden. Dieser Zusammenhang von Rahmen und Speichermedien lässt sich gut mit den in der Ausstellung »Maikäfer flieg...« gezeigten Objekten veranschaulichen. Diese Objekte wurden weder mit der Intention geschaffen, eines Tages an die Zeit des Zweiten Weltkriegs aus der Sicht von Kindern zu erinnern, noch wurden sie vor dem Hintergrund dieser Absicht lange Jahre aufbewahrt und gepflegt. Bombensplitter, Bunkerkoffer und Stoffpuppen waren vielmehr Teil einer privaten Praxis der Erinnerung, über die – auch wenn die Objekte selbst mittlerweile von einer Vielzahl von Menschen besichtigt worden sind und im Internet zum Teil immer noch besichtigt werden können[12] – wenig bekannt ist. Die Besitzerin einer Puppe mag durch sie möglicherweise sowohl an leidvolle Erfahrungen in der Kindheit erinnert worden sein als auch an Gefühle der Geborgenheit und des Schutzes, die die Puppe durch ihre Materialität und Symbolik in bestimmten Situationen vermitteln konnte. Ein Bombensplitter diente womöglich als Erinnerung an den Abenteuerspielplatz, den Ruinen für manche Kinder darstellten oder aber als Mittel bzw. Mittler, den eigenen Kindern die Schrecken des Krieges nahe zu bringen. Eine produzentenseitige Funktionalisierung dieser Gegenstände als Speichermedien, so kann man sagen, fand nicht statt – weder war ein entsprechender gesellschaftlicher Rahmen vorhanden, der sie zum Gegenstand öffentlicher Erinnerung gemacht hätte, noch war absehbar, dass sie eines Tages im Essener Ruhrlandmuseum zu einem solchen gemacht werden würden. Erst die nachträgliche Rezeption ließ sie zu öffentlich wahrgenommenen Speichermedien werden, über deren Wirken man etwas über die Vergangenheit in Erfahrung bringen konnte.

Mit ähnlichen Unwägbarkeiten haben es jedoch auch Versuche zu tun, die Medien a priori die Rolle von Speichern zuschreiben bzw., wie etwa Sabine Bodes Buch *Die vergessene Generation: Die Kriegskinder brechen ihr Schweigen*, mit Hilfe von Medien Erinnerung zukunftsfähig machen wollen. Ob und wie Medien in Zukunft mit Erinnerungsprozessen verknüpft und in Gedächtnisnetzwerke eingebunden werden, ob und wie Gedächtnis durch Speichermedien kollektiv wird, ist nicht nur eine Frage des Produzierens von Speichermedien, son-

12 Vgl. http://www.internetredaktion.com/welcome/maikaefer/sites/eins.htm

dern auch und maßgeblich eine Frage der Aneignung und Anschlussfähigkeit gespeicherter Vergangenheiten. Das aber heißt: Ob das Gedächtnis der Kriegskinder überdauert und in die Form eines mehr oder weniger stabilen kulturellen Gedächtnisses überführt wird, ist eine Frage, die zum jetzigen Zeitpunkt (noch) nicht beantwortet werden kann.

5. Zusammenfassung und Überleitung

Die zentrale These dieses Buches lautet, dass deutsche Kriegskindheiten nicht einfach als ein Thema im öffentlichen Erinnerungsdiskurs verhandelt werden, dem aufgrund des in der Einleitung beschriebenen Gedächtnisumbruchs besondere Aufmerksamkeit und Bedeutung zukommt. Vielmehr lässt sich beobachten, dass mit dem bevorstehenden Ende der Zeitzeugenschaft des Zweiten Weltkriegs auch ein kollektives Gedächtnis der Kriegskinder im Entstehen begriffen ist. Das Ziel dieses ersten Teils bestand nun darin, die Dynamik und die Struktur der das Kriegskindheitsthema begleitenden Gedächtnisherstellung aus einer Perspektive zu verstehen, die an erinnerungs- und gedächtnistheoretischen Fragen orientiert ist. Entscheidend war dabei die Erkenntnis, dass Kriegskinder im Rahmen der empirisch beobachtbaren Arbeit am Gedächtnis nicht nur zu Objekten der Erinnerung gemacht werden, sondern auch als Subjekte des Erinnerns in Erscheinung treten. Mit anderen Worten: Kriegskinder wirken selbst auf vielfältige Weise an der Erfindung ›ihrer‹ Erinnerung mit. Vor diesem Hintergrund wurde ein praxistheoretischer Werkzeugkasten einer Soziologie der Erinnerung und des Gedächtnisses entwickelt. Das Beispiel der Kriegskinder bot dabei gerade die Möglichkeit, die Entstehung eines kollektiven Gedächtnisses in Echtzeit zu beobachten. Der Blick richtete sich daher auf die *konkreten Herstellungspraktiken* von Gedächtnis, wobei gezeigt wurde, dass sich die Individualität und die Kollektivität des Erinnerns nicht getrennt voneinander denken lassen: Solange die Kriegskinder unter uns sind, wird einerseits die kollektive Erinnerung an Kriegskindheit immer auch von persönlichen Erfahrungen und Erinnerungen gestützt, verschränkt sich auf der anderen Seite aber auch das individuelle Erinnern von Kriegskindern mit den Medien, Praktiken und Diskursen, die das kollektive Erinnern an deutsche Kriegskindheiten kennzeichnen.

Zur weiteren Systematisierung wurde die Herstellung des Gedächtnisses der Kriegskinder drei Bereichen der gesellschaftlichen Erinnerungspraxis zugeordnet: Die Repräsentation, Zirkulation und Speicherung der Erinnerungen von Kriegskindern. Mit dem Begriff der *Repräsentation* ist dabei nicht die originalgetreue Vergegenwärtigung der Vergangenheit gemeint, sondern – wie mit Hilfe der Theorien und Überlegungen von George Herbert Mead, Maurice Halbwachs, Astrid Erll und Sybille Krämer gezeigt wurde – die gegenwärtige Konstruktion von Vergangenheit vor dem Hintergrund aktueller Bedürfnisse und Problemlagen. Die zentrale Erkenntnis lautete hier, dass erst durch die Wechselwirkung zwischen individuellen und kollektiven Erinnerungen Repräsentationen erzeugt und im Laufe der Zeit verändert werden. In einem zweiten Schritt konnte gezeigt werden, dass die Praxis der *Zirkulation* von Erinnerungen eng mit dem Wirken von Medien verbunden ist. Medien de-territorialisieren den Akt des gemeinschaftlichen Erinnerns, d.h. sie entkoppeln ihn von der Notwendigkeit und Logik räumlicher und sozialer Nähe und eröffnen Chancen einer weiträumigen Erinnerung. Medien können Erinnerungen jedoch nur dann erfolgreich ausbreiten, wenn Menschen diese Angebote auch wahrnehmen und durch sie zum Erinnern angeregt werden. Mit anderen Worten: Zirkulationsmedien transportieren und verbreiten nicht einfach gegebene Inhalte, sondern multiplizieren als Mittler (Bruno Latour) Erinnerungsereignisse. In Bezug auf die Praxis der *Speicherung* von Erinnerungen wurde schließlich deutlich, dass das Gedächtnis der Kriegskinder keinen wie auch immer gearteten Container darstellt, in dem Erinnerungen an die Vergangenheit abgelegt und im Bedarfsfall abgerufen werden können. Vielmehr stellt der Akt des Speicherns von Erinnerung – ebenso wie der komplementäre Akt des Abrufens – eine in gesellschaftliche Zusammenhänge eingebettete Konstruktionsleistung dar. Wichtig zu sehen war dabei, dass die im Kontext der Repräsentation von Erinnerungen diskutierten Gedächtnisrahmen selbst keine Speicher darstellen, jedoch dafür Sorge tragen, dass einerseits Informationen aus Speichern gelesen werden, andererseits Medien als Speichermedien funktionalisiert werden können. Da sich die Erinnerung an deutsche Kriegskindheiten und damit auch die damit verbundenen Gedächtnisrahmen gegenwärtig noch in einem *statu nascendi* befinden, konnte die Frage, ob das Gedächtnis der Kriegskinder den aktuellen Erinnerungsboom überdauert und in die Form eines stabilen kulturellen Gedächtnisses überführt werden kann, offen bleiben.

Wie bereits im Einleitungskapitel erläutert wurde, stellt Teil II dieses Buches keinen empirischen Text des ersten Teils dar. Vielmehr soll für die folgenden Ausführungen die Repräsentationsproblematik herausgegriffen und empirisch untersucht werden, auf welche Weise der medizinisch-psychologische Begriff des Traumas in die Erfindung der Erinnerung an deutsche Kriegskindheiten eingebunden ist. Zwei Gründe sprechen für diese Selektivität: Zum einen führt die Problematik der Repräsentation gleichsam zum Kern der aktuellen Debatten um eine angemessene Erinnerung an die Zeit des Zweiten Weltkriegs am Ende der Zeitzeugenschaft. Was, so lautet die zentrale Frage dabei, gilt es im Zusammenhang mit deutschen Kriegskindern zu erinnern und im Rahmen welcher Diskurse und mit Hilfe welcher Begriffe soll dies geschehen? Zum anderen lassen sich, und das wurde bereits in den vorhergehenden Überlegungen deutlich, die Zirkulation und die Speicherung von Erinnerungen auch dort finden, wo es um ihre kollektive Repräsentation geht. Gleichwohl stehen auch im zweiten Teil die Fragen im Vordergrund, die die bisherige Argumentation angeleitet haben: Wie wird ein kollektives Gedächtnis konstruiert? Und auf welche Weise verschränken und beeinflussen sich dabei Praktiken des individuellen und des kollektiven Erinnerns?

Teil II:
Das medikalisierte Gedächtnis

1. Einführende Bemerkungen

»Wer«, so fragt der Verein *kriegskind.de* auf seiner Homepage, »ist ein Kriegskind?«[1] Die Antwort, die der Verein sich selbst auf diese Frage gibt, führt direkt zum Thema der folgenden Ausführungen:

»Kriegskinder sind Menschen, die in ihrer Kindheit durch direkte oder indirekte Einwirkungen des Krieges nachhaltig wirkende psychische und physische Schäden erlitten. Oft bleiben solche Kriegstraumatisierungen über Jahre unbewusst, sind aber doch wirksam und lösen komplexe seelische oder psychosomatische Krankheitsbilder aus. Die Lebensgestaltung eines so traumatisierten Menschen bleibt durch die Kriegserlebnisse geprägt und kann die nächste und übernächste Generation verändern.«

Der Begriff des *Traumas* wird hier zum entscheidenden Definitionskriterium von Kriegskindheit: Kriegskind ist, so lässt sich das Zitat auf eine Formel bringen, wer in seiner Kindheit durch Kriegsereignisse in einem solchen Ausmaß geschädigt wurde, dass er auch lange nach Kriegsende noch unter ihren Auswirkungen zu leiden hat.[2] Worin genau diese Schädigungen liegen, bleibt an dieser Stelle vorerst unklar. Dennoch wird deutlich, dass sich die traumatischen Folgen des Krieges nicht nur in bestimmten physischen und psychischen Erkrankungen zeigen, die im Laufe der Zeit zutage treten, sondern auch in

---

1 Siehe http://www.kriegskind.de. Alle folgenden Zitate stammen ebenfalls von dieser Homepage.

2 Auch wenn in obigem Zitat offen bleibt, um welche Kriege und Kriegskinder es sich handelt, liegt der Fokus des Vereins klar auf den Kindern des Zweiten Weltkriegs.

der Art und Weise widerspiegeln, wie Kriegskinder ihr Leben führen und gestalten. Der medizinisch-psychologische Blick, der in diesem Zitat sichtbar wird, ist somit allumfassend: Er bezieht sich nicht nur auf den Körper und den Geist von Kriegskindern, sondern erstreckt sich auch auf ihre vom Krieg geprägten Biografien und Werdegänge. Das im Krieg erlittene Trauma beschränkt sich dabei jedoch nicht, wie man vermuten könnte, auf die Kriegskinder als seine ursprünglichen und einzigen Träger. Folgt man dem Verein *kriegskind.de* – und der medizinisch-psychologischen Literatur zur transgenerationalen Weitergabe von Traumata, von der später noch zu sprechen sein wird –, dann können individuelle Kriegstraumatisierungen mit den Jahren auch auf nachfolgende Generationen übertragen werden und diese, wie es im obigen Zitat heißt, »verändern«. Der 2003 ins Leben gerufene, psychotherapeutisch ausgerichtete Verein *kriegskind.de* widmet sich dementsprechend nicht nur »der Diagnose, Behandlung und Erforschung von Spätfolgen kriegstraumatisierter Kinder des 2. Weltkrieges«, sondern betreibt auch »Öffentlichkeitsarbeit zur Sensibilisierung, Wahrnehmung und Verbreitung des Wissens bisher vernachlässigter Themenkreise und unbeachteter Folgen psychischer und sozialer Kriegstraumata, auch in der 2. und 3. Generation«.

Doch was haben das obige Zitat und die Arbeit des Vereins *kriegskind.de* mit dem Gedächtnis der Kriegskinder zu tun? Oder anders gefragt: Wie hängen der Begriff des Traumas, der nicht nur die Arbeit des Vereins motiviert und anleitet, sondern auch ein wesentliches Element der öffentlichen Diskussion um deutsche Kriegskindheiten darstellt, und die im ersten Teil des Buches beschriebene Herstellungspraxis von Gedächtnis zusammen? Die *These*, die im Folgenden entfaltet werden soll, lautet, dass der hier skizzierte medizinisch-psychologische Blick nicht allein auf einen engen medizinischen Traumadiskurs verweist, sondern vielmehr auch mit einer spezifischen Form der Erfindung von Erinnerung verbunden ist, die auf dem Traumabegriff aufbaut und das Gedächtnis der Kriegskinder zu einem *medikalisierten Gedächtnis* werden lässt. Der in den Sozial- und Kulturwissenschaften bisweilen etwas schillernde Begriff der Medikalisierung wird hier relativ weit im Sinne einer »enormen Ausweitung dessen, was überhaupt als medizinisches Problem begriffen und zum Gegenstand medizinischer Intervention und Verhaltensregulierung gemacht wird« (Badura/Feuerstein 2007: 412) verstanden. In der soziologischen Diskussion verbinden sich damit im Anschluss an Michel Foucault (z.B. Foucault 1993) – der jedoch auch kein eindeutiges und klar definiertes Konzept der Medikalisierung entwickelt – in erster Linie Fragen nach der Herstellung von Subjektivität durch den ärztlichen Blick, nach den Machtstrategien und -effekten eines vermeintlich neutralen medizinischen Wissens und nach einer zunehmenden Kolonisierung und Beherrschung des Alltags durch medizinische Deutungsmuster und Metaphern.[3]

Die damit einhergehende Transformation von Subjekten in Objekte der Medizin lässt sich, wie später genauer zu sehen sein wird, auch an den Kriegskindern beobachten: Deutsche Kriegskinder stellen nicht per se ein medizinisch-psychologisches Objekt bzw. Problem dar, sondern werden mit Hilfe des Traumabegriffs – der bestimmte Praktiken und gewisse, mit institutionalisierter Macht verbundene Definitionsverhältnisse mit einschließt – erst zu einem solchen *gemacht*. Von einem medikalisierten *Gedächtnis* ist hier deshalb die Rede, weil die Problematisierung und Pathologisierung von Kriegskindern sowohl Folgen für die Art und Weise hat, wie diese sich selbst als traumatisierte Subjekte mit einer spezifischen Vergangenheit begreifen als auch mit Konsequenzen dafür verbunden ist, wie Kriegskinder im öffentlichen Diskurs wahrgenommen und erinnert werden. Das medikalisierte Gedächtnis verweist damit auf einen eigenständigen Bereich der gesellschaftlichen Erinnerung an die im Zweiten Weltkrieg auf deutscher Seite geborenen Kinder, an dem sich auch die im ersten Teil dieser Arbeit unter theoretischen Gesichtspunkten herausgearbeitete Herstellungslogik des Gedächtnisses der Kriegskinder weiter ausbuchstabieren und entfalten lässt. Die medizinisch-psychologisch motivierte Arbeit des Vereins *kriegskind.de* kommt auf diese Weise als eine spezifische Arbeit am Gedächtnis in den Blick, in deren Folge bestimmte Praktiken des individuellen und kollektiven Erinnerns erzeugt, miteinander verknüpft und verändert werden.

Was aber bedeutet Trauma? In der Tat gibt es wohl kaum einen anderen Begriff, der im Zusammenhang mit Erinnerung und Gedächt-

3 Die Literatur zu diesem Thema ist mittlerweile nicht mehr überschaubar und kann (und soll) hier nicht referiert werden.

nis so kontrovers diskutiert und auf so unterschiedliche Weise genutzt wird. Versuche, eine einheitliche Bestimmung dessen zu finden, was Trauma meint, geraten damit schnell an ihre Grenzen. Dies liegt jedoch nicht nur daran, dass der gegenwärtige Traumadiskurs hochgradig differenziert ist und sich auf verschiedenste Phänomenbereiche erstreckt, sondern sich auch in der Psychoanalyse selbst, aus der heraus der Traumabegriff popularisiert wurde, keine einheitliche Definition finden lässt (vgl. Kühner 2008; Leys 2000). Unabhängig von diesen Definitionsschwierigkeiten – die hier ausschließlich in dem Maße interessieren, in dem sie für die Herstellung des Gedächtnisses der Kriegskinder relevant sind – scheint jedoch klar zu sein, dass es im Zusammenhang mit Trauma stets um belastende Erfahrungen extremer Gewalt geht, die nur schwer verarbeitet und repräsentiert werden können. Trauma lässt, wie Andreas Huyssen (2003: 8) es formuliert, die Gegenwart zu einer »present repetitively haunted by the past« werden, die das Erinnern selbst vor Probleme stellt. Für die folgende Analyse bedeutet das, dass nicht *dem* Begriff des Traumas auf die Spur gekommen werden soll, sondern zu zeigen ist, welche unterschiedlichen Bedeutungen Trauma im Rahmen der Erinnerung an Kriegskindheit erhält, wie Trauma entlang dieser Bedeutungen praktiziert und verhandelt wird und welche Möglichkeiten und Konsequenzen sich damit für die Herstellungspraxis des Gedächtnisses der Kriegskinder ergeben.

Die zentralen Fragen lauten daher: Wie wird das Gedächtnis der Kriegskinder entlang verschiedener Vorstellungen von Trauma hergestellt, d.h. repräsentiert und greifbar gemacht? Aus welchen Gründen und mit welchen Mitteln betreiben Akteure wie der Verein *kriegskind.de* eine Medikalisierung der Erinnerung an Kriegskindheit? Und welche Folgen sind damit sowohl für das individuelle wie auch das kollektive Erinnern an Kriegskindheit verbunden? Bevor diese Fragen beantwortet werden können, sind jedoch noch einige weitere Anmerkungen nötig, um einerseits das Erkenntnisinteresse dieses Teils des Buches zu präzisieren, andererseits die Argumentation im Vorfeld besser zu ordnen.

Die Geschichte des Traumas ist von zahlreichen Bedeutungsänderungen und Akzentverschiebungen geprägt.[4] Das griechische Wort Trauma (für Wunde) wurde ursprünglich als medizinischer Fachbegriff eingeführt, um Verletzungen des Körpers zu beschreiben, die durch massive Krafteinwirkung verursacht wurden. Für den aktuellen Sprachgebrauch sind das durch einen harten Aufprall verursachte Schleudertrauma oder das Schädel-Hirn-Trauma typische Beispiele. Ende des 19. Jahrhunderts bricht diese rein körpermedizinische Bestimmung mit der Übertragung des Traumabegriffs auf die Psychologie jedoch auf: In der klassischen Definition von Freud verweist Trauma nicht mehr auf eine von außen verursachte körperliche Verletzung, sondern auf »ein Erlebnis, welches dem Seelenleben innerhalb kurzer Zeit einen so starken Reizzuwachs bringt, dass die Erledigung oder Aufarbeitung desselben in normal-gewohnter Weise missglückt, woraus dauernde Störungen im Energiebetrieb resultieren müssen.« (Freud 1916/1917: 284) Trauma erfährt hier eine (erste) entscheidende Umdeutung: Es wird zur Metapher für ein *individuelles* Erlebnis, das aufgrund seiner Außergewöhnlichkeit und Intensität *psychische* Verletzungen nach sich zieht. Die Besonderheit dieser im Individuum liegenden Verletzungen besteht darin, dass sie sich dem Beobachter im Gegensatz zu rein körperlichen Traumata nicht mehr als offen sichtbare Wunde präsentieren, sondern vor dem Hintergrund eines entsprechenden Fachwissens interpretiert und einem traumatischen Erlebnis zugeschrieben werden müssen. Mit dieser Metaphorisierung, die heute die alltagssprachliche Verwendung des Traumabegriffs dominiert (vgl. Hacking 1996: 75), wurde auch der Grundstein für einen medizinisch-psychologischen Traumadiskurs gelegt, der in der Auseinandersetzung mit den psychologischen Nachwirkungen des Vietnamkriegs und der damit verbundenen »Erfindung« (Young 1997) der *post-traumatic stress disorder* (Posttraumatische Belastungsstörung; siehe dazu weiter unten) zu voller Blüte gelangte und Trauma – auch im Sinne einer Medikalisierung des Alltags – zu einem gesamtgesellschaftlichen

4 Diese Geschichte kann hier nur knapp skizziert werden. Gute Einblicke in die Medizingeschichte des Traumas bieten jedoch Fischer-Homberger (1999), McNally (2003) sowie Young (1997). Zur psychologischen Geschichte des Begriffs siehe Kühner (2008) und Leys (2000).

Deutungsmuster individueller Erfahrungen extremer Gewalt werden ließ (vgl. McNally 2006; Summerfield 2000, 2001).

Diese auf das Individuum bezogene Bedeutung von Trauma findet sich auch in dem einführenden Zitat wieder: Auch hier wird davon ausgegangen, dass der Krieg als traumatisierendes Ereignis auf lange Sicht im Individuum wirkmächtig bleibt und zu teils unbewussten Schädigungen der Psyche – und daraus abgeleitet: des Körpers – führt. In einem ersten Schritt wird somit zu fragen sein, auf welche Weise und in welchen Zusammenhängen das *traumatisierte Individuum* im Gedächtnis der Kriegskinder thematisiert und zum Anknüpfungspunkt von Praktiken des Erinnerns wird, die auf einer Medikalisierung einzelner Kriegskinder und einer Konstruktion der individuellen Krankheit Kriegstrauma aufbauen (siehe dazu *Kapitel 2*).

In jüngster Zeit lässt sich jedoch eine weitere, qualitativ neue Stufe der Ausdehnung und Metaphorisierung des Traumabegriffs ausmachen. Ende des 20. Jahrhunderts ist Trauma zu einem politischen und kulturellen »Konjunkturbegriff« (Kühner 2008: 19) bzw. zu »one of the key interpretive categories of contemporary politics and culture« (Kansteiner 2004: 193) geworden, mit der ganz unterschiedliche Phänomene exzessiver Gewalt und daraus resultierende Folgen bezeichnet und gerahmt werden. Trauma verweist damit nicht mehr ausschließlich auf individuelle Zusammenhänge, sondern wird zur Metapher für *kollektive* Erfahrungen von unter anderem politischer, kultureller oder religiöser Unterdrückung und Verfolgung, Genozid, Terrorismus und Krieg. Zu dieser Ausdehnung hat einerseits die zunehmende Rezeption des Begriffs in literatur-, kultur- und sozialwissenschaftlichen Disziplinen beigetragen, in deren Folge Trauma etwa mit den Mechanismen der Gemeinschafts- und kollektiven Identitätsbildung in Verbindung gebracht wurde (so z.B. Erikson 1994) oder als »cultural trauma« (Alexander et al. 2004) theoretisiert wird. Andererseits zeichnet sich jedoch auch in der gesellschaftlichen Praxis des Erinnerns seit einigen Jahren ein neuer Trend ab: Verschiedene Erinnerungsgemeinschaften – darunter auch die deutschen Kriegskinder – nutzen verstärkt den Begriff des Traumas als erinnerungspolitisches *Werkzeug*, um leidvolle Erfahrungen öffentlich zu artikulieren und Anerkennung als Opfer zu erhalten (vgl. Antze/Lambek 1996). Für das Gedächtnis der Kriegskinder sind in diesem Zusammenhang, wie *Kapitel 3* herausarbeitet, insbesondere zwei Anknüpfungspunkte relevant: Zum einen dient der bereits in dem einführenden Zitat angesprochene Begriff der *Generation* als Projektionsfläche, um Trauma als ein kollektives Phänomen auszuweisen, das zwischen den Generationen weitergegeben wird. Zum anderen wird in Verbindung damit die traumatische Erfahrung von im Zweiten Weltkrieg aufgewachsenen Kindern auch auf Deutschland als *nationales Kollektiv* bzw. auf das *nationale Gedächtnis* übertragen.

2. Trauma individualisieren: Vom Kriegskind zum traumatisierten Subjekt

Wie wird Trauma im Zusammenhang mit deutschen Kriegskindern als *individuelles Trauma* praktiziert und erinnert? Um eine Antwort auf diese Frage zu finden, bietet die bereits erwähnte Studie *The Harmony of Illusions: Inventing Post-Traumatic Stress Disorder* von Allan Young (1997) einen guten Einstiegspunkt. Mit Hilfe historischer und ethnografischer Methoden zeigt Young, dass es sich bei der so genannten *post-traumatic stress disorder* bzw. der *Posttraumatischen Belastungsstörung* – eine Diagnose, die, wie weiter unten zu sehen sein wird, auch für die Erinnerung an Kriegskindheit eine wesentliche Rolle spielt – nicht um eine immer schon vorhandene, individuelle psychische Erkrankung handelt, die mit dem Fortschritt medizinischen und psychologischen Wissens im Laufe der Zeit einfach entdeckt und gefunden wurde. Vielmehr machen seine Ausführungen deutlich, dass die Posttraumatische Belastungsstörung in der gesellschaftlichen und therapeutischen Praxis fortlaufend erfunden, reproduziert und gegen vielfältige Widerstände behauptet werden muss. Seine Schlussfolgerung lautet dann auch, dass die Posttraumatische Belastungsstörung gerade *kein* zeitloses medizinisches Objekt darstellt, sondern »is glued together by the practices, technologies, and narratives with which it is diagnosed, studied, treated, and represented and by the various interests, institutions, and moral arguments that mobilized these efforts and resources.« (Ebd.: 5) Die Diagnose kann in diesem Sinne als ein *doing trauma* verstanden werden, in das spezifische Interessen, Institutionen,

Argumente, Technologien, etc. verwoben sind, die die psychische Störung stützen und real werden lassen.

Die These, die dieses Kapitel anleitet, lautet, dass auch das individuelle Trauma von Kriegskindern nicht einfach als ein zeitloses Objekt der Medizin gegeben ist. Um zu einem zentralen Anknüpfungspunkt des Gedächtnisses der Kriegskinder zu werden, muss der Begriff des Traumas vielmehr erst in der medizinisch-psychologischen Praxis auf Kriegskinder bezogen, als eine im Individuum lokalisierte Krankheit konstruiert und schließlich zu einem biografischen Narrativ gewendet werden. Auf diese Weise wird Trauma nicht nur als eine individuelle »Gedächtniskrankheit« (Kehl 2008: 94) von Kriegskindern sichtbar, sondern auch zu einem sozialen Gedächtnisrahmen verdichtet, der von Kriegskindern aufgegriffen und mit subjektiven Erinnerungen verknüpft und angereichert werden kann.

Dieser wechselseitige Prozess, der die Herstellung von Trauma als einer individuellen Krankheit mit der Herstellung von Subjektivität und Erinnerung verknüpft[1], soll im Folgenden mit dem Begriff der *Individualisierung* bezeichnet werden. In diesem Zusammenhang sind zwei Anmerkungen nötig: Zum einen bedeutet diese Herangehensweise an die Thematik nicht, Kriegskindern ihr individuell empfundenes Leiden absprechen zu wollen oder als erfunden im Sinne von vorgetäuscht oder irreal zu entlarven. Vielmehr geht es darum zu zeigen, wie entlang des Traumabegriffs Menschen als traumatisierte Kriegskinder definiert werden und dabei *gleichzeitig* Erinnerungspraktiken und -narrative des traumatisierten Subjekts entstehen, die für die Herstellung des Gedächtnisses der Kriegskinder eine tragende Rolle spielen. Zum anderen geht es auch nicht darum, die Erinnerungen von Kriegskindern vor dem Hintergrund unterschiedlicher Traumabegriffe und -diskurse zu interpretieren und zu bewerten. Vielmehr soll herausgearbeitet werden, wie die medizinisch-psychologische Praxis einerseits auf individuellen Erinnerungen von Kriegskindern aufbaut und diese als *objektiv* traumatisch ausweist – damit beschäftigt sich der erste Abschnitt »Trauma objektivieren« –, sich andererseits vor

1 Oder wie Jill Bennett und Roseanne Kennedy es prägnant formulieren: »Trauma now becomes the object of study – and the traumatized subject a new kind of contemporary identity.« (Bennett/Kennedy 2003: 4)

diesem Hintergrund jedoch auch Kriegskinder selbst als nachhaltig durch den Zweiten Weltkrieg traumatisiert begreifen und, wie der zweite Abschnitt zeigen wird, als *Subjekte* des Erinnerns in Erscheinung treten.

TRAUMA OBJEKTIVIEREN

Mit dem Ende der 1990er Jahre finden sich im deutschsprachigen Raum immer mehr medizinische und psychologische Studien, die im Alter auftretende Beschwerden von Menschen auf belastende und traumatisierende Erlebnisse in ihrer Kindheit im Zweiten Weltkrieg zurückführen. Damit verbindet sich zum einen die Erkenntnis, dass es »wohl kein Geschehen [gibt], bei dem die Möglichkeiten so vielfältig sind und die Gefahr so groß ist, von traumatisierenden Ereignissen betroffen zu werden, wie einen Krieg« (Riedesser 2006: 39). Zum anderen wird der Blick aber auch darauf gelenkt, dass es, wie schon die klassische, in einem Londoner Kinderheim durchgeführte Studie *War and Children* von Dorothy Burlingham und Anna Freud aus dem Jahr 1943 zeigt, auch und gerade Kinder sind, die unter den Schrecken des Krieges zu leiden haben.[2] Folgt man dem an der Studiengruppe *weltkrieg2kindheiten* beteiligten Psychoanalytiker und Psychotherapeuten Hartmut Radebold, dann lassen sich in Bezug auf die Kinder des Zweiten Weltkriegs »drei Bereiche zentraler Beschädigungen« (Radebold 2006a: 16) unterscheiden, denen diese im Alltag des Kriegs weitgehend schutzlos ausgesetzt waren: »Trennungen und Verluste von wichtigen Beziehungspersonen, Gewalterfahrungen und Verluste

2 Trotz dieser sehr frühen Studie wurde den psychischen Belastungen von Kriegskindern lange Zeit sowohl in medizinischen Fachkreisen als auch in der Öffentlichkeit keine große Beachtung geschenkt. Eine der ersten Studien, die die Traumatisierungen deutscher Kriegskinder zum Thema und in der Öffentlichkeit bekannt machte, ist das Buch *Maikäfer flieg, dein Vater ist im Krieg...* von Peter Heinl aus dem Jahr 1994. Beispiele für neuere Studien sind etwa die Arbeiten von Leuzinger-Bohleber (2003), Radebold (2004), Radebold/Heuft/Fooken (2006), Radebold/Bohleber/Zinnecker (2008a) oder Teegen/Meister (2000).

von Sicherheit, Geborgenheit und Heimat.« (Ebd.) Auch wenn, wie Radebold und eine Vielzahl anderer Autoren betonen, in diesem Zusammenhang nicht alle Kinder die gleichen Erfahrungen gemacht haben, wird bereits mit dieser knappen Aufzählung klar, dass durch auseinander brechende Familien, Hunger, Flucht, Aufenthalte in Bunkern, eine für viele Kinder auch nach dem Krieg andauernde Vaterlosigkeit sowie eine zerstörte Infrastruktur ein stabiles und gesichertes Leben kaum aufrecht zu erhalten war.

Aus medizinisch-psychologischer Sicht können daraus lebenslang anhaltende Traumatisierungen resultieren, die sich analytisch nach der Art des erlebten Ereignisses unterscheiden lassen:

> »Ein Kind kann im Krieg direkt traumatisiert werden, z.B. durch eine Verletzung, es kann physisch oder psychisch missbraucht werden oder in Gefangenschaft geraten. Das Kind kann auch indirekt traumatisiert werden, wenn seine Eltern getötet werden, es Zeuge von Gewaltanwendung gegen andere wird oder es von wichtigen Bezugspersonen getrennt wird. Außerdem können der Verlust der Sicherheit und der Gültigkeit von Sitten und Regeln sowie die Zerstörung der Infrastruktur – heute Begleiterscheinungen fast jeden Krieges – das Leben zusätzlich schwer belasten.« (Riedesser 2006: 39)

Zu den lebenslangen Folgen der hier beschriebenen Ereignisse werden nicht nur klar als Erkrankung erkennbare Erscheinungen wie anhaltende partielle oder vollständige Posttraumatische Belastungsstörungen, Angst- und Panikzustände, Beziehungs- und Bindungsstörungen oder leichtere bis mittelschwere depressive Symptome gezählt. Folgt man der medizinisch-psychologischen Literatur, dann können auch auf den ersten Blick unverdächtige Verhaltensweisen und Einstellungen wie Sparsamkeit, Vorausplanen, das Übernehmen von Verantwortung, Altruismus oder Leben und Reisen »mit kleinem Gepäck« ihren Ursprung in belastenden Kriegserfahrungen haben (vgl. Radebold 2006a: 20). Entscheidend dabei ist, dass die für diese Symptome verantwortlichen Traumatisierungen einerseits Kriegskinder ein Leben lang begleiten, sie sich andererseits aber auch wechselseitig beeinflussen und verstärken können. Für Kriegskinder besteht demnach, wie Hartmut Radebold schlussfolgert, »insgesamt ein hohes (sich vervielfachendes) Risiko [...], im Verlauf ihres weiteren Lebens und insbesondere in der Alternssituation psychisch zu erkranken.« (Ebd.: 20 f.) Blickt man auf aktuelle Forschungen und Debatten, dann betrifft dieses Risiko jedoch nicht nur die Menschen, die den Zweiten Weltkrieg mehr oder weniger bewusst im Jugendlichen- oder Kindesalter miterlebt haben und persönliche Erinnerungen damit verbinden, sondern auch Föten, die im Mutterleib durch vorgeburtlichen Stress traumatisiert wurden (vgl. Janus 2006).

Dieser kurze Überblick illustriert die wesentlichen Komponenten und Argumentationslinien, entlang derer Kriegskinder im medizinisch-psychologischen Diskurs zu »traumatized subjects« (Bennett/Kennedy 2003: 4) werden: Es muss ein traumatisierendes Ereignis vorliegen, das Kinder zu Opfern oder zu Zeugen von physischer oder psychischer Gewalt im Krieg macht; die Kriegstraumatisierung drückt sich in einer Reihe individuell verschiedener Reaktionsweisen, Symptome und Schädigungsfolgen aus, die zum Teil von den Betroffenen nicht bewusst wahrgenommen werden und lebenslang wirksam sind; die Betroffenen selbst müssen zum Zeitpunkt ihrer Traumatisierung noch nicht geboren worden sein und den Zweiten Weltkrieg bewusst erinnern. Das Ergebnis ist ein aufgrund der Fülle an möglichen traumatisierenden Ereignissen, Symptomen und Betroffenen relativ breites, jedoch medizinisch-psychologisch *objektives* Bild einer »individuellen Krankheit« (Foucault 1993: 182), die individualisierte Erkrankungsträger voraussetzt bzw. Kriegskinder notwendigerweise als individuelle Träger von Kriegstraumata inszeniert und festschreibt. Dieses Bild sagt jedoch nichts darüber aus, wie Menschen in der therapeutischen Praxis als traumatisierte Kriegskinder wahrgenommen und individualisiert werden und welche Folgen damit für die Praxis des individuellen Erinnerns verbunden sind. Um diesen Zusammenhängen auf die Spur zu kommen, lohnt es sich, näher auf die oben bereits angesprochene Diagnose der Posttraumatischen Belastungsstörung einzugehen.

Die Posttraumatische Belastungsstörung

Offiziell eingeführt wurde die Posttraumatische Belastungsstörung im Jahr 1980 in der dritten Ausgabe des von der American Psychiatric Association herausgegebenen Diagnostischen und Statistischen Manuals psychischer Störungen (abgekürzt: DSM-III; American Psychiatric Association 1980). Dies ist insofern bemerkenswert, als dass die relativ junge Diagnose eine direkte Reaktion auf die gesellschaftliche Erfahrung der Folgen des Vietnamkriegs in den Vereinigten Staaten darstellt. Ihre Geschichte verweist entsprechend auf ein komplexes Ineinander politischer, sozialer und medizinischer Fragen und Diskurse, in dem zwei Probleme herausstechen, mit denen sich die USA nach der Heimkehr der Kriegsveteranen konfrontiert sahen: Zum einen konnten die mannigfaltigen psychischen Beschwerden, über die die zurückgekehrten Veteranen klagten, aus medizinischer Sicht nicht oder nur schwer bestehenden Krankheitsbildern und Kategorien zugeordnet werden (vgl. Liebermann et al. 2004: 15). Für ihr Leiden gab es keinen Namen – und somit fehlte auch die Möglichkeit, es gesellschaftlich und politisch zu artikulieren und zu Gehör zu bringen. Zum anderen gestaltete sich, zum Teil in Verbindung mit dem ersten Punkt, auch die soziale Integration der ehemaligen Soldaten schwierig: Viele von ihnen wurden gewalttätig und drogenabhängig, aufgrund der fehlenden medizinischen Anerkennung ihrer Leiden wurden Behandlungskosten nicht erstattet, entsprechende Rentenzahlungen blieben aus (vgl. Becker 2003: 25).[3] Die von großen Teilen der amerikanischen Anti-Kriegsbewegung und den Veteranenverbänden unterstützte Einführung der Posttraumatischen Belastungsstörung im Rahmen des DSM-III kann somit nicht nur als Versuch gesehen werden, »den psychischen Veränderungen der Vietnam-Veteranen eine eigenständige Kategorie zuzuweisen« (Liebermann et al. 2004: 17), sondern auch soziale und politische Anerkennung zukommen zu lassen.[4]

---

3 Zeitgleich ging es auch um die psychischen Folgen von Missbrauch und sexueller Gewalt gegenüber Mädchen und Frauen, die jedoch in den US-amerikanischen Debatten der 1970er und 1980er Jahre durch den stark ausgeprägten Bezug zum Vietnamkrieg etwas in den Hintergrund rückten. Für eine historische Aufarbeitung der entsprechenden Kontexte und Entwicklungen siehe das bereits erwähnte Buch von Young (1997) sowie McNally (2003).

4 Für David Becker (2003: 26) ist damit eine »bewusste Pathologisierung und Individualisierung sozialpolitischer Verhältnisse« verbunden, die durch das Konzept der Posttraumatischen Belastungsstörung gleichzeitig

Auch wenn es sich bei der Posttraumatischen Belastungsstörung somit um ein »uramerikanisches Produkt« (Becker 2003: 25) handelt, ist es aufs Engste mit der Medikalisierung deutscher Kriegskinder verbunden. Helga Spranger, Vorsitzende und Gründungsmitglied des Vereins *kriegskind.de*, berichtet im Interview, wie sie erst mit Hilfe der Diagnose dem kriegsbedingten Trauma von im Zweiten Weltkrieg aufgewachsenen Menschen auf die Spur gekommen ist:

»Also, ich habe in meinem Leben eigentlich immer dann gelernt, wenn ich irgendwas nicht verstanden habe. Und es geschah mir eines Tages in der Psychiatrie, dass ich nicht mehr verstand, welche Diagnosen die Patienten haben. Einige Patienten. Und, da bin ich drauf gekommen, dass das Patienten waren, die meistens so in den 40ern, also 1940 so was geboren waren. Und die waren, im frühen oder etwas reiferen Erwachsenenalter kamen die dann in die Psychiatrie unter unterschiedlichen Erkrankungserscheinungen. Und wir waren zum damaligen Zeitpunkt schon gezwungen, exakte Diagnosen nach Katalog zu geben, und diese Diagnosen passten nicht. Sie kriegte man nicht in eine Schablone, und da fing das so bei mir an zu dämmern: ›Meine Güte, was ist denn da eigentlich los? Die fallen alle in diese Geburtsjahrgänge.‹ Und da war aber, zu der Zeit hat man sich dann in Amerika mit den Vietnamsoldaten beschäftigt. Und da kam dann die PTSD, also posttraumatische Belastungs-Disease, also posttraumatic stress disease, das war ja, und ich hab das aber immer noch nicht begriffen, bis sich das dann irgendwie zusammengefügt hat, und da war mir klar, was da eigentlich los ist.« (Interview mit Helga Spranger vom 02.11.2005, Z. 51-64)

Die Art und Weise, wie Helga Spranger über ihre Entdeckung des Traumas von Kriegskindern spricht, ähnelt der Beschreibung eines Kriminalfalls. Den Ausgangspunkt bildet ein unerwartetes Ereignis, mit dem sich die Ärztin in der psychiatrischen Praxis konfrontiert sieht und das sie vor ein erhebliches Wissensproblem stellt: Die

---

jedoch ignoriert und ausgeblendet werden. Dementsprechend sei die Gefahr groß, »nicht nur am Problem vorbeizureden, sondern die Pathologie zu erhöhen und gegebenenfalls erst hervorzurufen, weil wir dem entstandenen Leid noch ein zusätzliches hinzufügen, das der Verleugnung und Entkontextualisierung.« (Ebd.)

»Schablonen« der etablierten Diagnosen lassen sich nicht mehr ohne Weiteres auf die Krankheitsbilder einiger Patienten anwenden. Dieses Ereignis, das erstaunliche Parallelen zu den oben beschriebenen Schwierigkeiten bei der Diagnose von Vietnamveteranen aufweist, lässt die Ärztin ratlos zurück. Sie findet sich in einer Situation wieder, die ihr ohne ihr Zutun widerfährt und aus der sie zunächst keinen Ausweg weiß. Erst als sie auf eine Gemeinsamkeit der Patienten stößt, kristallisiert sich eine erste Vermutung über die Ursache der Beschwerden heraus: Die Patienten, die auch bereits als junge Erwachsene psychiatrisch behandelt werden mussten, sind alle Angehörige einer Generation, die inmitten des Zweiten Weltkriegs um das Jahr 1940 herum geboren wurde. Der Verdacht, dass es sich bei den Beschwerden der Patienten um Folgen des Zweiten Weltkriegs handeln könnte, fügt sich jedoch erst dann zu einem kohärenten Bild, als Helga Spranger Mitte der 1980er Jahre von der Posttraumatischen Belastungsstörung erfährt. Diese Diagnose lässt aus einer über mehrere Etappen hinweg gereiften Idee die *Gewissheit* werden, dass die von ihr behandelten Patienten als Kinder im Zweiten Weltkrieg traumatisiert worden sind.[5] Untermauert wird diese Gewissheit durch die auch in der Psychiatrie spürbaren Folgen des Mauerfalls:

»Und dann, nachdem die Grenze auf war, bekamen wir in der Psychiatrie vermehrt Patienten aus der ehemaligen DDR, die zum Beispiel in Bautzen eingesessen hatten, so dass also die politische Seite der Verfolgung oder der Traumatisierung für mich noch einmal aktualisiert wurde. Das hat sich dann abge-

5 Auf eine ähnliche Entdeckung im Laufe seiner Forschungsarbeit weist auch Hartmut Radebold hin: »Die ersten Hinweise auf lang andauernde und bis in die Alternssituation fortbestehende Folgen ergaben sich qualitativ und quantitativ eher ›zufällig‹ bei ursprünglich unter völlig anderer Zielsetzung durchgeführten Forschungen. So wurde mir beispielsweise bei meinen Forschungen über Entwicklungsmöglichkeiten zwischen dem 45. Und 70. Lebensjahr mit Hilfe langfristiger Psychoanalysen und Psychotherapien erst im Verlauf der Behandlungen bewusst, dass meine Patienten in ihrer Entwicklung sehr weitreichend bis ausschließlich durch diese zeitgeschichtlichen Erfahrungen geprägt bzw. eingeschränkt waren.« (Radebold 2006b: 140)

rundet, das ganze Bild. Und da bin ich dann auch richtig aktiv geworden.« (Interview mit Helga Spranger vom 02.11.2005, Z. 76-80)

In Helga Sprangers Erinnerung daran, wann sie auf die Kriegskindheitsthematik aufmerksam wurde und sich dafür einzusetzen begann, spielen die Diagnose der Posttraumatischen Belastungsstörung und der darin aufgehobene Traumabegriff eine wesentliche Rolle. Das, was später in der medizinisch-psychologischen Literatur als objektiv gegebenes, individuelles Trauma von Kriegskindern beschrieben wird, erhält hier eine höchst spannende Geschichte: die Geschichte eines über längere Zeit fortlaufenden Kombinations- und Erkenntnisprozesses, in dem ganz unterschiedliche Wahrnehmungen (dass einige Patienten ungewöhnliche Beschwerden aufweisen, dass etablierte Diagnosen nicht mehr greifen, dass Patienten im Zweiten Weltkrieg geboren wurden) und Phänomene (das Trauma von Vietnamveteranen, der Fall der Mauer, die politische Verfolgung in der DDR) auf kreative Weise aufeinander bezogen werden und sich zu einer einschneidenden Erkenntnis, einem regelrechten *Gestalt switch* verdichten. Der springende Punkt dabei ist, dass das individuelle Trauma von Kriegskindern für Helga Spranger erst dann real wird, als sie auf die im amerikanischen Kontext bereits etablierte Posttraumatische Belastungsstörung stößt. In Helga Sprangers Geschichte hat die vor völlig anderen sozialen, politischen und kulturellen Hintergründen entwickelte Diagnose zur Folge, dass Menschen, die im Zweiten Weltkrieg geboren wurden, vom medizinisch-psychologisch geschulten Blick der Ärztin erfasst und zu einem neuen Objekt in ihrer beruflichen Praxis werden.

Konzeptionelle Unschärfen und ihre Folgen

Durch diese Entdeckung bzw. Konstruktion[6] des individuellen Traumas von Kriegskindern, die sowohl im medizinisch-psychologischen

6 Beide Begriffe lassen sich in dem beschriebenen Beispiel nur schwer auseinander halten. Wie die *Science and Technology Studies* zeigen, muss man das auch nicht, da zwischen Entdeckung und Konstruktion kein prinzipieller Gegensatz besteht: Entdeckungen verweisen gerade deshalb auf

Diskurs als auch in der individuellen Berufspraxis aufzufinden ist, werden jedoch nicht nur »die Grenzen zwischen dem normalen und dem pathologischen Gedächtnis« (Kehl 2008: 85) neu gezogen und die je individuellen Erinnerungen und Verhaltensweisen von Kriegskindern in den Bereich des potenziell Krankhaften verschoben.[7] Vielmehr sind damit auch wichtige Weichenstellungen für die Herstellung des Gedächtnisses der Kriegskinder verbunden. Zwei Punkte sind dabei zentral: Der erste Punkt hat damit zu tun, dass die Diagnose der Posttraumatischen Belastungsstörung, auch wenn sie aufgrund sehr konkreter Ereignisse in das DSM-III eingeführt wurde, relativ unspezifisch, ahistorisch und kontextfrei formuliert ist:

»Der PTSD [post-traumatic stress disorder; Anm. d. Verf.] ist nichts weiter als eine ausführliche Liste von Symptomen. Der Charakter der auslösenden Ereignisse bleibt weitgehend unwichtig, da diese hier durch die Kategorie ›Stressor‹ ersetzt werden. Entsprechend ist es unwichtig, ob wir vom KZ, von Folter, von Krieg, von Herzinfarkten oder Vulkaneruptionen reden. Beim PTSD geht es um individuelle psychische Reaktionen auf Ereignisse, die die Fähigkeiten des Individuums überfordern, auf diese angemessen zu reagieren.« (Becker 2003: 25)

Die Posttraumatische Belastungsstörung stellt damit einerseits eine zwar objektive bzw. in der psychotherapeutischen Praxis objektivier- und auf konkrete Fälle anwendbare Diagnose dar, die andererseits aber aufgrund ihrer ihr eingeschriebenen Universalität in der Lage ist, eine große Bandbreite an verschiedenen Phänomenen abzudecken. Die

---

reale und objektive Fakten, *weil* diese konstruiert sind. Siehe dazu vor allem Latour (1987, 2000).

7 An dieser Stelle liegt der Verdacht nahe, dass mit der Pathologisierung von Kriegskindern professionelle und finanzielle Interessen von Psychotherapeuten verbunden sein könnten. Hartmut Radebold erwidert darauf jedoch: »Suchen die Psychotherapeuten in der Gruppe der heute über 60-Jährigen neue Patienten? – Keineswegs! Bisher suchen Ältere häufig vergeblich einen Behandlungsplatz. Meine Fachkollegen und ich wären froh, wenn mehr Behandlungsangebote für Ältere mit derartigen zeitgeschichtlichen Erfahrungen zur Verfügung stünden.« (Radebold 2006a: 23)

Entscheidung, wann ein Ereignis traumatisch ist und wann nicht, lässt sich im Rahmen der Posttraumatischen Belastungsstörung nicht eindeutig bestimmen und unterliegt dementsprechend, wie Christoph Kehl es formuliert, »einem weiten Interpretationsspielraum und damit einer gewissen Unschärfe.« (Kehl 2008: 94) Die Folge ist, dass höchst unterschiedliche partikulare Erfahrungen und Erinnerungen – vom Überleben des Holocaust bis hin zur Beteiligung an einem schweren Unfall – mit dem universalen Rahmen einer individuellen Krankheit verknüpft und über diesen artikuliert werden können. Die konzeptionelle Unschärfe, die die Posttraumatische Belastungsstörung begleitet, vermag dabei nicht nur die seit einiger Zeit zu beobachtende inflationäre Nutzung des Traumabegriffs zu erklären, sondern macht gleichzeitig auch auf die Gefahr einer immer stärkeren Aus- bzw. Überdehnung des Konzepts aufmerksam.[8] Ein ähnlicher, universale und partikulare Erinnerungen verknüpfender Mechanismus wird später auch bei der Kollektivierung von Trauma sichtbar werden, doch ist an dieser Stelle zunächst wichtig zu sehen, dass bei der Übertragung der Posttraumatischen Belastungsstörung auf die psychischen und körperlichen Beschwerden deutscher Kriegskinder der ursprüngliche Kontext bzw. Stressor Krieg zwar erhalten bleibt, die Perspektive jedoch – und das ist von entscheidender Bedeutung – von in Kriegshandlungen

8 Der amerikanische Traumaforscher Richard J. McNally bringt die damit verbundenen Probleme und Risiken prägnant auf den Punkt: »First, the broadening definition of trauma threatens to undermine any chance we might have of elucidating the psychobiological mechanisms that give rise to PTSD. A survivor of a fender bender is unlikely to have much in common with a survivor of the Holocaust. Second, the more we broaden the concept of traumatic stressor, the less credibly we can assign causal significance to the stressor itself, and the more we must emphasize preexisting personal vulnerability factors. But shifting the causal burden away from the stressor undercuts the very rationale for having a diagnosis of PTSD in the first place. Third, by viewing more and more of modern life through the lens of trauma, we may overmedicalize normal emotional responses to stressors and undermine human resilience in the face of adversity.« (McNally 2006: 9)

verstrickten Soldaten zu im Alltag des Zweiten Weltkriegs aufgewachsenen Kindern wechselt.[9]

Dieser Perspektivenwechsel hat nämlich nicht nur eine Ausdehnung des medizinisch-psychologischen Blicks zur Folge, sondern geht auch mit einer Verlagerung der Erinnerung einher, die sich in den Worten von Jürgen Zinnecker als Übergang vom *militärischen* zum *zivilen Gedächtnis* beschreiben lässt. Folgt man Zinnecker (2006: 90), dann geht es im militärischen Gedächtnis »um die Soldaten, die an der Front starben« und um eine offizielle Gedenkkultur, die »beherrscht [ist] von der Militärgeschichte und von den Veteranenverbänden – besonders im Fall eines siegreich beendeten Krieges.« Diese Konzentration auf rein militärische Aspekte von Kriegen sei jedoch nicht mehr angemessen: Da das »moderne Kriegsgeschehen im 20. Jahrhundert zu einer maßgeblichen Erfahrung der zivilen Bevölkerung geworden ist« – Zinnecker bezieht sich hier auf den Luft- und Bombenkrieg sowie die »Politik des Aushungerns ganzer Regionen«, die Grenzen zwischen Front und Heimat unterwandern und auflösen –, stelle sich die Frage, wo die Stimmen und Perspektiven von Zivilisten in der offiziellen Gedenkkultur repräsentiert würden (ebd.). Die Antwort, die Jürgen Zinnecker auf diese Frage gibt und in der Erinnerung an Kriegskindheit verwirklicht sieht, lautet: im zivilen Gedächtnis. In der Tat geht es in der Erinnerung an Kriegskindheit nicht um die Fronterfahrungen von Soldaten und die Geschichte von Schlachten, sondern um den kindlichen Alltag des Zweiten Weltkrieges in deutschen Städten und Dörfern und das zivile Leiden im Krieg. Wir kommen im nächsten Abschnitt darauf zurück, wenn es um die Subjektivierung von Trauma und die Erzählperspektive von Kriegskindern geht.

Für die Fragestellung und Blickrichtung dieses Buches ist dabei entscheidend, dass sich der im medizinisch-psychologischen Kontext individualisierte Traumabegriff bei dieser Umpolung von Gedächtnis

9 An dieser Stelle sei als weiterführender Hinweis die Studie von Alice Förster und Birgit Beck (2003) genannt, die kritisch der Frage nachgeht, ob und inwieweit das universal angelegte medizinische Konzept der Posttraumatischen Belastungsstörung für ein historisches Verständnis des Leids der europäischen Gesellschaften im Zweiten Weltkrieg fruchtbar gemacht werden kann.

als ein zentraler Dreh- und Angelpunkt erweist: Das, was Harald Welzer in Bezug auf die deutschen Kriegskinder relativ scharf als »herunterpopularisiertes Traumakonzept, das keinerlei Unterschiede zwischen individuellen und kollektiven Traumata oder solchen von Tätern und von Opfern macht«[10] kritisiert, bietet gerade die Möglichkeit, zivile Erinnerungen aufzunehmen und vor einem medizinisch-psychologischen Hintergrund deutbar zu machen. Die Universalität und Unschärfe des auf Individuen bezogenen Traumabegriffs lässt ihn von einem wissenschaftlich-objektiven Konzept zu einer kulturell eingebetteten *Projektionsfläche* werden, die es ehemaligen Kriegskindern erlaubt, ihre Biografie und ihre Vergangenheit im Alter neu zu erinnern und mit einem neuen Sinn zu versehen.

Artikulation und Anerkennung

Damit kommt jedoch unmittelbar ein zweiter Aspekt in den Blick, der sich an einem Interviewausschnitt mit der ebenfalls im Verein *kriegskind.de* engagierten Ärztin Irmgard Koppenhöfer ablesen lässt. Auf die Frage, was für sie das Neue an der Erinnerung an Kriegskindheit darstellt, antwortet sie:

»Das Neue ist, dass die Menschen, die durch ein Kriegstrauma, jetzt 60, 70 Jahre alt werden, wenn eigentlich Familie und vielerlei vorige Beschäftigungen entfallen, reflektieren: ›Was war mein Leben?‹ Und kommen dann zu neuen Erlebnissen sowie Retraumatisiertwerden durch die Erinnerung. Und kommen dann dazu: ›Mein Leben war bitter. Mein Leben war verspielt. Mein Leben ist durch äußere Ereignisse derartig zerfetzt abgelaufen. Ich bin nie zu mir selbst gekommen. Wer bin ich überhaupt?‹ Und das ist das Neue, dass diese Menschen danach fragen. ›Ich bin in Amerika gewesen. Ich bin dorthin geflohen. Ich bin umgezogen. Ich wusste nie, warum ich denn so viel umziehe. Jetzt allmählich weiß ich es. Ich habe immer wieder Heimat gesucht.‹ Also sie waren ein Leben lang auf der Flucht, wussten aber innerlich nicht warum. Und neu ist, dass wir im Kriegskindverein durch psychotherapeutische Hilfe diese

10 Siehe Harald Welzer: »Was bleibt im Gedächtnis: Die deutsche Erinnerungskultur scheint nicht länger fraglos um Auschwitz zentriert, sondern verhandelbar«, Frankfurter Rundschau vom 26. Januar 2005, S. 23.

Suche ein bisschen auf den Punkt bringen können für die Leute. Dadurch sind die erlöst.« (Interview mit Irmgard Koppenhöfer vom 02.11.2005, Z. 128-138)

Irmgard Koppenhöfer berichtet hier von Menschen, die im Alter damit beginnen, über ihre Vergangenheit nachzudenken und dabei erkennen, dass ihr Leben bis dato unbewusst von einer Art »Flucht« und einer damit verbundenen steten Suche nach Heimat und der, wie Dierk Schäfer es formuliert, »geraubten Biographie« (Schäfer 2006) geprägt war. Auch wenn sich in diesem Zusammenhang für die Betroffenen existenzielle Fragen nach dem eigenen Sein und der eigenen Identität stellen – »Wer bin ich überhaupt?« –, bleiben ihnen die Gründe für ihr, wie es im Zitat heißt, bitteres und zerfetztes Leben verborgen. Die Arbeit des Vereins *kriegskind.de* will an dieser Stelle Licht ins Dunkel bringen, wobei in diesem Zusammenhang insbesondere die von ihm angebotene psychotherapeutische Hilfe in den Vordergrund rückt. Der Traumabegriff, der dieser Hilfe zugrunde liegt, trägt nämlich nicht nur zur Aufklärung von Kriegskindern bei, indem er eine auf rationalen und medizinisch-objektiven Kriterien beruhende Antwort auf die Frage nach dem Warum der von den Betroffenen wahrgenommenen lebenslangen Flucht gibt. Vielmehr ist mit ihm auch eine Form der Sinngebung verbunden, die die Ärztin im obigen Zitat als gleichsam religiöse Erlösung beschreibt. Worin besteht aber diese Erlösung aus einer soziologischen Perspektive und auf welche Weise trägt sie dazu bei, dass partikulare Erinnerungen mit dem universalen Traumabegriff verknüpft werden?

Die Antwort auf diese Frage kommt dann in den Blick, wenn man die Rolle, die der psychotherapeutischen Hilfe in diesem Zitat zugeschrieben wird, jenseits eines auf der Unterscheidung krank/gesund beruhenden medizinischen Blicks als eine spezifische Form der *Vergesellschaftung von Trauma* begreift. Folgt man der Kulturtheoretikerin Mieke Bal, dann stellt das wiederholte Erleben des Traumas, von dem auch Irmgard Koppenhöfer spricht, ein nicht-soziales »solitary event« dar, das Menschen widerfährt und sie im wahrsten Sinne des Wortes sprachlos zurücklässt:

»While the subject to whom the event happened lacks the narrative mastery over it that turns her or him into a proper subject, the other crucial presence in the process, the addressee, is also missing. In contrast to narrative memory, which is a social construction, traumatic memory is inflexible and invariable. Traumatic (non)memory has no social component; it is not addressed to anybody, the patient does not respond to anybody; it is a solitary event, not even an activity.« (Bal 1999: x)

Das Wiedererleben eines Traumas wird in diesem Zitat als eine Situation beschrieben, die den Einzelnen auf abrupte Weise jenseits aller sozialen Bezüge stellt. Dazu gehört nicht nur, dass das Trauma, das urplötzlich erinnert bzw. von Neuem durchlebt wird, das Individuum sozial paralysiert und von seiner kommunikativen Umwelt abschneidet, sondern auch, dass der Einzelne über kein geeignetes Narrativ verfügt, mit dessen Hilfe er das Ereignis deuten, in Worte bringen und (s)einem Gegenüber kommunizieren könnte. Dem individuellen Wiedererleben des Traumas, das Mieke Bal zugespitzt als einen Akt des Nicht-Erinnerns bezeichnet, sind damit klare Grenzen gesetzt, die es von der Sozialität des kommunikativen Erinnerns unter Anwesenden unterscheiden.

Durch die Öffentlichkeitsarbeit des Vereins *kriegskind.de*, auf die Irmgard Koppenhöfer sich bezieht, wird die traumatische Erfahrung bzw. das Ereignis der Retraumatisierung jedoch von einem *nicht*-sozialen in ein *soziales* Ereignis überführt: Für Kriegskinder stellt der Verein ein Gegenüber dar, der mit seinen Angeboten ihre Suche »auf den Punkt bringt«, wie es in obigem Zitat heißt, und die damit verbundenen Belastungen und Verunsicherungen als medizinisch-psychologisch behandelbare Gegebenheiten deutet. Durch diese Form der Vergesellschaftung wird Trauma jedoch nicht nur im sozialen Raum – dazu gehören auch die Therapien, Gruppensitzungen und Seminare, die der Verein *kriegskind.de* in seinem Programm führt – artikulier- und erinnerbar,[11] sondern aus der medizinisch-psychologischen

11 In der Tat kann man vermuten, dass gerade die Traumatherapie eine wesentliche Form der institutionalisierten Anerkennung individuellen Leidens von Kriegskindern darstellt. Wie prekär diese Möglichkeit der Anerkennung jedoch (noch) ist und welche Widerstände damit verbunden sind, lässt sich an einem Interviewausschnitt mit Helga Spranger ablesen: »Ich bin ja praktizierende Psychotherapeutin, und wir müssen, da ich nur eine

Praxis heraus auch zu einer Antwort auf die Frage nach der Identität und der Vergangenheit von Kriegskindern gemacht. Dabei spielt sowohl die von Irmgard Koppenhöfer angesprochene Erlösung im Sinne einer erfolgreich beendeten Suche eine Rolle als auch die daraus resultierende Anerkennung individueller Leiden, die auch für die Einführung der Diagnose der Posttraumatischen Belastungsstörung angesichts der Folgen des Vietnamkriegs zentral war. Damit ergibt sich jedoch die paradoxe Situation, dass Kriegskinder auf der einen Seite zwar von ihrem Leiden an der Unsicherheit über das eigene Leben befreit werden, andererseits in der medizinisch-psychologischen Praxis unweigerlich als traumatisierte Opfer des Zweiten Weltkriegs festgeschrieben und fixiert werden. Auf exakt diese Weise erlaubt der in der medizinisch-psychologischen Praxis objektivierte und auf Individuen bezogene Traumabegriff jedoch nicht nur die Artikulation und Entfaltung partikularer Erinnerungen vor einem universalen Hintergrund, sondern bietet den Kindern des Zweiten Weltkriegs auch die Möglichkeit einer symbolischen Anerkennung für ihre empfundenen Leiden. Das aber bedeutet, dass das individuelle Trauma der Kriegskinder sich

---

Privatpraxis habe, muss für jeden Patienten ein Antrag gestellt werden auf Psychotherapie, und zwar ein ziemlich langer Antrag. Das sind so mehrere Seiten. Man muss sehr gut begründen, warum man glaubt, dass dieser Patient psychotherapeutisch behandelt werden soll. Und man muss auch wissen, dass bis vor wenigen Jahren noch man glaubte, dass eine psychotherapeutische Behandlung von älteren Patienten völliger Irrsinn sei, weil bei denen gar nichts mehr ankäme. Das hat sich, das hat sich in den letzten zehn Jahren geändert. Aber bei den Anträgen, die ich stellen muss, gibt es zwei Lager in der Begutachtung. Es gibt die Gutachter, die inzwischen erkannt haben, dass über die Generationen hinweg Schäden entstehen können. Da werden dann auch die Anträge sehr differenziert angenommen und auch beantwortet, und meistens auch positiv beantwortet. Und dann gibt es Gutachter der alten Schule, also der alten analytischen Schule, die das für völligen Quatsch halten und wirklich oberflächliche Beantwortung der differenzierten Anträge, die wir stellen, auch geben. Also, das ist, das ist im Wandel, aber es ist noch nicht so, dass man sagen kann, dass das überall jetzt gegriffen hat.« (Interview mit Helga Spranger vom 02.11.2005, Z. 83-97)

auch dort zeigt, wo es entlang medizinisch-psychologischer Definitionen als biografisches Erinnerungsnarrativ angeeignet und gewendet wird. Diesem Prozess, der im Folgenden als *Subjektivierung* von Trauma bezeichnet werden soll, widmet sich der nächste Abschnitt.

TRAUMA SUBJEKTIVIEREN

Folgt man Hartmut Radebold, dann beruht das medizinisch-psychologische Wissen über die Traumatisierungen von Kindern im Zweiten Weltkrieg nicht nur auf wissenschaftlichen Studien und psychotherapeutischen Behandlungen, sondern speist sich auch aus »zunehmend veröffentlichten persönlichen Erfahrungsberichten [...], die vermittels individueller Darstellungen insgesamt typische Verlaufsmuster mit ebenfalls bis heute anhaltenden Folgen verdeutlichen.« (Radebold 2006b: 141) Für die Erinnerung an deutsche Kriegskindheiten bedeutet das, dass sich die objektive und die subjektive Seite des Traumas nicht klar voneinander trennen lassen, sich überschneiden und überlagern: Das wissenschaftliche Wissen *über* Trauma und die persönlichen, in Autobiografien festgehaltenen Erinnerungen von Kriegskindern *an ihr* Trauma gehen Hand in Hand und verschränken und informieren sich auf spezifische Art und Weise. Wichtig zu sehen ist dabei, dass diese Verknüpfung nicht nur darin besteht, dass die wissenschaftliche Diskussion auf veröffentlichte Berichte und Erzählungen von Kriegskindern zurückgreift, um medizinisch-psychologisch objektive Thesen über »typische Verlaufsmuster« kriegsbedingter Traumatisierungen zu veranschaulichen und gegebenenfalls zu modifizieren. Vielmehr orientieren sich auch Autobiografien von Kriegskindern an medizinisch-psychologischen Vorstellungen von Trauma, um Erinnerungen an das persönliche Aufwachsen im und unmittelbar nach dem Zweiten Weltkrieg darzustellen, zu deuten und zu repräsentieren.[12]

12 Das Schreiben von Autobiografien lässt sich dementsprechend auch als eine spezifische Erinnerungspraxis des medikalisierten Gedächtnisses der Kriegskinder verstehen.

Autobiografien revisited

Im ersten Teil dieses Buches wurde der Zusammenhang zwischen der Herstellung des Gedächtnisses der Kriegskinder und dem Schreiben von Autobiografien bereits angesprochen und vor dem Hintergrund medien- und ereignissoziologischer Überlegungen entfaltet: Autobiografien lassen sich, so die Argumentation, zum einen als materiales Produkt von Erinnerungsereignissen beschreiben, da sie von Kriegskindern nicht in einsamer Kontemplation verfasst werden, sondern im Rahmen vielseitiger kommunikativer und medialer Zusammenhänge entstehen. Zum anderen bringen Autobiografien als Medien bzw. – mit Bruno Latour gesprochen – als *Mittler* von Gedächtnis in ihrem Wirken selbst wiederum Erinnerungsereignisse hervor, durch die sich das Gedächtnis der Kriegskinder sowohl in räumlicher (Stichwort Zirkulation) als auch in zeitlicher (Stichwort Speicherung) Hinsicht ausdehnt. Im Zusammenhang mit den bisherigen Überlegungen zum medikalisierten Gedächtnis stellt sich an dieser Stelle jedoch die bislang unbeantwortete Frage nach den konkreten *Inhalten* der Autobiografien von Kriegskindern.

Eine Antwort auf diese Frage liefert eine Studie der ebenfalls der Studiengruppe *weltkrieg2kindheiten* angehörenden Literaturwissenschaftlerin Jana Mikota (2007). Vor dem Hintergrund einer umfangreichen Literaturschau zeigt sie, dass in den seit dem Ende des Zweiten Weltkriegs veröffentlichten Erfahrungsberichten von Kriegskindern »unterschiedliche Nuancen und verschiedene Blicke auf die eigene Kindheit« (ebd.: 128) sichtbar werden, die die persönliche Geschichte Betroffener in den Vordergrund rücken:

»Es sind Autobiografien, die weniger einen literarischen Anspruch realisieren wollen, obwohl sie sich aber an literarischen Vorbildern orientieren, als vielmehr über die Zeit des Nationalsozialismus berichten wollen [...] Die Autobiografien der Generation der Kriegskinder werden von der Enkelgeneration kritisch wahr genommen, das Fehlen einer Auseinandersetzung mit Geschichte wird den professionellen und nichtprofessionellen Schriftstellern attestiert und der Vorwurf, sich ebenfalls in die Opferreihe einordnen zu wollen, bildet einen Schwerpunkt der Rezensionen. Tatsächlich spielt die nationalsozialistische

Vernichtungspolitik in den meisten Autobiografien eine untergeordnete Rolle und die eigenen Erfahrungen und Erlebnisse überwiegen.« (Ebd.: 128 f.)

Die hier beschriebene Konzentration auf die – aus einem historiografischen Blickwinkel gesehen relativ engen und unscharfen[13] – persönlichen Erinnerungen, in denen die nationalsozialistischen Verbrechen und größere politische Zusammenhänge des Dritten Reichs weitgehend ausgeblendet werden, spiegelt sich auch in den Themen wider, die die Darstellung deutscher Kriegskindheiten in den veröffentlichten Autobiografien dominieren. Mikota macht in diesem Zusammenhang vier thematische Schwerpunkte aus: Kriegskinder berichten hauptsächlich von Flucht und Vertreibungen, Bombardierungen in Städten, ihrer Gefangenschaft in Straf- und Arbeitslagern sowie einer beschwerlichen und oft lebenslangen Suche nach Identität und familiärer Geborgenheit. Dies entspricht, wie ein Vergleich mit dem vorherigen Abschnitt zeigt, genau den Erfahrungen und Situationen, die im medizinisch-psychologischen Traumadiskurs über die Kinder des Zweiten Weltkriegs als so genannte Stressoren eine zentrale Rolle spielen. Jedoch werden die Ereignisse, die aus medizinisch-psychologischer Sicht individuelle Traumata und lebenslange psychische Schäden hervorrufen können, in den Rückblicken und Erfahrungsberichten von Kriegskindern nicht mit wissenschaftlicher Objektivität behandelt, sondern zum Gegenstand und Anknüpfungspunkt subjektiver Erinnerungen.[14]

13 In Anlehnung an Ulla Hahns Roman *Unscharfe Bilder* benutzt auch der Sozialpsychologe und Gedächtnisforscher Harald Welzer den Begriff der Unschärfe, um die gegenwärtige Darstellung privater Erinnerungen an den Zweiten Weltkrieg in Romanen und Erzählungen zu kritisieren (vgl. Welzer 2004).

14 Jedoch bieten sich nicht nur Autobiografien von Kriegskindern zur Analyse an, sondern auch von Kriegskindern verfasste Romane, in denen, wie Volker Hage (2005) zeigt, Autoren ihr subjektives, bei Bombardierungen erlittenes Trauma – zum Teil zwischen den Zeilen – literarisch verarbeiten. Hage bezieht sich dabei unter anderem auf Schriften von Alexander Kluge, Christa Wolf und Peter Handke.

Wo sind meine Schuhe? Ein Beispiel

Ein ebenso eindringliches wie besonderes Beispiel für diesen Prozess, der hier als Subjektivierung von Trauma beschrieben werden soll, findet sich mit der 2005 erschienenen Autobiografie *Wo sind meine Schuhe? Was ist ein Trauma und wie bewältigt man es?* von Sigrid Baschek und Herta Betzendahl. Die Besonderheit dieses mit einer Doppelfrage betitelten Buches liegt darin, dass es nicht nur von den Erlebnissen des deutschen Kriegskinds Sigrid Baschek handelt, sondern gleichzeitig auch das medizinisch-psychologische Wesen kriegsbedingter Traumata darstellen will. Der erste Teil des Buches widmet sich zunächst den Kindheitserinnerungen der 1939 geborenen Sigrid Baschek, wobei die psychotherapeutische Arbeit an ihrem eigenen Trauma im Vordergrund der Erzählung steht: In kurzen Abschnitten wechselt die Perspektive immer wieder von der belastenden Vergangenheit des Kriegskinds in eine Gegenwart, in der die erwachsene Sigrid Baschek an unerträglichen körperlichen Schmerzen leidet, deren Ursprung sowohl ihr als auch ihren Ärzten unklar ist. Erst im Rahmen einer Psychotherapie findet sie gemeinsam mit ihrer Therapeutin Herta Betzendahl heraus, dass ihre Schmerzen im Erwachsenenalter mit den traumatischen Erlebnissen in ihrer Kindheit zusammenhängen. Der Leser wird in diese Erlebnisse mit der Erzählung eingeführt, wie Sigrid Baschek im Oktober 1944 als fünfjähriges Mädchen erfährt, dass ihr Vater gefallen ist – dies ist auch der Zeitpunkt, ab dem die Schrecken des Zweiten Weltkriegs Stück für Stück in das Leben des jungen Mädchens einzudringen und es zu verändern beginnen.[15]

Das Ziel der Autobiografie, das Sigrid Baschek im Vorwort beschreibt, besteht dabei nicht nur darin, den Leser über das Leiden von Kindern in vergangenen und gegenwärtigen Kriegen aufzuklären, sondern ihn auch mit auf eine Reise zu nehmen:

---

15 Die im Buchtitel aufgeworfene Frage »Wo sind meine Schuhe?« verweist dabei auf ein besonders einprägsames Ereignis: Als sie gemeinsam mit ihrer Mutter und ihrem Bruder Bodo 1945 vor den Russen fliehen muss, verliert Sigrid Baschek ihre innig geliebten Lackschuhe – ein Verlust, der sie ein Leben lang als Symbol für ihre traumatischen Erfahrungen in ihrer Kriegskindheit begleiten wird.

»Sie betreten mit mir zusammen unbekanntes Land: Wir gehen in die Vergangenheit meines traumatisch besetzten Kinderschicksals und erleben die Ereignisse noch einmal. Ich berichte Ihnen nicht über meine Traumaarbeit: Sie sind dabei. Sie erleben mein Kriegstrauma mit. Wie das möglich ist? Ich habe nach jeder Traumaarbeitsstunde meine Gefühle, Erinnerungen, Assoziationen, meinen Zustand aufgeschrieben.« (Baschek/Betzendahl 2005: 7)

Der Leser soll, so lässt sich dieses Zitat verstehen, aktiv in die Beschreibung der traumatisierenden Ereignisse des Zweiten Weltkriegs einbezogen und durch das Lesen der Autobiografie gleichsam zu einem – wenn auch in die Zukunft versetzten – miterlebenden Zeitzeugen gemacht werden. Wie dieser Anspruch, die traumatische Vergangenheit wiederzubeleben, im autobiografischen Schreiben umgesetzt wird, lässt sich an der Erinnerung an einen Luftangriff veranschaulichen, von dem Sigrid Baschek und ihre Mutter eines Tages überrascht wurden. Sie schreibt:

»Es geht weiter – die Flucht: Viele Erinnerungen tauchen auf, brennende Häuser, brennende Züge, schreiende Menschen, schreiende Tiere. Besonders einprägsam: ein Luftangriff. Es gibt Alarm, alles stürzt in Bunker, Hauseingänge. [...] Fast erscheint einem die Explosion, die jetzt folgt, wie eine Erleichterung. Dann – wieder Stille. Nun ein Summen, von dem ich nicht weiß, woher es kommt und was es ist. Plötzlich Pferdegetrappel. Ein Pferd rast durch die menschenleeren Straßen. Blut fließt aus seinen Wunden. Mit weit aufgerissenem Maul und vor Angst geweiteten Augen jagt es durch die Straßen. Es schreit, stößt Todesschreie aus. Ich erstarre vor Entsetzen, Schauer durchzucken meinen Körper, so etwas habe ich noch nie gehört. [...] Dann – nach Ewigkeiten – die Entwarnung. Die Straße belebt sich wieder – die Stadt. Wo ist das Pferd? Meine Mutter zieht mich weiter. Wo ist das Pferd? Ich habe kein Körpergefühl mehr, lasse mich weiterziehen, bewege mich automatisch, lebe und bewege mich weiter nach einem mir unbekannten Schema, aber eigentlich bin ich tot, einfach vor Schreck und Angst erstarrt, gestorben, tot.« (Ebd.: 28)

Trauma erfährt in diesem Textausschnitt eine *lebensweltliche Wendung*: Dem Leser wird der Alltag eines kleinen Mädchens präsentiert, das den Schrecken des Zweiten Weltkriegs hilflos ausgeliefert ist und deren körperliche und psychische Möglichkeiten auf die rein passive

Wahrnehmung des Geschehens reduziert werden. In rascher Abfolge und mit Hilfe einer bildreichen Sprache werden unterschiedlichste Sinneseindrücke des Kriegskinds Sigrid Baschek wiedergegeben. In ihrer Erinnerung an die kaum zu bewältigende Menge an gleichzeitigen Ereignissen sticht dabei das blutende Pferd als Konkretisierung des Schreckens, den der plötzliche Luftangriff erzeugt, heraus: Seine Augen, das Blut und das aufgerissene Maul, aus dem Todesschreie zu hören sind, lassen sie »vor Schreck und Angst« erstarren, wobei sie nicht nur ihr Körper im Stich lässt, sondern sie auch das Gefühl hat, dass alles Leben aus ihr weicht: »eigentlich bin ich tot.«

Der medizinisch-psychologische Begriff des Traumas, an dem sich die Autobiografie orientiert, sorgt – wie man hinzufügen muss: nicht nur an dieser Stelle – dafür, dass viele Jahrzehnte nach dem Ereignis Krieg die eigene Kriegskindheit als eine lebenslang prägende und belastende Erfahrung von Leid sichtbar gemacht werden kann. Ebenso wie die Erzählerin weiß auch der Leser, dass es sich bei dem Luftangriff um ein traumatisierendes Ereignis handelt, das, wie ihre niedergeschriebene Erinnerung zeigt, Sigrid Baschek bis ins Erwachsenenalter hinein verfolgen wird. Dem vergangenen Ereignis werden im Nachhinein ebenso Sinn und Bedeutung zugeschrieben, wie mit Hilfe des Traumabegriffs die Erinnerung daran als leidvolle Erinnerung – oder anders formuliert: als Opfernarrativ[16] – legitimiert werden kann.

16 Dieses mit dem Gedächtnisrahmen des Traumas verbundene Opfernarrativ muss jedoch nicht unkritisch übernommen werden, wie ein etwas längerer Interviewausschnitt von Helga Spranger zeigt: »Nun bin ich Offizierstochter und mein Vater ist also sicherlich, gehört sicherlich zu den Tätern. Ich finde das ausgesprochen schwierig, ich kann das ja an mir fest machen, meine eigene Traumatisierung, die eben vorhanden ist, aber jetzt nicht durch meinen Vater, sondern, weil er war abwesend, und wir sind ja dann im, in den Kriegsjahren auch herum gezogen. Natürlich bin ich seit Jahren immer wieder an dem Punkt: Was darf ich denn eigentlich an mir selber beklagen, wenn ich doch weiß, dass mein Vater aktiver Soldat gewesen ist? Und da findet die Auseinandersetzung in jedem Einzelnen statt.« (Interview mit Helga Spranger vom 02.11.2005, Z. 462-469) Helga Spranger befindet sich hier in dem Dilemma, dass die Opfererinnerung des Traumas zwar ihrem subjektiv empfundenen Leiden an der Vergangenheit ent-

Doch auch wenn sich in der autobiografischen Schilderung des Ereignisses und seiner Auswirkungen aus medizinischer Sicht *typische* Elemente eines individuellen Kriegstraumas zeigen, ist wichtig zu sehen, dass die mittlerweile unzähligen Erfahrungsberichte von Kriegskindern *verschiedene* Zugänge zur Vergangenheit darstellen, die darauf hinweisen, »dass sehr unterschiedliche Kriegs- und Nachkriegskindheiten existieren.« (Mikota 2007: 132)[17] Die subjektive Aneignung von Trauma, die hier sichtbar wird, lässt sich dementsprechend sowohl als eine *kollektive* – viele Kriegskinder orientieren sich in ihren Autobiografien am Deutungsmuster des Traumas – als auch als eine *individuelle* Gedächtnispraxis – jedes Kriegskind verknüpft mit dem Phänomen des Traumas seine eigene Geschichte – beschreiben, die zu einer Vielzahl ähnlicher und doch verschiedener Erinnerungen führt.

Sigrid Bascheks Buch macht darüber hinaus deutlich, dass auch ihr gegenwärtiges Leben von ihrem in der Kindheit erworbenen Kriegstrauma geprägt ist. Am 3. Februar 1999 hält sie fest:

»Es ist Nacht. Ich erwache und schaue auf den Wecker. Es ist halb drei, oder ist es halb vier? Da ist er wieder: ›mein‹ Schmerz; glühend, stechend, heiß. Ich liege hilflos da, der Schmerz wird immer stärker. Ich glaube, ich habe etwas Entsetzliches geträumt, aber ich kann mich nicht erinnern. [...] Ich bin so müde, furchtbar müde – traurig – verzweifelt – wehrlos. Ich möchte schlafen, nur schlafen. Der Schmerz erlaubt es nicht. Bilder tauchen auf: In meinem Kopf dröhnt es. Sind das Flugzeuge? Gleichzeitig vibriert die Erde. Wache ich? Träume ich? Ich weiß nur: Panzer kommen auf mich zu. Ich kann sie nicht sehen, aber spüren. Die Luft zittert, die Erde vibriert – ein Dröhnen zieht durch die Luft und durch meinen Kopf. Mir wird schlecht. Ich habe Todesangst. Die

---

spricht, jedoch nicht deckungsgleich ist mit der Geschichte ihrer Familie. Ihre Lösung dieses Dilemmas verweist auf einen Zwang zur inneren Auseinandersetzung und Selbstverortung – ein Handlungsmodus, der dem gegenwärtig diagnostizierbaren individuellen Umgang mit den Unsicherheiten des öffentlichen Gedächtnisses des Zweiten Weltkriegs entspricht (vgl. Heinlein/Müller 2010).

17 Vgl. dazu auch die historiografischen Erkenntnisse von Stargardt (2006), die zu Beginn des ersten Teils dieses Buches diskutiert wurden.

Panzer kommen näher. Oh Gott, ist mir schlecht! Der Brechreiz wird immer stärker. Ich springe aus dem Bett. Schnell! Schnell! Ich muss mich erbrechen. Mein Mann ist aufgewacht. Er hört, wie ich würge und schreie und würge. Er holt einen Eimer. Ich muss mich wieder übergeben. Aber es gibt keine Erleichterung. Ich erbreche und erbreche immer wieder, immer wieder. Es ist, als müsse ich alles von mir geben, meine Eingeweide, mein Herz, meine Seele.« (Baschek/Betzendahl 2005: 45)

Die knappen und eindringlichen Formulierungen, mit denen Sigrid Baschek die Auswirkungen ihres Kriegstraumas in der Gegenwart beschreibt, lassen den Leser den Schmerz, den Schock und die Angst, die sie erleidet, ebenso spüren, wie ihre kurze, aber intensive Orientierungs- und Hilflosigkeit. Sigrid Baschek wird von ihren traumatischen Erinnerungen im Schlaf regelrecht heimgesucht und ist in den ersten Momenten nach dem Erwachen nicht in der Lage, sich ihrem Mann mitzuteilen. Die traumatischen Erinnerungen, die – phänomenologisch gesprochen – auf »one's own lived body in moments of duress« (Casey 2000: 154) beruhen, bahnen sich über den Körper – der sich hier als ein materiales Speichermedium von Gedächtnis begreifen lässt – ihren Weg in die Gegenwart: Sigrid Baschek ist nicht nur von Schmerzen und Übelkeit geplagt, sondern *spürt* förmlich das Dröhnen der Panzer in ihrem Kopf. Den Ursprung und die Bedeutung der Bilder, die sie begleiten, vermag sie dabei jedoch nicht zu entschlüsseln – sie weiß nur, dass sie mit Krieg und Zerstörung zu tun haben und ihr Todesangst einflößen. Ihr Mann reagiert, wie es scheint, mit einer gewissen Routine, die möglicherweise als Hinweis darauf zu verstehen ist, dass dies nicht die erste verstörende Nacht der Autorin gewesen ist – als seine Frau sich übergeben muss, holt er einen Eimer.

Interessant an diesem Ausschnitt ist, dass der Leser zwar mit der sozialen Einsamkeit des traumatisierten Kriegsopfers konfrontiert wird, diese prinzipiell nicht-kommunizierbare Einsamkeit jedoch im Rahmen des bereits vorhandenen Deutungsmusters des individuellen Traumas interpretiert wird. Das »solitary event« (Mieke Bal), das sich im Wiedererleben des kindlichen Traumas manifestiert und auch in der beschriebenen kommunikativen Abgeschottetheit widerspiegelt, wird durch das medizinisch-psychologisch informierte autobiografische Schreiben in ein Ereignis transformiert, das sich dem Leser erzählen und mitteilen lässt. Gerade *weil* Sigrid Baschek sich in ihrer Autobiografie als ein traumatisiertes Kriegskind begreift, kann sie ihre belastenden Erfahrungen in Worte fassen und das nächtliche Hochschrecken sowie die heftigen Reaktionen ihres Körpers als Symptome einer individuellen psychischen Erkrankung ausweisen, die ihren Ursprung in ihrer Kindheit im Zweiten Weltkrieg hat. Medizinisch-psychologische Vorstellungen vom individuellen Kriegstrauma stellen somit, wie man an dieser Stelle festhalten kann, nicht nur die Folie dar, vor deren Hintergrund Erinnerungen an die Vergangenheit erzählt werden, sondern liefern auch den entscheidenden Hinweis zum nachträglichen Verständnis von belastenden Ereignissen, die in der Gegenwart stattfinden und deren Bedeutung von den Betroffenen zunächst nicht entschlüsselt werden kann. Trauma gibt als Gedächtnisrahmen somit nicht nur eine Antwort auf die Frage, was geschehen ist, sondern informiert auch die von der Vergangenheit heimgesuchte Gegenwart.

Abgeschlossen wird die Autobiografie mit einem kurzen Kapitel von Sigrid Bascheks Psychotherapeutin und Ko-Autorin Herta Betzendahl, die gleichzeitig auch ein Gründungsmitglied des Vereins *kriegskind.de* ist. Auch ihre Beschreibung der objektiven Seite des Kriegstraumas, die den Titel »Was ist ein Trauma und wie bewältigt man es?« trägt und im Wesentlichen eine Kurzzusammenfassung allgemeiner medizinisch-psychologischer Erkenntnisse zum individuellen Trauma umfasst, wendet sich direkt an den Leser:

»Gern wäre ich jetzt bei Ihnen, um mit Ihnen über das Gelesene zu sprechen, um zu erfahren, was Sie bei der Lektüre dieses Buches bewegt hat, welche Gedanken oder Erinnerungen diese Psychotrauma-Arbeit in Ihnen ausgelöst hat. Ihre Reaktion wird wahrscheinlich vom Lebensalter abhängen. Sind Sie um oder über sechzig Jahre alt, tauchen in Ihnen vielleicht längst vergessene Bilder auf oder es suchen Sie frühere, große Bedrängnisse erneut heim. Oder es muten Sie unbekannte Gefühle an, die Sie nicht ohne weiteres zuzuordnen vermögen, vielleicht auch mit körperlichen Phänomenen verbunden. Das können plötzliche Herzsensationen, Frieren, Erregungen [...], Atembeklemmungen und Schlafstörungen sein.« (Baschek/Betzendahl 2005: 146)

Dass der Leser dieser Zeilen direkt angesprochen wird, verweist – ebenso wie im von Sigrid Baschek verfassten Vorwort des Buches – nicht nur auf ein geschickt eingesetztes literarisches Stilmittel, sondern macht letztlich auch den Versuch deutlich, dass der Leser selbst zum Erinnern angeregt und in das Gedächtnis der Kriegskinder einbezogen werden soll. Anstatt lediglich ein passiver Konsument von Erinnerung zu sein, soll der Leser als *aktiver Erinnerungsakteur* in Erscheinung treten, der sich nach der Lektüre der Autobiografie zum traumatisierten Kollektiv der Kriegskinder hinzu definiert.

Die Autobiografie, deren »produzentenseitige Funktionalisierung« (Erll 2005: 135) sich an dieser Stelle deutlich ablesen lässt, schlägt somit nicht nur inhaltlich Brücken zwischen der objektiven und der subjektiven Seite des Traumas von Kriegskindern, sondern inszeniert das Lesen der Autobiografie selbst als einen Akt des gemeinsamen Erinnerns. Durch diese Inszenierung werden zwar die Grenzen des (Zirkulations-)Mediums Buch nicht aufgehoben, doch soll zumindest die gefühlte Distanz, die aufgrund der fehlenden zeitlichen wie räumlichen Ko-Präsenz zwischen Autor und Leser besteht, verringert und eine Identifikation des Lesers mit den Erinnerungen Sigrid Baschecks und der Traumathematik erreicht werden. Die Zirkulation von Erinnerungen soll, wie man sagen kann, auch von einer erfolgreichen Rezeption begleitet und vollendet werden. Zu diesem Zwecke werden dann auch dem »um oder über sechzig Jahre« alten Leser bisher nicht erkannte Belastungen aus der eigenen Vergangenheit zugeschrieben: Als mögliche Folgen der Lektüre der Autobiografie kommen nicht nur die von Sigrid Baschek beschriebene unangenehme und verstörende Erinnerung an längst »vergessene Bilder« aus der Kindheit in den Blick, sondern auch »unbekannte Gefühle«, die den Leser irritieren könnten und von Herta Betzendahl in einer Art Ferndiagnose als Ausdruck eines kriegsbedingten Traumas identifiziert werden. Dem Leser wird dadurch nahe gelegt, nicht nur Sigrid Baschek, sondern auch sich selbst als ein traumatisiertes Kriegskind wahrzunehmen und zu begreifen – und damit auch die eigenen Erinnerungen mit dem medizinisch-psychologischen Gedächtnisrahmen des individuellen Traumas zu verknüpfen.

Erzählperspektiven des Traumas

Neben der inhaltlichen Ebene kommt für die subjektive Aneignung und Erinnerung von Trauma jedoch auch der in den Autobiografien entfalteten *Erzählperspektive* entscheidende Bedeutung zu. Laut Jana Mikota kann die Perspektive des Kriegskinds als mögliche Antwort auf die im allgemeinen Traumadiskurs diskutierte Frage gesehen werden, »wie traumatische Erinnerungen an Verfolgung, Vernichtung und Vertreibung überhaupt erzählt werden können.« (Mikota 2007: 133). Hinter dieser Einschätzung steckt die zentrale Erkenntnis, dass es im Zusammenhang mit dem Phänomen des Traumas auch »Bereiche des Lebens gibt, die sich der nüchternen Analyse entziehen, sogar Bereiche des Lebens, in denen die Sprache kollabiert und keine Darstellung möglich ist.« (Müller 2005: 130) Trauma verweist somit nicht nur im unmittelbaren (Wieder-)Erleben auf fundamentale Brüche und Risse im Sinngefüge, sondern macht selbst dann auf Probleme der Erzählbarkeit aufmerksam, wenn es bereits als Trauma legitimiert und (an-)erkannt ist.

Was die Perspektive von Kriegskindern aus der Sicht von Therapeuten und Forschern zur Repräsentation von Trauma befähigt, wird in einem Zitat von Jürgen Zinnecker deutlich, der ihr nicht nur eine »poetisch-literarische Kraft« zuschreibt, sondern sie auch als den wesentlichen Beitrag der Kriegskinder zum zukünftigen kulturellen Gedächtnis des Zweiten Weltkriegs identifiziert:

»Es sind der lebensweltliche Blick, die Beobachtung von unten, es sind das mit dem ganzen Körper und allen Sinnen Gefühlte, der unvergessliche Erinnerungssplitter, das Unerklärbare des Geschehens. Kindliche Zeitzeugen können alles dieses zulassen, denn sie stehen weniger als die erwachsenen Kriegszeugen unter dem Zwang, eigenes Handeln im Nachhinein zu legitimieren, das Kriegsgeschehen post hoc moralisch, politisch zu werten oder ihm einen lebensgeschichtlichen Sinn abzugewinnen – mit dem Ergebnis, dass vieles verhüllt, weggeklammert, gerade gebogen, verschwiegen werden muss.« (Zinnecker 2006: 96)

Die Perspektive der Kriegskinder, die hier beschrieben wird, hat weniger mit einem an Fakten orientierten, gleichsam erwachsenen Erinnern zu tun, sondern mit einem Erinnern, das nicht erklären will, sondern unverstehbar bleiben darf, das nicht objektiv ist, sondern individuell verkörperte, schwer in Worte zu fassende Emotionen und Sinneseindrücke in den Vordergrund rückt. Die distanzierende Objektivität zum vergangenen Geschehen wird mit der autobiografischen Erinnerung von Kriegskindern von einem lebensweltlich aufgeladenen und gestützten Gedächtnis ›von unten‹ ergänzt und abgelöst, das auf Empathie und Einfühlungsvermögen beruht. Die Unmöglichkeit, Trauma in der Erinnerung als etwas Objektives und Rationales zu repräsentieren, wird dabei, wie auch an der Autobiografie *Wo sind meine Schuhe?* zu sehen war, durch die – zum Teil lose – Aneinanderreihung einzelner Erinnerungsfragmente und -splitter sowie durch die Betonung der Körperlichkeit, Emotionalität und Irrationalität subjektiver Erfahrungen aufgelöst. Gerade weil der Zweite Weltkrieg Kinder in der Vergangenheit dazu gezwungen hat, sich im Alltag mit Unsicherheit, Angst und Tod auseinanderzusetzen, scheint in der Gegenwart ein zwangloses Erinnern möglich und auch notwendig zu sein: In den autobiografischen Schriften von Kriegskindern geht es laut Zinnecker nicht mehr darum, vergangene Ereignisse politisch oder moralisch zu bewerten, sondern Zeugnis davon abzulegen, wie das traumatisierende Ereignis Krieg im Kindesalter subjektiv erlebt und biografisch relevant wurde.

Wichtig zu sehen ist dabei, dass Jürgen Zinnecker dieses Gedächtnismodell der Diskussion um die Erinnerung an den Holocaust, genauer: den Überlegungen des 1932 geborenen jüdischen Schriftstellers Aharon Appelfeld entnommen hat. Für Appelfeld, der den Holocaust und die mit ihm verbundene Verfolgung und Ermordung seiner Eltern als Kind miterleben musste, stellt sich die grundlegende Frage, wie »die Dimension des Individuellen und des Persönlichen«[18] in der Erinnerung an den Holocaust aufrecht erhalten werden kann, wenn die Überlebenden immer weniger werden: Denn »[s]olange die Überlebenden unter uns waren, rückte der Holocaust aus der Sphäre des Unglaublichen in die Sphäre des Sichtbaren.« Seine Antwort lautet, dass

18 Alle Zitate stammen aus dem Aufsatz von Aharon Appelfeld: »Das andere Erinnern: Kindheit im Holocaust«, erschienen in der *Le Monde diplomatique* vom 11. Februar 2005 auf den Seiten 1 und 10.

nach dem Tod der erwachsenen Zeitzeugen nun die Menschen in die Öffentlichkeit treten würden (und müssten), die zum damaligen Zeitpunkt Kinder waren und deshalb auch eine andere Form des Erinnerns pflegten: Die an objektiven Fakten orientierten, über Daten, Orte und Namen berichtenden »Chroniken« Erwachsener wichen den subjektiven Schilderungen von Kindern, die »über den Holocaust nicht in historischen, theologischen oder moralischen Begriffen reden« könnten, sondern »nur von Angst und Hunger berichten, von Farben, von Kellern und von Menschen, die sie gut oder schlecht behandelt hatten«.

Exakt diese Denkfigur, die auf die jüdische Erinnerung an den Holocaust bezogen und aus ihr abgeleitet ist, gibt in verallgemeinerter Form den Hintergrund ab, vor dem Jürgen Zinnecker das Erinnern deutscher Kriegskinder interpretiert und erinnerungspolitisch aufwertet. Die gleichsam kalten Erinnerungen Erwachsener repräsentieren dabei das kulturelle Gedächtnis des Zweiten Weltkriegs – das auf rationalem Wissen beruhende »Lexikon«, wie Harald Welzer, Sabine Moller und Karoline Tschuggnall (2002) sagen würden –, während die deutschen Kriegskinder in der öffentlichen Erinnerung genau die Rolle einnehmen sollen, die Aharon Appelfeld den überlebenden jüdischen Kindern zugedacht hat. Dass in den Autobiografien deutscher Kriegskinder der Holocaust jedoch weitgehend ausgeblendet wird und durch die Verallgemeinerung der Argumentation Appelfelds die Erfahrungen von Kriegskindern zumindest implizit mit den Erfahrungen von Holocaustüberlebenden gleich gesetzt und parallelisiert werden, findet in Zinneckers Vision einer zukünftigen Erinnerung an den Zweiten Weltkrieg keine Erwähnung.

Kriegskinder als Forscher

Die hier berührte – und schwierige – Frage nach der Differenz zwischen Tätern und Opfern in der Erinnerung an den Zweiten Weltkrieg wird auch im nächsten Abschnitt Thema sein, wenn es um kollektive Traumata geht. Zuvor soll jedoch noch kurz auf einen Punkt eingegangen werden, der auf eine Besonderheit des medikalisierten Gedächtnisses der Kriegskinder aufmerksam macht. Die oben angesprochene Verbindung zwischen dem Bereich des medizinisch-psychologischen Wissens über Trauma und dem Bereich der persönlichen

Erinnerung an traumatische Ereignisse des Zweiten Weltkriegs lässt sich nämlich auch dort finden, wo Psychotherapeuten und Psychoanalytiker, die auf professioneller Ebene mit dem individuellen Trauma von Kriegskindern beschäftigt sind, sich *selbst* als traumatisierte Kriegskinder begreifen und identifizieren.[19] Welchem Muster diese spezifische Form der subjektiven Aneignung von Trauma folgt und unter welchen Bedingungen sie zustande kommt, zeigt das Interview mit dem Psychoanalytiker Michael Ermann, der das 2003 ins Leben gerufene Forschungsprojekt *Kriegskindheit* an der Ludwig-Maximilians-Universität München leitete. Im folgenden Ausschnitt berichtet er von seiner Arbeit im Projekt, die unter anderem auch Interviews und Gespräche mit zwischen 1933 und 1945 geborenen Kriegskindern umfasst:

»Also, in Interviews – ich muss sagen, also, ich bin bei jedem Interview wieder irgendwie berührt. Also, bei jedem ist wieder eine Nuance, die mich bewegt, die ich neu kennen lerne. Ich muss halt jetzt nicht unbedingt weinen deshalb. Aber das ist schon so. Es gibt Parallelen. Immer wieder stößt es Assoziationen an, Ereignisse an, aber vor allem auch Dinge aus der Familie. Also, das ist schon so. Das kann man nicht von der Hand weisen. Die Frage ist natürlich: Ist das gut? Oder ist das nicht gut?« (Interview mit Michael Ermann vom 03.01.2006, Z. 524-529)

Auch wenn das Ziel des Projekts darin besteht, den Selbstbildern und psychischen Folgen auf die Spur zu kommen, die der Zweite Weltkrieg bei den *Befragten* hinterlassen hat, wird Ermann – der sich, auch wenn er als 1943 Geborener keine direkten Erinnerungen an den Zweiten Weltkrieg habe, selbst »als Kriegskind bezeichnen würde« (ebd.: Z. 8) und daraus auch seine Motivation für die Beschäftigung mit dem Thema ableitet[20] – von den Erzählungen seiner Interview-

19 Wir kommen damit auf die bereits im ersten Teil dieser Arbeit angesprochene Doppelrolle von Wissenschaftlern und Therapeuten zurück, die als Kriegskinder über Kriegskinder und ihre Traumatisierungen forschen.

20 In einem Vortrag im Südwestrundfunk im November 2003 formuliert Ermann dies folgendermaßen: »Ich selbst, 1943 in Stettin in Pommern zwischen Bombennächten geboren, bin ein typisches Kriegskind. Ich habe

partner dazu angeregt, über seine eigene Vergangenheit nachzudenken. Er wird, wie er es formuliert, in die Thematik der Kriegskindheit »immer wieder mit rein gezogen« (ebd.: Z. 543) – mit der Konsequenz, dass nicht nur persönliche Erinnerungen an sein Aufwachsen hervorgerufen werden, sondern auch »Dinge aus der Familie« angestoßen werden. Die Interviewsituation wird damit zu einem, wie man aus Ermanns Sicht sagen kann: nicht-intendierten Erinnerungsereignis, in dem es nicht nur um das vom Forscher zu eruierende Selbstbild des Interviewten, sondern auch um das des Interviewers geht. Der springende Punkt daran ist, dass die unter wissenschaftlichen, und das heißt: neutralen und objektiven Vorzeichen stattfindende Beschäftigung mit dem Thema Kriegskindheit zum einen die Identifikation des Forschers mit den gleichsam parallelen Erinnerungen des zu beforschenden Gegenübers zur Folge hat, zum anderen aber auch dazu beiträgt, dass der Begriff des Traumas vom Forschenden selbst übernommen wird, um seine eigene Vergangenheit zu deuten und zu verstehen.

Die subjektive Aneignung des Traumanarrativs durch den Forschenden ähnelt dabei einem Phänomen, das bereits bei der medizinisch-psychologischen Objektivierung des individuellen Traumas sichtbar und von Helga Spranger in der Form einer Entdeckung beschrieben wurde: Für Michael Ermann bedeuten die im Rahmen seiner Arbeit durchgeführten Interviews mit Kriegskindern stets auch eine Reise in die eigene Vergangenheit, bei der je nach Interviewpartner mal diese, mal jene Erinnerungen und Erkenntnisse entstehen und erzeugt werden. Dass mit dieser Reise jedoch auch Probleme verbunden sind, macht das von Michael Ermann angesprochene Dilemma deutlich: Er findet sich in der Interviewsituation als Erinnernder und Erinnerter in einer Doppelrolle wieder, von der er nicht weiß, ob sie »gut«

---

trotz langer Selbstanalyse erst in den letzten Jahren begonnen, meine Biographie zu begreifen, eine Kriegskindbiographie, die ich mit Tausenden teile. Ich habe spät begonnen, meine Persönlichkeit im Lichte dieser Biographie neu zu sehen und mein Leben neu zu lesen. Das hat mich neugierig auf die Leben anderer gemacht, die diesen Lebensbeginn mit mir teilen.« (siehe http://www.kriegskindheit.de/html/_wir_kriegskinder_.html)

ist oder nicht.[21] Was genau damit gemeint sein könnte, wird in Hartmut Radebolds Rede zur Eröffnung des Frankfurter Kongresses »Die Generation der Kriegskinder und ihre Botschaft für Europa 60 Jahre nach Kriegsende« klar, in der er im Gegensatz zu Ermann jedoch freiwillig die Rolle eines an Objektivität orientierten Wissenschaftlers und die »Position eines Zeitzeugen« (Radebold 2006a: 17) miteinander verknüpft. Radebold präsentiert seine Geschichte[22] als ein Fallbeispiel für die »affektiven und beschädigenden zeitgeschichtlichen Erfahrungen einer während des Zweiten Weltkriegs durchlebten Kindheit« (ebd.: 15), deren lebenslange Folgen er in seinem Vortrag in verallgemeinerter Form aufzeigen will. Nachdem er die belastenden Ereignisse seiner Kindheit – darunter Vaterlosigkeit, Flucht und Hunger – detailliert beschrieben und in Beziehung zu medizinisch-psychologischen Erkenntnissen zum Trauma von Kriegskindern gesetzt hat, hält er fest:

»In der Position des Wissenschaftlers und dazu noch eines Psychoanalytikers stehe ich jetzt vor der Frage: kann und darf ich mich selbst als Objekt meiner Untersuchungen nehmen und die Diagnose eines zunächst traumatisierten und anschließend ›funktionierenden‹ Kindes stellen und weiterhin eine derartige Diagnose auch für größere Gruppen als zutreffend ansehen?« (Ebd.: 18)

---

21 Michael Ermann betont im Interview, dass – zumindest in seinem Fall – die persönliche Betroffenheit keinen Einfluss auf die Qualität der Forschung habe: »Ich meine, dass man, wenn man sich dessen bewusst ist, dass das passiert, sich indem man sich dessen bewusst ist auch sich soweit distanziert, dass es nicht die Forschungsergebnisse in irgendeiner Weise tangiert. Also, das würde ich schon beanspruchen.« (Interview mit Michael Ermann vom 03.01.2006, Z. 529-532)

22 Radebolds Lebensgeschichte wird auch ausführlich in seinem Buch *Abwesende Väter und Kriegskindheit* (Radebold 2004) in dem Kapitel »Das (Kriegs-)Kind hinter der Couch (geb. 1935)« (S. 75-89) beschrieben. Auch hier verknüpft er seine Tätigkeit als Forscher über und Therapeut von Kriegskindern mit seiner eigenen, und das heißt in diesem Falle auch: selbst gewählten Identität als Kriegskind.

Hartmut Radebolds Selbstbild ist, wie dieses Zitat zeigt, nicht von seiner wissenschaftlichen Arbeit zu trennen – selbst dann, wenn unklar ist, ob sich seine Rolle als traumatisiertes Kriegskind und seine Rolle als professioneller Wissenschaftler und Psychoanalytiker überhaupt vermischen können und dürfen. Seine eigene Vergangenheit dient ihm dabei als Zugang zur medizinisch-psychologischen Betrachtungsweise von Kriegskindern: Radebold nähert sich dem Kriegskindheitsthema nicht nur mit wissenschaftlicher Distanz, sondern auch auf der Grundlage seiner eigenen, individuellen Lebensgeschichte. Interessant ist dabei zu sehen, dass er in diesem Zusammenhang zwar die damit verbundenen Probleme reflektiert – die darin bestehen, nicht nur sich selbst zum Gegenstand der Forschung zu machen, sondern auch die eigene Erfahrung zu verallgemeinern und auf eine größere Gruppe von Menschen zu projizieren –, eine Antwort darauf jedoch schuldig bleibt: Die Rede geht nach den oben zitierten Fragen in einen wissenschaftlichen Vortrag über, der mit der Hoffnung endet, dass auf der Grundlage interdisziplinärer und internationaler Forschung zum Leid von Kriegskindern »Europa nach der politischen, ökonomischen, sozialen Einigung auch psychisch zusammen wächst.« (Ebd.: 25)[23]

Was die beiden Beispiele von Michael Ermann und Hartmut Radebold zum Abschluss dieses Kapitels zeigen können, ist, dass die der Individualisierung von Trauma innewohnende Auseinandersetzung zwischen der objektiven, auf rationaler Wissenschaft beruhenden Seite des Traumas und seiner lebensweltlichen Wendung nicht nur dort stattfindet, wo wissenschaftliche Literatur über und autobiografische Schriften von Kriegskindern aufeinander treffen; vielmehr verlagert sich diese Auseinandersetzung im Zuge der Herstellung des Gedächtnisses der Kriegskinder auch *in die Subjekte hinein*. Die Erinnerung an die eigene Vergangenheit und das medizinisch-psychologische Wissen über Kriegstraumata stützen und informieren sich dabei wechselseitig: Forscher und Therapeuten, die Menschen mit Hilfe des medizinisch-psychologischen Blicks als Kriegskinder objektivieren, begreifen sich auch selbst als durch den Zweiten Weltkrieg traumatisierte Subjekte –

23 Zur Bedeutung von Europa für das Gedächtnis der Kriegskinder siehe weiter unten den Abschnitt »Trauma europäisieren«.

und geraten damit ebenfalls in das Kraftfeld des zum individuellen Erinnerungsnarrativ gewendeten Traumas.

3. Vom individuellen zum kollektiven Trauma: Traumatisierte Generationen und das nationale Gedächtnis

Um zu verstehen, wie die Erinnerung an deutsche Kriegskindheiten entlang medizinisch-psychologischer Vorstellungen von Trauma hergestellt und erfunden wird, reicht es jedoch nicht aus, allein die Gedächtnispraktiken zu beschreiben, die mit dem – wie soeben gezeigt wurde: ebenfalls zu konstruierenden – individuellen Trauma von Kriegskindern einhergehen. Vielmehr spielen im medikalisierten Gedächtnis der Kriegskinder auch Praktiken und Narrative eine Rolle, die sich nicht primär auf das traumatisierte Individuum beziehen, sondern sich auf Trauma als Merkmal und Eigenschaft von *Kollektiven* konzentrieren. Wie im Folgenden zu sehen sein wird, stehen dabei zwei Anknüpfungspunkte im Vordergrund: Zum einen die Vorstellung einer traumatisierten *Generation* von Kriegskindern, zum anderen die daraus abgeleitete Idee der traumatisierten *Nation* Deutschland.

Dass diese beiden Konzepte in die Herstellung des Gedächtnisses der Kriegskinder eingebunden werden, lässt sich darauf zurückführen, dass sowohl Generationen als auch Nationen gegebene Erinnerungsgemeinschafen darstellen, »die ihren Ursprung in der Vergangenheit ansiedeln.« (Zifonun 2004: 99) Folgt man Karl Mannheim, dann ist in Bezug auf die Generation nicht nur die Generationslagerung, d.h. die Geburt in einem bestimmten Zeitraum, sondern auch der Generations*zusammenhang* von entscheidender Bedeutung: Zur bloßen »Präsenz in einer bestimmten historisch-sozialen Einheit« (Mannheim 2009: 147) muss, so sein Argument, eine »reale Verbindung« (ebd.) zwischen den Individuen hinzutreten, die Mannheim als »*Partizipation* an den *gemeinsamen Schicksalen* dieser historisch-sozialen Einheit« (ebd.; Herv. i.O.) bezeichnet. Die Rede von einem kollektiven Trauma der Kriegskinder lässt sich vor diesem Hintergrund als ein Versuch lesen, einen solchen Generationszusammenhang *im Nachhinein* herzustellen und zu konstruieren: Den im Zweiten Weltkrieg Geborenen wird ein in der Vergangenheit erworbenes kollektives Trauma zugeschrieben, das in der Gegenwart als gemeinsames Schicksal identitäts- und gemeinschaftsstiftend wirken soll. Was damit jedoch verdeckt wird, ist, dass im Zeitraum von 1930 bis 1945, der in der medizinisch-psychologischen Literatur in der Regel die Generation der Kriegskinder umfasst, sehr unterschiedliche Erfahrungen aufgehoben sind. So repräsentiert für Harald Welzer allein die Zeit von 1941 bis 1945

»eine so verdichtete Erfahrungszeit, dass der Generationenbegriff sich auflöst: denn auch wenn es nach dem Lebensalter nur um zwei oder drei Jahre Unterschied geht, ist die Erfahrung eines jungen Angehörigen der Luftwaffe gewiss eine völlig andere als die des Flakhelfers, und die wiederum völlig anders als die des Hitlerjungen oder Luftschutzhelfers; die nur wenig jüngeren, die den Bombenkrieg passiv erleben mussten, haben wiederum eine gänzlich andere Sozialisationserfahrung von Gewalt, die rein erleidend ist und keine aktive Handlungs- oder Bewältigungserfahrung enthält.« (Welzer 2008: 89)

Nimmt man diese Argumente ernst, dann wird der Begriff der Generation jenseits seiner identitäts- und erinnerungspolitischen Instrumentalisierung inhaltsleer. Ähnliches gilt auch für die Vorstellung der Nation, die Ernest Renan bereits im Jahr 1882 in seiner klassischen Rede *Qu'est-ce qu'une nation?* (Was ist eine Nation?) als eine Gemeinschaft definiert, die gleichzeitig vergangenheits- und gegenwartsbezogen ist: Für ihn ist sowohl »der gemeinsame Besitz eines reichen Erbes an Erinnerungen« entscheidend als auch »das gegenwärtige Einvernehmen, der Wunsch zusammenzuleben, der Wille, das Erbe hochzuhalten, welches man ungeteilt empfangen hat.« (Renan 1995: 56) Wie weiter unten zu sehen sein wird, spielt dieser Wille zur Erinnerung auch im Gedächtnis der Kriegskinder eine große Rolle: Die Behauptung eines kollektiven Traumas der Nation – die allein deshalb problematisch ist, da die »extrem unterschiedlichen Erfahrungslagerungen in Zeiten verdichteter Geschichtsprozesse [...] auch eine höchst differentielle Tradierungsgeschichte im Nachkrieg« (Welzer 2008: 89) zur Folge haben – geht in der Regel mit der Forderung einher, sich als national begrenzte Erinnerungsgemeinschaft diesem Trauma zu stellen und die Erinnerung an das Leid zuzulassen, das die Deutschen im Zweiten Weltkrieg erlebt haben.

In der folgenden Analyse geht es somit nicht darum, das Trauma der Generation der Kriegskinder und die damit verbundene Traumatisierung der deutschen Nation zu beweisen oder zu widerlegen, sondern als ein zusätzliches medizinisch-psychologisch fundiertes Werkzeug zu begreifen, mit dessen Hilfe die Erinnerung an deutsche Kriegskindheiten gesellschaftlich erfunden und kulturell verankert werden soll. Dieses Werkzeug ist dabei alles andere als unumstritten. Die zentrale Kritik bezieht sich auf die universalistische Ausrichtung und Prägung des Traumabegriffs, die uns bereits in den obigen Ausführungen zum individuellen Trauma begegnet ist. Auf der kollektiven Ebene sind damit jedoch in stärkerem Ausmaß *moralische* Probleme verbunden, die darin bestehen, dass nicht nur unterschiedlichste Erfahrungen extremer Gewalt auf den gemeinsamen Nenner eines Opfernarrativs gebracht werden können, sondern auch die mit diesen Erfahrungen verbundenen historischen, sozialen, politischen und kulturellen Kontexte unberücksichtigt bleiben. Installiert man Trauma im Sinne einer »post-hoc reconstruction« (Alexander 2004: 8) als einen wesentlichen Bezugspunkt der deutschen Erinnerung an den Zweiten Weltkrieg, dann macht man damit auch die Grenzen zwischen Tätern und Opfern unkenntlich – sein Mangel an »historical and moral precision« (Kansteiner 2004: 193) lässt unabhängig von der historischen Wahrheit *alle* zu Opfer werden. Harald Welzer sieht darin in erster Linie eine Strategie, mit der die deutsche Täternation in ein Volk von Opfern verwandelt werden soll:

»Unter dem weiten Mantel des Traumadiskurses findet eine zunehmende Angleichung der Leiden von Tätern und Opfern statt, in der auch schon mal umstandslos alle Deutschen von vornherein als traumatisiert betrachtet werden, sei es wegen der Gewalt, die sie als Täter ausübten, sei es wegen der Gewalt, die sie im Bombenkrieg, an der Front oder in der Gefangenschaft erfahren mussten.« (Welzer 2008: 81)

Dass solch eine Angleichung auf moralisch fragwürdigem Boden erfolgt, liegt auf der Hand und muss hier nicht weiter erläutert werden.[1]

Eng damit verbunden kommt ein zweiter Punkt in den Blick, den Nicholas Stargardt (2007) aus historiografischer Perspektive stark macht: Er bemängelt, dass der Begriff des Traumas eine Passivität des Leidens suggeriert, die aus historischer Sicht nicht mit den Handlungen, Interpretationen und Wahrnehmungen der deutschen Bevölkerung im Zweiten Weltkrieg vereinbar ist. Für Stargardt steht dabei nicht zur Debatte, dass die deutsche Bevölkerung im Zweiten Weltkrieg gelitten hat – dies ist zweifelsohne der Fall. Vielmehr richtet sich seine Kritik darauf, dass mit der Rede von einem kollektiven Trauma der Deutschen die Tatsache verdeckt wird, dass dem Leiden im Krieg damals auch eine *aktive* Komponente zugeschrieben wurde: »There was nothing passive about the wartime notion of national suffering.« (Stargardt 2007: 89) Stargardt macht dies an der Art und Weise fest, mit der der in der deutschen Sprache doppeldeutige Begriff des Opfers in der nationalsozialistischen Kriegspropaganda verwendet wurde: Zum einen sollte er im Sinne des englischen Wortes *victim* auf die zivilen Opfer des Krieges in der Bevölkerung verweisen, zum anderen wurde er aber auch analog zum englischen *sacrifice* mit der Bedeutung eines Blutopfers versehen, das die deutsche Nation zu entrichten habe, um den Krieg zu einem siegreichen Ende zu bringen. Diese Propaganda hat, wie er anhand einer Analyse von unter anderem von Kriegskindern verfassten Tagebüchern zeigt, nicht nur überzeugte Nationalsozialisten erreicht:

> »During 1943 and 1944, the mass bombing of German cities brought non-Nazis closer to sharing in Hitler's apocalyptic visions of total victory or total defeat than ever before. It was precisely visions of German suffering and sacrifice which made possible a greater brutalisation of German society and convergence with Nazi values than at any other time during the Third Reich.« (Ebd.)

1 In der Tat finden sich Versuche, das auf der individuellen Ebene nachweisbare Trauma von Tätern auch für die Analyse kultureller Phänomene fruchtbar zu machen (vgl. Giesen 2004; Giesen/Schneider 2004).

Die Idee, das Leiden im Krieg auch als *Hingabe* an den Krieg zu verstehen, ist spätestens in der Endphase des Zweiten Weltkriegs zur Überzeugung breiter Teile der Bevölkerung geworden. Im Erinnerungsdiskurs des kollektiven Traumas wird dieser sowohl aus historiografischen als auch aus erinnerungskulturellen Gründen wichtige Punkt, der die Deutschen nicht nur als passive Opfer, sondern auch als sich aktiv Opfernde in Erscheinung treten lässt, jedoch verdeckt und ausgeblendet.

Was diese Einwände zeigen, ist, dass mit der Medikalisierung der kollektiven Erinnerung unweigerlich Probleme verbunden sind, die ohne historische Tiefenschärfe und moralisches Fingerspitzengefühl nur schwer gelöst werden können. Dies wird auch in den folgenden Abschnitten an verschiedenen Stellen deutlich werden. Bevor jedoch der Frage nachgegangen werden soll, auf welche Weise und mit welchen Folgen Trauma im Gedächtnis der Kriegskinder als ein generationelles und nationales Trauma inszeniert und erinnert wird, gilt es noch einen wichtigen Punkt zu klären: Mit der Verknüpfung des Generations- und des Traumabegriffs wird nämlich nicht nur kollektive Identität hergestellt, sondern auch die Praxis des individuellen Erinnerns berührt und verändert. Jürgen Zinnecker beobachtet dies bei den Menschen, die im Rahmen des Frankfurter Kriegskinderkongresses Kontakt mit der Studiengruppe *weltkrieg2kindheiten* aufgenommen haben:

> »Für einige Kontaktsuchende bedeutete die Thematisierung der historischen Kriegskindheiten eine Wende in ihren teils mehrjährigen und wiederholten therapeutischen Erfahrungen. Sie gewannen ein neues, legitimiertes Deutungsmuster für ihren psychischen Leidensweg und konnten die eigenen Erkrankungen in die kollektive Erfahrung einer Generation einordnen. Sie mussten sich also nicht mehr alleinig als psychisch abweichend verstehen.« (Zinnecker 2008a: 28)

Indem Trauma als Kollektiverfahrung einer Generation verhandelt wird, erhalten Kriegskinder nicht nur die Möglichkeit, sich einer größeren Gruppe von Menschen hinzu zu definieren, sondern auch im Rahmen einer wissenschaftlich erzeugten und legitimierten Generation zu erinnern. Die radikale Individualisierungsdynamik des medizinisch-psychologischen Traumadiskurses – eine Dynamik, die, wie Ulrich Beck (1986: 329 ff.) festhält, der modernen medizinischen Praxis allgemein innewohnt – erhält dadurch ein Gegengewicht: Die Leidenserfahrungen des Einzelnen werden in den Gedächtnisrahmen einer »imagined community« (Benedict Anderson) eingebettet, die sich über den medizinisch-psychologischen Begriff des kollektiven Traumas definiert bzw. über diesen definiert wird. Für die empirische Analyse hat dies zu Folge, die Erinnerung an das kollektive Trauma nicht als etwas vom Individuum Isoliertes und Unabhängiges zu begreifen, sondern ganz im Sinne der Überlegungen, die im ersten Teil des Buches angestellt wurden, die rekursiven Effekte auf und Verknüpfungen mit der individuellen Praxis des Erinnerns im Blick zu behalten.

Mit Hilfe der Unterscheidung von Erinnerungsobjekten und -subjekten lässt sich die zentrale Frage dieses Abschnitts noch etwas verfeinern und in zwei Teilfragen aufspalten: Zum einen wird zu fragen sein, wie das kollektive Trauma der Kriegskinder als zu erinnernder Gegenstand, mit anderen Worten: als *Objekt* des nationalen Gedächtnisses konstruiert und legitimiert wird; zum anderen gilt es in den Blick zu nehmen, wie Trauma als etwas zum gleichsam nationalen *Subjekt* Gehörendes, d.h. als eine nationale Gedächtniskrankheit inszeniert wird, durch die in der Folge die gesellschaftliche Erinnerung und die politische Praxis beeinträchtigt und blockiert werden. Solchermaßen vorbereitet geht dieser Teil der Arbeit wie folgt vor: Der *erste Abschnitt* beschäftigt sich damit, wie Trauma mit Hilfe statistischer Angaben zu einem kollektiven Erinnerungsereignis gemacht wird; *Abschnitt zwei* widmet sich der Herstellung des kollektiven Traumas über die Figur des als Kriegskind traumatisierten Politikers; *Abschnitt drei* nimmt das für den medizinisch-psychologischen Traumadiskurs zentrale Konzept der transgenerationalen Weitergabe von Trauma näher unter die Lupe; und *Abschnitt vier* behandelt abschließend die Rahmung und Legitimation des kollektiven Traumas der deutschen Kriegskinder bzw. der deutschen Nation mit Hilfe transnationaler Erinnerungs- und Menschenrechtsdiskurse.

TRAUMA QUANTIFIZIEREN

Eine erste Strategie[2], mit der Trauma kollektiviert, d.h.: auf die Generation der Kriegskinder und das nationale Gedächtnis – und damit auch die nationale Identität – bezogen wird, besteht darin, es in *Zahlen* auszudrücken. Sieht man zunächst davon ab, ob die verwendeten Zahlen die Realität deutscher Kriegskindheiten korrekt widerspiegeln oder nicht, dann stellt sich die Frage, welche Rolle Quantifizierungen für die Konstruktion des kollektiven Traumas der Kriegskinder spielen.

Für eine nähere Analyse bietet sich an dieser Stelle das 2006 erschienene Buch *Die deutsche Krankheit – German Angst* der Journalistin Sabine Bode an, das nicht nur auf der Grundlage medizinisch-psychologischer Erkenntnisse und Theorien im öffentlichen Erinnerungsdiskurs intervenieren will, sondern auch breit rezipiert wurde. Bode vertritt dort die These, dass die deutsche Gegenwartskultur von einer Krankheit befallen sei, die sich in kollektivem Pessimismus, Mutlosigkeit und Zukunftsangst äußere. Als Beispiele für diese »German Angst« werden unter anderem das Unvermögen der deutschen Gesellschaft, den Sozialstaat zu reformieren, die kaum vorhan-

---

2 Von einer *Strategie* ist hier deshalb die Rede, da das kollektive Trauma der Kriegskinder nicht objektiv gegeben ist, sondern erst gesellschaftlich hergestellt werden muss. Jeffrey C. Alexander formuliert dies aus einer kultursoziologischen Warte folgendermaßen: »Representation of trauma depends on constructing a compelling framework of cultural classification. In one sense, this is simply telling a new story. Yet this storytelling is, at the same time, a complex and multivalent symbolic process that is contingent, highly contested, and sometimes highly polarizing. For the wider audience to become persuaded that they, too, have become traumatized by an experience or an event, the carrier group needs to engage in successful meaning work.« (Alexander 2004: 12) Unter »carrier groups« werden dabei die kollektiven Akteure des Traumas – in diesem Falle etwa der Verein *kriegskind.de* oder die Studiengruppe *weltkrieg2kindheiten* – verstanden. Dieser Ansatz bietet zwar interessante Anknüpfungspunkte, blendet jedoch aufgrund seiner Konzentration auf gesellschaftliche Diskurse die hier interessierende Ebene der eben nicht nur diskursiven Praxis der Erinnerung weitgehend aus.

dene Identifikation der deutschen Bevölkerung mit der eigenen Nation, der mangelnde Weitblick politisch Verantwortlicher in Zeiten des Umbruchs, die andauernde Inszenierung neuer Bedrohungen durch die Medien und die daraus resultierende Darstellung der Zukunft »als eine einzige Kette von katastrophenähnlichen Zuständen« (Bode 2006: 22 f.) angeführt. Auch wenn diese Beobachtungen auf den ersten Blick nur wenig miteinander zu tun haben, verbindet sie laut Bode jedoch ihr gemeinsamer Ursprung – sie alle lassen sich als Folge der traumatischen, gesellschaftlich jedoch nicht verarbeiteten Kollektivvergangenheit des Zweiten Weltkriegs begreifen:

»Die deutsche Vergangenheit ist weitgehend wissenschaftlich erforscht. Uns fehlt es nicht mehr an Fakten und an Konsens über die Befunde. Was uns heute fehlt, ist ein Verständnis für die Auswirkungen. Wie lang sind die Schatten? Wenn wir uns heute fragen, warum gerade die Deutschen soviel Angst und so wenig Zuversicht haben, wenn wir herausfinden wollen, woher die heutige Mutlosigkeit kommt, dann wäre es hilfreich, die *Folgen* von NS-Zeit, Krieg, Bomben, Vertreibung und Vaterlosigkeit, die Folgen von Schuld und Scham auszuleuchten, nicht nur in Therapiestunden, sondern als gesellschaftliche Aufgabe.« (Ebd.: 33; Herv. i.O.)

Bodes Kritik richtet sich hier an eine Nation, der es nicht an Faktenwissen über den Zweiten Weltkrieg fehlt, sondern an Verständnis für die dunklen Schatten mangelt, die dieser Krieg auch heute noch auf die psychische Verfassung, das Denken und das Empfinden seiner Bevölkerung wirft. Für Bode ist dieser Mangel umso bedenklicher, da die kollektive Mutlosigkeit und das zögerliche politische Handeln »der Deutschen« aus ihrer Sicht eine direkte Konsequenz nicht nur der kollektiven Erfahrung des Zweiten Weltkriegs, sondern auch der seit Mitte der 1960er Jahre unterdrückten Erinnerung an das eigene Leid darstellen: Die deutschen Opfer des Zweiten Weltkriegs wurden nicht zuletzt mit dem Aufkommen der so genannten Generation der 68er beschwiegen und vergessen – und die deutsche Nation leide, so die Autorin, heute mehr denn je darunter. Den zwischen 1930 und 1945 geborenen Kriegskindern weist Sabine Bode dabei eine »Schlüsselrolle« (ebd.: 32) zu, da es ihr unverstandenes Trauma sei, auf das sich die kollektive Lähmung der Deutschen zurückführen lasse: Die traumatisierte Generation der Kriegskinder habe nicht nur die deutsche Kultur all die Jahre »auf eine stille, verschwiegene Art« geprägt, sondern ihre unbewussten Ängste auch »an Nachgeborene weitergegeben« (ebd.: 32 f.). Daher überrascht es nicht, dass die Spuren dieses Traumas, die ihr Buch aufdecken und bewusst machen will, nicht nur im politischen Handeln zu finden sind, sondern auch in der unentschlossenen Haltung der Deutschen gegenüber ihrer eigenen Nation: »German Angst und eine diffuse nationale Identität bedingen sich gegenseitig.« (Ebd.: 277) Folgt man dieser Argumentation, dann generiert das Trauma der Generation der Kriegskinder das nationale Trauma: Indem die Kriegskinder die nationale Kultur prägen und ihr Trauma weitergeben, sind die kollektiven Formen der Generation und der Nation sowohl als Bezugspunkte als auch als Wirkungsbereiche des kollektiv gewordenen Traumas untrennbar miteinander verbunden.[3]

Im Verlauf des Buches wird deutlich, dass für Bodes Argument der »German Angst« nicht nur (aus wissenschaftlicher Sicht unzureichende) Thesen und Theorien, sondern auch Quantifizierungen eine wesentliche Rolle spielen. Unter der Überschrift »Wer ist gut davongekommen?« soll die Zahl der Kinder benannt werden, die im Zweiten Weltkrieg traumatisiert wurden. Sie schreibt:

»Wie viele der heute 60- bis 75-jährigen mögen in bestimmten Lebensphasen unter Ängsten, Depressionen und Schlafstörungen gelitten haben, und wie viele hatten gar lebenslang mit psychosomatischen Beschwerden zu kämpfen, ohne zu ahnen, dass sich dahinter Kriegstraumata verbargen? Und wie groß ist

3 An dieser Stelle zeigt sich, dass dieser Argumentation eine Strategie zugrunde liegt, die als Parallelisierung von Individuum und Kollektiv bezeichnet werden kann: »Today the commemorating state is likened to the remembering person, just as our idea of the autonomy of personal memory draws upon political imagery.« (Lambek/Antze 1996: xiii) Aus wissenschaftstheoretischer Sicht sind hier jedoch starke Bedenken angebracht, da sich individuelle Kategorien nicht ohne weiteres auf die kollektive Ebene übertragen lassen. Angela Kühner schlägt daher vor, kollektives Trauma im Sinne einer sozialpsychologischen »Leit-Metapher« zu verwenden um zu verstehen, »was denn in Kollektiven – *analog* zu individuellem Trauma – von massivem Unrecht bleibt.« (Kühner 2008: 269; Herv. i.O.)

die Zahl derer, für die sich die Hoffnung, in Frieden alt zu werden, nicht erfüllt, weil sie als Ruheständler die Erinnerungen an die frühen Schrecken nicht mehr auf Abstand halten können? Etwa 14 Millionen Deutsche gehören den Jahrgängen von 1930 bis 1945 an. Das ist die einzige konkrete Zahl in diesem Zusammenhang. Wie hoch mag der Anteil derer sein, die als Kinder gravierende Kriegserlebnisse hatten, im Unterschied zu anderen, deren Kindheit davon kaum oder gar nicht berührt wurde? Im Gedenkjahr 2005 scheinen sich die Experten, die sich mit der Thematik befassen, auf eine grobe Schätzung geeinigt zu haben: Die Hälfte hat Schlimmes erlebt, die andere Hälfte nicht.« (Ebd.: 31)

Die einzige Zahl, die sich im Zusammenhang mit deutschen Kriegskindheiten relativ eindeutig bestimmen lässt, ist die Anzahl derjenigen, die zwischen 1930 und 1945 geboren wurden: Sie liegt bei etwa 14 Millionen. Weit schwieriger fällt demgegenüber die Antwort auf die Frage, wie viele der in diesem Zeitraum geborenen Kinder durch Kriegsereignisse traumatisiert wurden – eine Frage, die nicht nur für Bodes Buch von entscheidender Bedeutung ist, sondern auch allgemein über die Plausibilität der Annahme eines kollektiven Traumas der Kriegskinder entscheidet. Vor diesem Hintergrund wirkt Bodes Antwort auf diese Frage etwas irritierend: Selbst die mit der Thematik vertrauten Experten, auf die die Autorin sich bezieht, können nur eine »grobe Schätzung« abgeben, nach der sich die ungefähre Zahl der im Zweiten Weltkrieg traumatisierten Kinder auf sieben Millionen beläuft. Die Unschärfe, die diese Antwort auszeichnet, wird zusätzlich dadurch verstärkt, dass weder die in Anspruch genommenen Experten noch ihre Studien genannt werden – für den Leser besteht somit keine Möglichkeit, die Aussagen und ihre Herkunft zu überprüfen, geschweige denn weitere Nachforschungen anzustellen. Auch an anderer Stelle beruft sich Sabine Bode auf nicht näher spezifizierte Forschungen, mit deren Hilfe die ungefähre Zahl aller dauerhaft geschädigter Personen in der deutschen Bevölkerung bestimmt werden soll: »Richtig ist, dass in der deutschen Bevölkerung die Konzentration traumatischer Erfahrungen besonders hoch war, aber richtig ist auch, und das wird ebenfalls durch die Traumaforschung belegt, dass nur eine Minderheit lebenslange Folgen davonträgt, etwa zwischen 5 und 30 Prozent.« (Ebd.: 227) Auch hier fällt wieder eine gewisse Unschärfe auf, die diesmal nicht der Schätzung einer einzelnen Zahl geschuldet ist, sondern mit der relativ großen Bandbreite zu tun hat, die die Angabe »zwischen 5 und 30 Prozent« aufweist.

Aus wissenschaftlicher Sicht verwundern diese Unschärfen nicht, da »detaillierte statistische Angaben über die Auswirkungen des Zweiten Weltkriegs [...] für die Zeiträume 1944/1945 und 1949/1950 verständlicherweise aufgrund der Situation am Kriegsende und der Nachkriegssituation nur in geringem Umfang [vorliegen] – meist handelt es sich dabei um Schätzungen mit einer großen Streubreite.« (Radebold 2004: 17) Dazu kommt, dass auch spätere, möglicherweise genauere Angaben nur schwer zu finden sind bzw. noch nicht existieren: »Sie wurden vereinzelt und weit gestreut in Zeitschriften und Fachbüchern unterschiedlicher Wissensdisziplinen publiziert; ihre Veröffentlichung erstreckt sich über den Zeitraum seit Erscheinen des ersten Statistischen Jahrbuchs der Bundesrepublik 1952; die Datenanalyse wurde bis heute nicht abgeschlossen.« (Ebd.)[4] Nimmt man diese Einwände ernst, dann bieten statistische Angaben nur eine äußerst instabile Grundlage an, um an das kollektive Trauma der Kriegskinder zu erinnern und seinen Einfluss auf das nationale Gedächtnis und die nationale Identität zu belegen. Doch warum und auf welche Weise wird das Trauma der Kriegskinder *dennoch* mit Hilfe von Zahlen zu einem kollektiven Erinnerungsereignis gemacht?

Zwei Punkte lassen sich hier anmerken: *Zum einen* wird deutlich, dass Zahlen sich trotz ihrer Unschärfe als Bausteine für das medikalisierte Gedächtnis anbieten, da sie dem kollektiven Trauma wissenschaftliche *Objektivität* und damit auch eine besondere Form der *Legitimität* verleihen. Auch wenn es sich nur um Schätzungen handelt,

---

4 Vor diesem Hintergrund – der bei Bode komplett ausgeblendet wird – zeichnet Hartmut Radebold ein sehr ausführliches Bild der Situation deutscher Kriegskinder. Die Statistiken, die sich unter anderem darauf beziehen, wie viele Kinder im Krieg umgekommen sind, vermisst wurden, vaterlos aufwachsen mussten, zu flüchten gezwungen waren, vom Bombenkrieg betroffen waren und in der Nachkriegszeit Waisenrente erhielten, können hier nicht wiedergegeben werden, doch sei auf das entsprechende Kapitel »Die in der Kriegs- und Nachkriegszeit Aufgewachsenen – Wissensstand« in Radebold (2004, S. 16-41) verwiesen.

stehen hinter den Zahlen Experten und professionelle Forschungen, die sich sowohl allgemein mit Trauma als auch speziell mit den Kriegstraumatisierungen der Kinder des Zweiten Weltkriegs beschäftigen. Quantifizierungen erleichtern damit auch die Übertragung medizinisch-psychologischer Diagnosen auf die kollektive Ebene. Dazu kommt, dass sich quantitative Angaben schnell erfassen lassen und eine – wiederum wissenschaftlich begründete – Interessefreiheit[5] suggerieren, die einige Kritiker jedoch anzweifeln. Der Umstand, dass die von Bode zitierten Zahlen aus wissenschaftlicher Sicht keine eindeutigen Rückschlüsse auf tatsächliche Traumatisierungen und ihre kollektiven Folgen zulassen (vgl. Spinney 2008), fließt dabei jedoch nicht in eine selbstkritische Hinterfragung der aufgestellten Thesen ein. Vielmehr scheint es, als ob die der Zahl zugeschriebene Autorität auch einem Diskurs zu Autorität verhelfen soll, der darum bemüht ist, das kollektive Trauma einer Generation der Kriegskinder zu erinnern und auf das nationale Gedächtnis auszudehnen.

Dieses Wirken von Zahlen ist *zum anderen* aber nur dann möglich, wenn quantitative Aussagen nicht für sich alleine stehen, sondern mit einem breiteren Argumentationsrahmen verknüpft werden. In dem gewählten Beispiel zeigt sich dies an der Art und Weise, wie Sabine Bode die Kritik an dem von ihr im Zusammenhang mit dem Phänomen der Kriegskinder verwendeten Begriff der Generation aufgreift und abzuschwächen versucht:

»Dass ich die Kriegskinder in meinem Buch von 2004 [*Die vergessene Generation*; Anm. d. Verf.] als Generation bezeichnete, wurde von manchen Kritikern nicht hingenommen, unter anderem mit dem Hinweis, die Hälfte hätte eine ungestörte Kindheit verlebt; man müsse unterscheiden zwischen Kriegskindern und solchen, die in Kriegszeiten Kinder gewesen seien. Das ist nicht falsch. Andererseits reden wir völlig unbefangen von der 68er-Generation,

5 Aus soziologischer Sicht lässt sich an dieser Stelle jedoch einwenden, dass selbst wissenschaftlich objektive Zahlen und Statistiken bestimmten Interessen unterliegen (können). Dies haben nicht nur immer wieder die so genannten *Science and Technology Studies* gezeigt, sondern wurde auch früh von der Theorie reflexiver Modernisierung – unter anderem mit dem Begriff der *Definitionsverhältnisse* – thematisiert (vgl. Beck 1986).

obwohl wir wissen, es fühlten sich damals höchstens 15 Prozent der Gesamtbevölkerung dem Geist einer rebellierenden Jugend verbunden. Wir nennen sie heute eine Generation, weil wir wissen, dass ihre Akteure auch als Minderheit kulturprägend waren. Und es stellt sich die Frage, ob nicht auch die Generation der Kriegskinder – teilweise mit den Jahrgängen der 68er identisch – kulturprägend war, und zwar auf eine stille, verschwiegene Art.« (Bode 2006: 31 f.)

Die Kritik an Sabine Bodes Ansatz lautet, dass es auf der Grundlage der bestehenden Daten schlichtweg nicht möglich ist, von einer Generation der Kriegskinder zu sprechen. Die traumatisierenden Erfahrungen, die nur die Hälfte einer in einem bestimmten Zeitraum geborenen Gruppe von Menschen erlebt haben, dürfe und könne man nicht zur Erfahrung einer ganzen Generation verallgemeinern. Bode reagiert auf diesen Einwand mit einem Vergleich, der die im kulturellen Gedächtnis bereits etablierte Generation der 68er und die noch zu etablierende Generation der Kriegskinder zum Gegenstand hat: Wie im Falle der 68er, der nur eine Minderheit der Bevölkerung geistig nahe gestanden habe, könne man auch bei den zahlenmäßig überlegenen Kriegskindern davon ausgehen, dass diese als Generation auf eine eigene, »verschwiegene Art« kulturprägend gewirkt haben. Der Hinweis auf die Verschwiegenheit der Kriegskinder lässt sich dabei nicht nur als Charakterisierung eines gleichsam kollektiven, generationsspezifischen Habitus lesen, sondern auch als Hinweis darauf verstehen, dass quantitative Angaben über die Generation der Kriegskinder und ihr Trauma per se nur begrenzt aussagekräftig sind: Was verschwiegen ist, kann auch nicht gezählt werden.

Was dieses Beispiel in Bezug auf die Herstellungspraxis des Gedächtnisses der Kriegskinder zeigt, ist, dass die Strategie der Quantifizierung letztlich nur dann Sinn macht, wenn sie in ein Erinnerungsnarrativ eingebettet wird, das für eine entsprechende Kontextualisierung der verwendeten Zahlen sorgt. Da sich im Zusammenhang mit der Generation der Kriegskinder nur schwer valide und eindeutige Zahlen finden und generieren lassen, kommt den sie begleitenden Narrativen vor allem die Aufgabe zu, bestehende Unschärfen argumentativ so umzudeuten, dass die gesellschaftliche Realität und Relevanz des kollektiven Traumas nicht angezweifelt werden kann. Damit tritt jedoch der paradoxe Effekt ein, dass Quantifizierungen einerseits *notwendig* sind, um dem kollektiven Trauma der Kriegskinder Objektivität und Legitimität zu verleihen, andererseits aber auch *an Bedeutung verlieren*: In der Logik der Theorie der verschwiegenen Kulturprägung und der weiter unten zu diskutierenden Annahme der transgenerationalen Weitergabe von Trauma wirken sich die belastenden Folgen des Zweiten Weltkriegs selbst dann für die gesamte Bevölkerung aus, wenn objektiv gesehen nur ein geringer Bruchteil der im Zweiten Weltkrieg geborenen Kinder traumatisiert worden ist.

TRAUMA PERSONIFIZIEREN

Im Gegensatz zur Strategie der Quantifizierung von Trauma, die auf die Autorität abstrakter Zahlen setzt, rückt die Strategie der Personifizierung konkrete Kriegskinder und ihre Lebensläufe in den Mittelpunkt der Erinnerung. Dieses Muster findet sich etwa in den Arbeiten von Margarete Dörr (2007), Guido Knopp (2000), Hilke Lorenz (2005) oder auch Emmy E. Werner (2001), die allesamt Erinnerungen alltäglicher, d.h. der breiten Öffentlichkeit nicht bekannter Menschen sammeln und als authentische Zeugnisse des weiter oben diskutierten zivilen Gedächtnisses ›von unten‹ präsentieren. Jedoch werden auch, und darauf soll im Folgenden der Schwerpunkt liegen, Personen des öffentlichen Lebens – allen voran bekannte Politiker – im medikalisierten Gedächtnis der Kriegskinder thematisiert und erinnert. So schreibt Hartmut Radebold über den damaligen Bundeskanzler Gerhard Schröder:

»Gerhard Schröder wurde als Bundeskanzler vorgeworfen, dass sein entschiedenes Nein zu einer militärischen Beteiligung Deutschlands am Krieg gegen den Irak weitgehend aus wahltaktischen Gründen erfolgt sei. Meines Erachtens beruht seine so eindeutige und auch gefühlsmäßig nachhaltig vertretene Position auf seinen ihn sehr prägenden Erfahrungen des 1944 geborenen typischen Kriegskindes. Nicht zufällig fand sich jetzt beim Bezug des neuen Bundeskanzleramtes in Berlin auf seinem Schreibtisch neben dem Foto seiner Frau das Foto eines Mannes mit einem Stahlhelm – eben seines gefallenen Vaters.

Seine Erfahrungen stimmen mit den Erfahrungen eines großen Teils der Bevölkerung in West- und Ostdeutschland überein!« (Radebold 2004: 207)

Gerhard Schröder wird hier, auch wenn er selbst keine Hinweise darauf gibt – in seinen Memoiren (Schröder 2006) spielt seine Kindheit beispielsweise keine große Rolle –, als »typisches Kriegskind« präsentiert. Hartmut Radebold macht dabei sowohl in Schröders Privatleben als auch in seiner Rolle als Bundeskanzler Anhaltspunkte aus, die aus seiner Sicht für diese Interpretation sprechen: Im politischen Bereich wird seine Ablehnung des Irakkriegs etwa nicht darauf zurückgeführt, dass bei der nächsten Bundestagswahl Wählerstimmen gewonnen bzw. nicht verloren werden sollen, sondern mit einer emotional tief verankerten pazifistischen Einstellung begründet, die ein Resultat des eigenen Erlebens (der Folgen) des Zweiten Weltkriegs darstellt. Dem Jahrgang 1944 werden dabei generell belastende Erfahrungen zugeschrieben, die in Gerhard Schröders Fall durch dessen Vaterlosigkeit konkretisiert und versinnbildlicht werden. Das Foto »eines Mannes mit einem Stahlhelm«, das Gerhard Schröder auf seinem Schreibtisch neben dem Foto seiner Frau platziert hat, macht dabei auch dessen privaten Umgang[6] mit seinem im Krieg gefallenen Vater sichtbar, den er zwar nicht gekannt hat (der Vater ist am 4. Oktober 1944 mit 32 Jahren in Rumänien gefallen, er selbst wurde am 7. April 1944 geboren), jedoch in Erinnerung behalten will. Aus medizinisch-psychologischer Sicht wird der ehemalige Bundeskanzler damit zu einem exponierten Mitglied der »Söhne ohne Väter« (Schulz/Radebold/Reulecke 2004), die als Teilgruppe der Generation der Kriegskinder unter anderem geprägt sei »von fehlendem Halt, vom Fehlen ordnender Prinzipien« (ebd.: 10), die der Vater als wichtige Identifikationsfigur nicht habe vermitteln können, und erst jetzt zu fragen be-

6 Die Grenzen zwischen privat und öffentlich verschwimmen hier jedoch, da die zufällige Entdeckung des Grabes von Gerhard Schröders Vater Fritz Schröder im rumänischen Ceanu Mare im Jahr 2001 und die anschließende Reise des damaligen Bundeskanzlers zum Grab ein breites Echo in den Medien ausgelöst hat. Siehe dafür z.B. Götz Aly: »Der Kanzler am Grab seines Vaters: Ehre für Fritz Schröder«, Süddeutsche Zeitung vom 12. August 2004, S. 13.

gännen, »wie und warum sie so geworden sind, woher ihre Unsicherheiten, ihre Melancholien kommen.« (Ebd.: 19)

Auch wenn man Hartmut Radebolds Lesart anzweifeln mag[7], stellt sich dennoch die Frage, warum Gerhard Schröder als traumatisiertes Kriegskind inszeniert wird – oder allgemeiner gefragt: Wie hängen die Herstellung des Gedächtnisses der Kriegskinder und die Figur des in seiner Kindheit traumatisierten Politikers zusammen?

Eine erste Funktion, die die Strategie der Personifizierung erfüllt, wird sichtbar, wenn man mit Nicholas Stargardt den Begriff des kollektiven Trauma als einen »blanket term« versteht, der nicht in der Lage ist, die empirische Mannigfaltigkeit der individuellen Erfahrungen und Reaktionsweisen von Kindern im Zweiten Weltkrieg abzubilden:

> »There were, indeed, similarities in the ways children responded to hunger, fear, humiliation and having to replace their parents. But to use a blanket term like ›collective trauma‹ for all the different kinds of loss and hurt children suffered, as some commentators are now doing, can only lead to confusion.« (Stargardt 2006: 371)

Spricht man von einem kollektiven Trauma der Kriegskinder, dann werden empirisch vorfindbare Unterschiede belastender Situationen ebenso verdeckt und ausgeblendet wie mögliche Abstufungen psychischer Reaktionen. Stargardt schließt daraus, dass das Konzept des kollektiven Traumas für die geschichtswissenschaftliche Analyse von Kriegskindheiten keinen großen Nutzen aufweist. Wendet man diese Beobachtung auf die Problematik dieses Buches, dann wird klar, dass auch die medikalisierte Erinnerung vor einem ähnlichen Problem steht: Auch im Gedächtnis der Kriegskinder verallgemeinert die ins

7 Glaubt man der Bild am Sonntag, dann widerspricht Gerhard Schröder selbst dieser Interpretation: »Gerhard Schröder und der fremde Mann, den er nicht kennen lernen durfte. Hat er den Vater vermisst? ›Ich weiß es nicht‹, zitiert ihn die ›Bild am Sonntag‹. Und: ›Psychologen würden jetzt natürlich sagen, vaterlos aufzuwachsen könne seelische Schäden nach sich ziehen. Das habe ich nie so empfunden.‹« (aus Ansgar Graw: »Vom Vater, der nicht heimkehrte«, Die Welt vom 17. April 2001, S. 12)

Kollektive gewendete Diagnose des Traumas – und zwar auf eine Weise, durch die nicht nur die emotionalen und moralischen Unterschiede zwischen Tätern und Opfern verschwinden, sondern auch die Erzählungen konkreter Individuen innerhalb des Kollektivs der Kriegskinder verloren gehen. »Wenn alle traumatisiert sind«, so bringt Harald Welzer die Logik dieses Diskurses auf den Punkt, dann »ist niemand traumatisiert.« (Welzer 2008: 82). Als Gegenstand und Bezugspunkt der öffentlichen Erinnerung ist die Vorstellung eines kollektiven Traumas letztlich zu abstrakt und zu allgemein, um Identität stiften und genauere Einblicke in das zivile Gedächtnis ›von unten‹ geben zu können. Das Trauma der Generation der Kriegskinder zu personifizieren, d.h. mit konkreten Personen in Verbindung zu bringen, stellt eine Lösung dieses Problems dar: Indem Personen des öffentlichen Lebens als traumatisierte Kriegskinder identifiziert und in die (Konstruktion der) Erinnerung einbezogen werden, gibt man dem kollektiven Trauma ein Gesicht, das noch dazu prominente Züge trägt. Gerhard Schröder wird auf diese Weise gleichsam zu einer *Symbolfigur* der Erinnerung an deutsche Kriegskindheiten, dessen Vaterlosigkeit dazu beiträgt, das kollektive Trauma der Kriegskinder zu veranschaulichen und greifbar zu machen: Trotz seiner Bekanntheit und Position ist er ein »typisches« Kriegskind. Der Historiker Norbert Frei geht noch einen Schritt weiter: Da Schröder seine Vaterlosigkeit in verschiedenen Interviews öffentlich thematisiert hat und damit als Staatsmann im »Modus des Privaten über Geschichte spricht« (Frei 2005: 17), sieht er in ihm einen »heimlichen Repräsentanten jener rasch sich ausbreitenden Erinnerungsgemeinschaft der Kriegskinder.« (Ebd.) In die hier verfolgte Argumentation übersetzt bedeutet das, dass Gerhard Schröder sich durch sein öffentliches Erinnern zu eben der Figur macht, als die er im medizinisch-psychologischen Diskurs erinnert wird: ein traumatisiertes Kriegskind.

Blickt man näher auf das obige Zitat von Hartmut Radebold, dann findet sich jedoch noch ein zweiter, zusätzlicher Aspekt: Radebolds Hinweis, dass die Erfahrungen des Bundeskanzlers »mit den Erfahrungen eines großen Teils der Bevölkerung in West- und Ostdeutschland« (siehe oben) übereinstimmen, lässt sich nämlich auch als Versuch lesen, der Erinnerungsfigur Gerhard Schröder im Gedächtnis der Kriegskinder eine Rolle zuzuweisen, die über die Ebene der reinen

Symbolisierung hinausgeht. Schröder wird dabei nicht nur als typisches Kriegskind (re-)präsentiert, sondern auch zu einer zentralen Identifikationsfigur der öffentlichen Erinnerung gemacht, der die Aufgabe zukommt, das deutsche Kollektiv an die schmerzvolle Zeit des Zweiten Weltkriegs zu erinnern. Gerade weil der ehemalige Bundeskanzler ein prominentes Beispiel für das Schicksal Vieler darstellt, gerade weil seine Erfahrungen mit den Erfahrungen Anderer übereinstimmen, kann er neben seiner Rolle als Erinnerter auch die Rolle des *Erinnernden* einnehmen. Das individuelle und das kollektive Trauma verschränken und beeinflussen sich damit auf spezifische Weise: Folgt man dieser Argumentation, dann hat die deutsche Bevölkerung in der Gestalt ihres Bundeskanzlers ihr kollektives Trauma nämlich immer schon vor Augen. Um diesen Umstand bewusst zu machen, wird Gerhard Schröder, der Sohn ohne Vater, zu einem *Opfer des Zweiten Weltkriegs* stilisiert, das »durch seine bloße Anwesenheit an das schmerzvolle Ereignis, das ja auch für die anderen ein schmerzvolles Ereignis war« (Kühner 2008: 71) erinnern soll. Angela Kühner macht diesen Mechanismus in der Literatur zum kollektiven Trauma im Zusammenhang mit Überlebenden von Konzentrationslagern in Norwegen aus, die nach dem Ende des Dritten Reichs ein neues Leben beginnen wollten.[8] Interessant daran ist, dass das Verhältnis zwischen den traumatisierten Überlebenden und dem Kollektiv eine ambivalente Dynamik aufweist:

> »In Norwegen konnten die KZ-Überlebenden anfangs mit großer Sympathie und Unterstützung rechnen; sie waren die Helden, die für die Zukunft ihres Landes gelitten hatten. Erst im Laufe der Zeit entstand eine Kluft zwischen der Gemeinschaft, die nicht mehr an das schmerzvolle Ereignis erinnert werden möchte, und dem Opfer, das nicht anders kann, als sich zu erinnern. Irgendwann wurden aus den ehemaligen Helden Symbole unangenehmer Erinnerungen.« (Ebd.)

Die Spannungen, die Kühner hier beschreibt, sind das Ergebnis eines Prozesses, in dem das zunächst als Held erinnerte Opfer durch den

8 Angela Kühner bezieht sich dabei auf eine Studie des norwegischen Holocaustüberlebenden und Psychiaters Leo Eitinger (Eitinger 1980).

allmählich einsetzenden Wunsch des Kollektivs, die belastende Vergangenheit vergessen zu wollen, stigmatisiert und ausgegrenzt wird. Die Folge ist eine Kluft zwischen den KZ-Überlebenden und einer Gemeinschaft, die in diesem Falle auch als Vergessensgemeinschaft bezeichnet werden kann. Die Strategie der Personifizierung von Trauma zielt auf den genau umgekehrten Weg ab: Aus der deutschen Vergessensgemeinschaft, die ihre eigenen Leiden nicht erinnern kann oder will, soll mit Hilfe des Kriegskinds Gerhard Schröder ein Erinnerungskollektiv geformt werden. Wichtig zu sehen ist dabei, dass es sich hier nicht um ein Opfer der nationalsozialistischen Vernichtungspolitik handelt, sondern um ein deutsches Opfer des Zweiten Weltkriegs, dessen kultureller Status im Zuge dieser Inszenierung aufgewertet wird: Es kommt gleichsam als ein »Träger eines geheimen Wissens« (ebd.: 72) über die Vergangenheit in den Blick, der einer lebensweltlich geprägten Perspektive auf den Alltag und die Folgen des Krieges geschuldet ist. Das deutsche Kriegskind Gerhard Schröder stellt im Rahmen der Personifizierung von Trauma somit *sowohl* ein öffentlich erinnertes Symbol des kollektiven Traumas *als auch* einen Erinnerungsakteur dar, der aktiv in die Kollektivierung des Traumas und damit auch in die Herstellung des Gedächtnisses der Kriegskinder eingebunden wird.

Ein dritter und letzter Aspekt dieser Strategie wird im Interview mit der Vorsitzenden des Vereins *kriegskind.de*, Helga Spranger, deutlich. Auf die Frage, was sie außer ihrer eigenen Kindheit und ihrem beruflichen Interesse mit dem Thema Kriegskindheit verbindet, antwortet sie Folgendes:

> »Und auch, mich verbindet sehr stark auch ein politisches Interesse damit. Weil ich denke, das sind, das sind Millionen von Menschen, die damals traumatisiert wurden, und die waren damals im Kindesalter, und die sind jetzt im Erwachsenenalter und etwas älter, und haben natürlich Einfluss auf unseren politischen Alltag. Das ist ganz klar. Also, gucken Sie sich die Garde an: Schröder, Müntefering, Kohl zum Beispiel mit seiner Frau, Weizsäcker. Na, das sind alles Kriegskinder, und die haben natürlich Positionen erreicht, und haben auch ihre Blessuren im Krieg bekommen.« (Interview mit Helga Spranger vom 02.11.2005, Z. 22-28)

Der springende Punkt liegt in diesem Zitat nicht darin, dass Politiker wie Gerhard Schröder zu Symbolfiguren des kollektiven Traumas der Kriegskinder gemacht werden oder eine Rolle zugewiesen bekommen, in der sie die Gemeinschaft an ihr verdrängtes Trauma erinnern. Vielmehr hebt Helga Spranger darauf ab, dass die gealterten Kriegskinder mittlerweile auch den politischen Alltag in Deutschland prägen und gestalten. Das individuelle Trauma von Kriegskindern erhält damit, wie sie fortfährt, eine gesellschaftliche Brisanz und Dynamik:

»Die Auseinandersetzung, die wir jetzt haben mit den Einsparungen und mit dem so genannten ›Gürtel enger schnallen‹, das ist ganz sicher, das ist ganz sicher ein Teil der Folgen aus der Kriegskindgeschichte. Also, wir sind, wir tun uns sehr, sehr schwer Verzicht zu leisten. Weil ein großer Nachholbedarf ist und auch ein ungestillter Wiedergutmachungswunsch. Und insofern ist eine politische Diskussion der Einsparung heute zu führen ausgesprochen schwierig. Das, wir haben eine Situation der Besitzstandswahrung, die ja sehr ausgeprägt ist, um das mal so milde zu sagen. Und das geht, also meiner Ansicht nach, geht das zum allergrößten Teil auf die Entbehrungen des Zweiten Weltkriegs zurück.« (Interview mit Helga Spranger vom 02.11.2005, Z. 33-40)

Spranger führt die aktuellen Einsparungsdiskussionen auf die Situation der deutschen Kriegskinder zurück, für die Mangel und Entbehrungen in der Zeit des Zweiten Weltkriegs zur alltäglichen Normalerfahrung gehörten. Die aus dieser Erfahrung resultierende Unfähigkeit, auf etwas verzichten zu können, erschwere aus Sprangers Sicht die gesellschaftlich-politische Diskussion – eine Diskussion, die auch und gerade von Kriegskindern geführt wird, die hohe politische Ämter bekleiden und deren im Krieg erlittene psychische »Blessuren« sich, so ihre These, auf das politische Klima in Deutschland übertragen würden. Der Kreis der Akteure wird dabei problemlos erweitert: Neben Schröder zählen laut Spranger auch Franz Müntefering, Alt-Kanzler Helmut Kohl und seine mittlerweile verstorbene Frau Hannelore sowie der ehemalige Bundespräsident Richard von Weizsäcker zur von ihr so bezeichneten »Garde« der in der Politik emporgestiegenen Kriegskinder.

Das gleiche Argument findet sich auch bei Sabine Bode (2006), die ihre Thesen zur »German Angst« durch Interviews mit Politikern verifizieren will, die ebenfalls im Zweiten Weltkrieg aufgewachsen sind. In ihrem Buch berichten daher unter anderem der ehemalige Bundesminister für Finanzen Peer Steinbrück, der ehemalige Bundesminister für Post und Telekommunikation Christian Schwarz-Schilling, der Bundesminister a.D. für Arbeit und Sozialordnung Norbert Blüm sowie der SPD-Politiker Hans Koschnick sowohl über ihre Erfahrungen mit der Unentschlossenheit und Zukunftsangst der Deutschen als auch über ihre eigene, zum Teil traumatische Kindheit. Den Einfluss der im Zweiten Weltkrieg gemachten Erfahrungen macht Bode dabei unter anderem am zögerlichen Verhalten von in der Kindheit traumatisierten Politikern angesichts des Bosnien-Kriegs aus:

»Im Nachkriegsdeutschland speiste sich ein Großteil der Überzeugungen von Politikern aus ihren Lebensumständen als Erwachsene während des Nationalsozialismus. Ihre prägenden biographischen Erfahrungen bezogen sich auf Ausnahmezustände, auf Krieg, Emigration, Inhaftierung, schuldhafte Verstrickungen. Eben diese unterschiedlichen Hintergründe lieferten auch immer wieder den Stoff für gegenseitige Verdächtigungen und Diffamierungen. Bei Konrad Adenauer, Willy Brandt, Herbert Wehner, Franz Josef Strauß, Helmut Schmidt, Hans-Dietrich Genscher und Richard von Weizsäcker war noch zweifelsfrei zu erkennen, was sie geprägt hatte. Anders bei den jüngeren Jahrgängen, die darüber sehr viel seltener sprachen. Im Rückblick zeigt sich, dass das ein Mangel war. Vermutlich hätte man sich im Bosnien-Krieg viel schneller auf eine gemeinsame Sicht der Wirklichkeit einigen können, wenn die Politiker hätten offen legen können, vor welchem persönlichen Hintergrund sie der Gedanke ›Irgend jemand muss doch eingreifen!‹ in Unruhe versetzte.« (Bode 2006: 98)

Folgt man Bode, dann lässt sich im Vergleich von Politikern, die den Zweiten Weltkrieg als Erwachsene miterlebt haben, mit den »jüngeren Jahrgängen«, die im Krieg aufgewachsen sind, ein entscheidender Unterschied ausmachen: Während bei Adenauer und Co. die Einflüsse des Zweiten Weltkriegs deutlich in ihren Handlungen und ihrem Misstrauen zu sehen gewesen seien, wäre dies bei den nun in der Politik tätigen Kriegskindern, die nur selten über ihre Kindheit sprechen würden, nicht mehr der Fall. Das Problem, eine gemeinsame Perspektive auf den zwischen 1992 und 1995 stattfindenden Krieg in Bosnien und

Herzegowina zu finden, stellt in Bodes Interpretation eine direkte Folge dieses Schweigens über die belastende Kindheit im Zweiten Weltkrieg dar: Das tief verwurzelte Unbehagen am Krieg bleibt unausgesprochen. Blickt man auf diese Argumentationslinie, die sich sowohl im Rahmen des Vereins *kriegskind.de* als auch in Sabine Bodes Buch zur »German Angst« finden lässt, dann wird hier eine besondere Form der Personifizierung von Trauma deutlich: Politiker werden als Akteure inszeniert, durch die hindurch ein zunächst individuelles Kriegstrauma auch für das Kollektiv relevant wird. Um beim Beispiel Gerhard Schröder zu bleiben: Nicht das Typische des traumatisierten Kriegskinds Schröder interessiert in diesem Kontext, sondern das Besondere seines politischen Amts des Bundeskanzlers. Die Besonderheit besteht dabei darin, dass in diesem Amt das individuelle Trauma des Politikers und das kollektive Trauma der Nation miteinander verschränkt und aufeinander bezogen werden: Durch das gehemmte und zögerliche Handeln traumatisierter Kriegskinder in hohen politischen Ämtern übersetzen sich deren individuelle Traumata in die politische Kultur Deutschlands. Die Personifizierung von Trauma dient in diesem Falle somit dazu, das *politische Handeln* als einen zentralen Mechanismus der Kollektivierung von Trauma zu inszenieren. Folgt man Irmgard Koppenhöfer, dann läuft dieser Mechanismus unbewusst ab:

> »Sie haben überhaupt nicht gemerkt, was mit ihnen selbst denn war. Denn wenn ein Herr Schröder viermal oder ein Herr Fischer fünfmal heiratet, dann können wir ja sagen, da ist ja irgendeine Bindungsschwäche, da ist ja auch eine Persönlichkeitsstörung. Es ist wohl der fehlende Vater bei Herrn Schröder oder... oder... Das haben die aber nicht wahrgenommen, diese Männer. Ich sag mal, die sind nach außen getreten und haben agiert und gekämpft. Und das, was der Krieg uns alles zugemutet hat, das haben sie einfach als gegeben hingenommen.« (Interview mit Irmgard Koppenhöfer vom 02.11.2005, Z. 182-188)

Die Diagnose, die Koppenhöfer hier anstellt, deckt sich mit der von Sabine Bode formulierten Annahme des Schweigens über die Vergangenheit: Die betroffenen Politiker *konnten* ihre im Zweiten Weltkrieg erlittenen Traumatisierungen überhaupt nicht wahrnehmen und artikulieren[9], haben die Zumutungen des Krieges »einfach als gegeben hingenommen« und gerade *deshalb* ihr Trauma an das Kollektiv weitergegeben. Denkt man dieses Argument zu Ende, dann ist Deutschland in einem Teufelskreis gefangen, in dem das individuelle Trauma von Politikern stets im politischen Handeln wirksam ist und die kollektive »German Angst« ohne Unterlass geschürt und reproduziert wird. Der einzige Ausweg, so der Subtext der obigen Zitate, stellt die gesellschaftliche Anerkennung des deutschen Leids dar, für die Sabine Bode und der Verein *kriegskind.de* sich stark machen. Sowohl der Autorin als auch dem Verein bietet diese Form der Personifizierung von Trauma somit die Möglichkeit, ihre Arbeit als dringend notwendige *gesellschaftliche Aufklärung* zu definieren: Hätten die Politiker nämlich von ihrem kriegsbedingten Trauma gewusst und dementsprechend aussprechen können, was sie (beispielsweise) angesichts des Krieges in Bosnien und Herzegowina bedrückt, dann wäre auch ein effektiveres gemeinsames Handeln möglich gewesen.

TRAUMA WEITERGEBEN

Der dritte hier zu besprechende Punkt setzt sich mit einem Aspekt des medikalisierten Gedächtnisses auseinander, der in den bisherigen Ausführungen immer wieder kurz zum Vorschein kam und ebenso wie die Strategien der Quantifizierung und der Personifizierung für die Konstruktion des kollektiven Traumas der Kriegskinder und der deutschen

9 Hinter dieser psychoanalytischen Denkfigur steht die Annahme, dass »in der traumatischen Erfahrung nicht nur das psychische, sondern auch das soziale Gewebe, in das das psychische eingebunden ist« (Bohleber 2008: 109) reißt: »Die traumatische Erfahrung in ein übergeordnetes Narrativ einzubinden, kann dem Einzelnen deshalb nicht in einem idiosynkratischen Akt gelingen, sondern es bedarf abgesehen von einem empathischen Zuhörer auch eines gesellschaftlichen Diskurses über die historische Wahrheit des traumatischen Geschehens und über dessen Verleugnung und Abwehr.« (Ebd.) Dies lässt sich auch im Sinne des in Teil I unter dem Punkt Repräsentation beschriebenen Zusammenhangs zwischen den sozialen Gedächtnisrahmen und der individuellen Erinnerungspraxis verstehen.

Nation eine wesentliche Rolle spielt: Das medizinisch-psychologische Konzept der *transgenerationellen Weitergabe von Trauma*. Es gilt daher im Folgenden zu fragen, was dieses Konzept aussagt, vor welchen Hintergründen es ausgearbeitet wurde und wie es in die Erinnerung an deutsche Kriegskindheiten einbezogen wird.

Erste Anhaltspunkte dafür, dass Traumatisierungen über Generationen hinweg weitergegeben werden, fanden sich in den 1970er Jahren, als psychologische Forschungen »die Erkenntnis zutage förderten, dass Kinder von Holocaust-Überlebenden deren Traumata sowohl in Träumen und Phantasien als auch in ihrem konkreten Erleben und Verhalten bearbeiteten« (Fraisl 2004: 32).[10] Das Trauma von Überlebenden des Holocaust schien somit nicht allein an deren Person bzw. psychischen Apparat gebunden zu sein, sondern über komplexe Mechanismen innerhalb des Familienbundes auf die vorhandenen Kinder übertragen zu werden. Die Vermutungen lauteten entsprechend, dass es im Holocaust schwer traumatisierten Eltern kaum gelinge, »einen ›geschützten Raum‹ für die Entwicklung ihrer Kinder zu schaffen« und dass »ihre Traumatisierung [...] – aufgrund der eigenen Ängste, der Bindung an verlorene Objekte usf. – auf die Kinder als ›kumulatives Trauma‹« (ebd.) wirke. Mit diesen Annahmen, die in weiteren Studien vertieft, erweitert und belegt wurden[11], wurde der Grundstein für ein Konzept gelegt, das, wie Angela Kühner festhält, inzwischen »weit verbreitet und in der therapeutischen Erklärung und Behandlungsmethodik fest integriert« ist (Kühner 2008: 61) Doch was genau wird von Holocaust-Überlebenden auf ihre Kinder übertragen und welche Mechanismen spielen dabei eine Rolle? Eine Antwort auf die-

---

10 Als erste bekannte Arbeit zu diesem Thema identifiziert die Wiener Psychoanalytikerin Elisabeth Brainin das 1979 erschienene Buch *Children of the Holocaust* der Journalistin Helen Epstein, das in ihrer Einschätzung aufgrund seines subjektiven und parteiischen Zugangs und dem Interesse an Minderheiten jedoch eher dem Zeitgeist der 1970er Jahre entspreche als eine wissenschaftlich fundierte Arbeit zu sein (vgl. Brainin 2003: 105 f.).

11 Für einen Überblick siehe z.B. Brenner (2000) und Rieck (1991) sowie die von dem israelischen Psychologen Natan P. F. Kellerman zusammengestellte Literatur, die mehr als 400 Veröffentlichungen umfasst und unter dem Link http://www.judymeschel.com/coshpsych.htm abrufbar ist.

se Frage fällt mit einem Blick auf die breit gefächerte und hochgradig differenzierte Literatur zum Thema schwer. Folgt man der israelischen Psychoanalytikerin Ilany Kogan, dann lassen sich jedoch vier Arten von Traumatisierungen unterscheiden, die Nachkommen von Holocaust-Überlebenden erleiden können:

»*Traumatisierung des Kindes durch seine Ausnutzung als Vehikel zur Wiederholung des elterlichen Traumas*: Der geschädigte Elternteil errichtet eine durchlässige Membran zwischen sich und dem Kind, durch die er Gefühle der Trauer und der Aggression übermittelt, welche er aufgrund ihrer verheerenden Natur nicht in sich behalten oder mit anderen erwachsenen Partnern teilen kann. [...] *Traumatisierung durch die emotionale Unzugänglichkeit des Elternteils*: Das Kind, welches den Elternteil zu trösten sucht, indem es sein Bedürfnis nach vollkommener Empathie erfüllt, initiiert eine Art von Einheit mit dem bedürftigen Elternteil, um ihn emotional zu versorgen, wobei es an einem unzugänglichen Elternteil festhält, der unfähig ist, die eigenen emotionalen Bedürfnisse des Kindes zu erfüllen. *Traumatisierung durch Fantasie*: Dies geschieht, wenn das Kind in seinen endlosen Anstrengungen, den Elternteil zu verstehen und ihm zu helfen, versucht, das zu erleben, was der Elternteil durchgemacht hat, indem es das traumatische Erlebnis und seine Begleiterscheinungen in seiner Fantasie wiederzuerschaffen versucht. [...] *Traumatisierung durch den Verlust des Selbst*: Der Elternteil sucht die Entschädigung für seine verlorenen (oftmals idealisierten) Objekte und die Rehabilitation seines beschädigten Selbst mit Hilfe der symbiotischen Bindung an das Kind. Indem es mit seinem Elternteil die Fantasie der Todesverleugnung und der wundersamen Wiederherstellung der verlorenen Objekte teilt, opfert das Kind seine eigene Individualität.« (Kogan 2008: 121; Herv. i.O.)

Dieser Überblick zeigt, dass Kinder von Holocaust-Überlebenden durch vielfältige »innerpsychische und zwischenmenschliche Mechanismen« (Brainin 2003: 103) zum Opfer weitergegebener Traumata werden können. Entscheidend für die Übertragung sind die sozialen und psychologischen Beziehungsgeflechte innerhalb der Familie: Allen Traumatisierungstypen liegt ein Verhältnis zwischen Elternteil und Kind zugrunde, das aus medizinisch-psychologischer Sicht pathologische Züge trägt und dem im Holocaust erlittenen Trauma des Überlebenden geschuldet ist. Die Traumatisierung des Kindes kommt dabei auf unterschiedliche Weise zustande: Sei es aus der Erfahrung einer unüberwindbaren emotionalen Distanz zum Elternteil, aufgrund der Imagination und Reinszenierung des traumatischen Ereignisses, wegen emotionalen Missbrauchs durch den Elternteil oder durch eine letztlich die Individualität des Kindes auslöschende »symbiotische« Bindung. Blickt man auf die Beschwerden der Nachkommen von Holocaust-Überlebenden, die sich in Psychotherapie begeben, dann bestätigt sich dieses Bild:

»In einer Metaanalyse der ersten Publikationswelle [zur transgenerationellen Weitergabe von Trauma; Anm. d. Verf.] stellt Miriam Rieck (1991) insgesamt übereinstimmende Darstellungen der Eltern-Kind-Beziehung (emotional distanziert und zugleich übermäßig beschützend) und der Familienatmosphäre (deprimierend und misstrauisch) fest. Charakteristisch für diejenigen Nachkommen, die sich in Psychotherapie begeben hätten, seien Depressionen, Apathie und Schuldgefühle gewesen, oft als Ausdruck spezifischer Schwierigkeiten im Separations- und Individuationsprozess: Jegliche Form von Loslösung und Trennung sei für die Eltern psychisch so sehr mit der Gefahr der Endgültigkeit verknüpft, dass den Kindern auch als jungen Erwachsenen der Ablösungsprozess sehr schwer falle. Viele Kinder nähmen in der Familie den Platz eines verstorbenen Kindes ein (äußerlich manchmal sichtbar, indem sie dessen Namen bekommen) und seien dadurch schwer belastet. Die Kinder könnten jedoch solche und andere Belastungen schwer artikulieren, da sie ihre eigenen Schwierigkeiten am vergangenen Leiden der Eltern mäßen und diese von jeglicher Belastung verschonen wollten.« (Kühner 2008: 62)

Hier wird sichtbar, in welch psychologisch intensiven Verhältnissen die oben beschriebenen Mechanismen der Traumaweitergabe wirken. Wichtig zu sehen ist dabei, dass das Trauma von Überlebenden-Kindern sich in ganz unterschiedlichen Symptomen und Krankheitserscheinungen äußern kann, die im Erwachsenenalter fortbestehen und zum Teil eine Psychotherapie nötig machen. In der wissenschaftlichen Diskussion ist das Konzept der transgenerationellen Weitergabe von Trauma jedoch nicht unumstritten. Die Kritik bezieht sich dabei vor allem darauf, »dass dadurch eine ganze Generation von Überlebenden-Kindern pauschal pathologisiert und stigmatisiert werde« (ebd.: 64) – ein Vorwurf, der ganz ähnlich im Rahmen der Kritik am Begriff des kollektiven Traumas geäußert wird. Indem einzelne Fälle verallgemeinert werden, wird die empirische Lebenswirklichkeit der Kinder von Holocaust-Überlebenden letztlich ausgeblendet: »Tatsächlich lassen die wenigen repräsentativen Studien allenfalls Schlüsse auf gemeinsame Tendenzen, z.B. zu extremen Schuldgefühlen zu.« (Ebd.) Die österreichischen Psychoanalytiker Elisabeth Brainin, Vera Ligeti und Sammy Teicher (1991; zit. nach Kühner 2008) sehen in diesem Zusammenhang die gesellschaftlichen Kontexte vernachlässigt, in denen die Überlebenden der Shoa nach dem Krieg lebten. Beziehe man diese mit ein, dann könne nicht von einer Pathologie die Rede sein, sondern von einem angemessenen Misstrauen gegenüber der »nichtjüdischen Umwelt, dem Staat und der Gesellschaft«, das von den verfolgten Eltern übernommen worden sei: »Zentrale Erfahrung der Elterngeneration war, dass zuviel Vertrauen unter Umständen tödlich war und dass vor allem diejenigen überlebten, die früh genug misstrauisch wurden und emigrierten.« (Kühner 2008: 65) Von einem kollektiven Trauma der Kinder von Holocaust-Überlebenden zu sprechen, wird hier als eine unangemessene Medikalisierung des familiären Alltags gedeutet, die letztlich mehr verschleiert als erklärt.[12]

12 Die klinische Forschung zeigt zudem, dass es auch Kinder von Holocaust-Überlebenden gibt, die trotz ihres Aufwachsens in belasteten Familien keinerlei Anzeichen eines von einem Elternteil weitergegebenen Traumas zeigen. Zur Erklärung dieses Phänomens schlägt Natan P. F. Kellerman vor, den sozialen Kontext der transgenerationellen Weitergabe von Trauma stärker zu berücksichtigen und zwischen erschwerenden Faktoren, die »das Risiko erhöhen, dass ein Kind unbewusst das Trauma seiner Eltern in sich aufnimmt und infolgedessen seelisch belastet ist« (Kellerman 2008: 67) und abmildernden Faktoren, die es Überlebenden-Kindern ermöglichen, »mit der psychologischen Belastung ihrer Eltern besser umzugehen« (ebd.), zu unterscheiden. Zu den erschwerenden Faktoren zählen beispielsweise, der Umstand, dass beide Elternteile Holocaust-Überlebende sind, das Kind ein Einzelkind oder das erstgeborene ist, der Nachkomme kurz nach der Traumatisierung der Eltern geboren wurde und in der Familie entweder zu wenig oder zu viel über das Trauma gesprochen wurde. Als abmildernde Faktoren gelten unter anderem eine offene Kommunika-

Welche Rolle spielt dieses aus der medizinisch-psychologischen Holocaustforschung stammende Konzept nun für die deutschen Kriegskinder? Und wie trägt es zur Herstellung des Gedächtnisses der Kriegskinder bei? Um zu verstehen, warum und vor welchen Hintergründen dieses Konzept auf die deutschen Kriegskinder übertragen wird, ist es wichtig zu sehen, dass aus medizinisch-psychologischer Sicht nicht nur »die überlebenden Opfer des Holocaust und [...] die Bürger der überfallenen und besetzten Länder« schwer traumatisiert wurden, sondern »auch die Angehörigen der Täternation [...] Traumata [erlitten], die Soldaten durch den Fronteinsatz ebenso wie die Zivilbevölkerung durch Bombardierungen, Flucht und Vertreibung.« (Bohleber 2008: 107) Trauma wird hier als ein Überbegriff für die *Folgen* der sehr heterogenen und damit auch nicht vergleichbaren Ereignisse von extremer Gewalt verwendet, in die Täter, Opfer und auch Mitläufer des Nationalsozialismus eingebunden waren. Dementsprechend bald tauchte in diesem Zusammenhang die Frage auf, ob im Kontext der deutschen Täter und Mitläufer Trauma über die Generationen hinweg weitergegeben wird und welche Mechanismen gegebenenfalls dabei im Spiel sind. Der israelische Psychologe Dan Bar-On wirft diese Problematik in seinem Buch *Die Last des Schweigens* dabei als einer der ersten auf. Er schreibt:

> »In der Nachkriegsgesellschaft konnten die Menschen funktionieren, sich um ihre eigene physische Existenz kümmern, ohne sich dauernd auf die Vergangenheit zu beziehen. Das bedeutete jedoch auch, dass die weniger unmittelbaren psychischen Prozesse – das Betrauern der Toten, das Durcharbeiten der Hilflosigkeit und Aggression, die Neufassung des eigenen moralischen Selbst, die Wiederherstellung von Vertrauen in sich selbst und andere – auf bessere Zeiten verschoben werden mussten. Bessere Zeiten, das hieß unter den ungünstigen sozialen Bedingungen der von Konflikten gezeichneten Nachkriegsgesellschaft, dass diese Durcharbeitungsprozesse auf die folgenden Generationen verschoben wurden.« (Bar-On 1996: 20)

---

tion in der Familie, eine klare jüdische Identität, stabilere Eltern und eine erfolgreiche Abgrenzung des Kindes in der Pubertät (vgl. ebd.: 67 f.).

Bar-On stellt diese These – die der englische Buchtitel *Legacy of Silence* wesentlich besser zum Ausdruck bringt – auf der Grundlage von Gesprächen auf, die er Mitte der 1980er Jahre mit Kindern von NS-Tätern in Deutschland geführt hat. Was hier über die Generationen hinweg weitergegeben wird, ist die individuelle wie kollektive Aufgabe, das Geschehene psychologisch aufzuarbeiten: Da die Elterngeneration mit dem mühsamen Wiederaufbau und der damit verbundenen Wiederherstellung ihrer physischen Existenz beschäftigt war, kam deren Auseinandersetzung mit dem Dritten Reich zu kurz bzw. konnte diese auch vermieden werden. Die Normalisierung des Lebens im Sinne einer Anpassung an die Nachkriegsgesellschaft hatte somit einen hohen psychologischen Preis, der sowohl von der Gesellschaft als auch dem Individuum zu entrichten war. Folgt man der neueren medizinisch-psychologischen Forschung, dann zeigen sich im Zusammenhang mit den deutschen Kriegskindern jedoch noch weitere Dimensionen. Der Psychoanalytiker Werner Bohleber macht – ebenso wie Ilany Kogan im Falle der Holocaust-Überlebenden[13] – »unbewusste Identifizierungen« des Kindes mit der Lebensgeschichte der Eltern aus, »über die sich die Geschichte ihrer Eltern und ihre Involvierung in die Vergangenheit vermittelt.« (Bohleber 2008: 115) Insbesondere dem Vater, der vom Kind in ein »idealisiertes Vaterbild der infantilen Frühzeit« und ein »Bild des kompromittierten Vaters, der mitgemacht hatte oder selbst in Verbrechen verwickelt war« (ebd.) gespalten wird, kommt dabei als zentraler Identifikationsfigur eine entscheidende Rolle zu. Darüber hinaus wurden Kindern auch

»häufig Erziehungsideale eingetrichtert, aus denen an der Oberfläche die NS-Ideologie getilgt war. Härte, Verachtung von Krankheit und Schwäche, ›Haltung bewahren‹, ›Charakter haben‹, ›bedingungslose Hingabe‹ und andere

13 Die Frage, ob man analog zur Seite der Opfer auch auf Seiten der Täter von einer generationsübergreifenden Weitergabe von Trauma ausgehen kann, verweist auf eine schwierige Diskussion. Folgt man der Kritik an der Übertragung, dann besteht damit eine Gefahr, die einem im Zusammenhang mit dem kollektiven Trauma immer wieder begegnet: »Wenn alle in scheinbar ähnlicher Weise leiden, dann wirkt dies als eine Verzerrung der kollektiven Erinnerung an die Ereignisse.« (Kühner 2008: 68)

Maximen wurden oft zusammen mit körperlichen Züchtigungen weitergegeben und bildete lange Zeit einer der hartnäckigsten ›Gefühlserbschaften‹ [...] aus jener Zeit.« (Ebd.)

Das Trauma der Eltern, das durch den plötzlichen Wegfall nationalsozialistischer Wertvorstellungen nach dem Krieg ausgelöst wird, wird somit auch in Form eines bestimmten Erziehungsstils an die Kinder weitergegeben, der diese Werte gleichsam im Verborgenen in den Sozialisationsprozess einbindet. In einem Überblick über den Stand der Forschung stellt Hartmut Radebold ergänzend fest, dass die Eltern von Kriegskindern ihrem Nachwuchs zwar eine »sichere, verwöhnende, gewährende äußere Lebenssituation zur Verfügung stellten (Haus oder Wohnung, eigenes Zimmer, finanzielle Sicherheit, Ausstattung, Spielzeug, Reisen, Freiräume für Schule, Hochschule, Ausbildung etc.)«, gleichzeitig jedoch »kaum für die ›kleinen psychischen Probleme‹ ihrer Kinder in Kindheit und Adoleszenz ansprechbar« waren (Radebold 2008: 53). Dazu kommt, dass die Kinder spürten, »dass es bei ihren Eltern ›unbekannte, fremde, nicht erreichbare, gefühlsmäßige‹ Erfahrungen gab, die unzugänglich blieben und kaum begreifbare, oft sogar skurril wirkende Verhaltensweisen – die allerdings zu Erziehungsnormen wurden.« (Ebd.)

Diese kurz skizzierten Befunde machen nicht nur deutlich, dass das Konzept der transgenerationellen Weitergabe von Trauma den medizinisch-psychologischen Fokus auf die deutschen Kriegskinder enorm erweitert hat. Vielmehr verbindet sich damit, wie im Folgenden zu zeigen sein wird, auch ein spezifisches Erinnerungsnarrativ, mit dessen Hilfe Trauma als kollektives Trauma inszeniert und erinnert wird. Zwei Punkte stehen dabei im Vordergrund:

Mit der Annahme einer transgenerationellen Weitergabe von Trauma gelingt es *erstens*, die *Familie* als einen zentralen und wichtigen Ort der Erinnerung in das Gedächtnis der Kriegskinder einzubeziehen. Die Erinnerungsgemeinschaft der Familie wird in dieser Lesart zur Keimzelle eines Traumas, das von den Eltern, die in den Nationalsozialismus und den Zweiten Weltkrieg verstrickt waren, unbewusst an ihre Nachkommen weitergegeben wird. Hatten wir es im vorhergehenden Punkt noch mit einem Mechanismus zu tun, der auf dem politischen Handeln *einzelner* traumatisierter Kriegskinder beruhte, so wird nun das Handeln *mehrerer*, in einem von sozialer und emotionaler Nähe geprägten Sozialzusammenhang verbundener Individuen dafür verantwortlich gemacht, dass die Deutschen von einem kollektiven Trauma befallen sind: Das Trauma des Zweiten Weltkriegs breitet sich aus, da es unbemerkt weitergegeben wird. Das bedeutet aber auch, dass das, was normalerweise hinter verschlossenen Türen stattfindet, im medikalisierten Gedächtnis der Kriegskinder eine Bedeutung erhält, die weit über den Bereich des Privaten hinausreicht: Die Erinnerungspraxis deutscher Familien wird zum (potenziellen) Gegenstand öffentlichen Interesses, da sie aus medizinisch-psychologischer Sicht für die Tradierung, aber auch für die Genese des deutschen Leids (wenn etwa selbst nicht traumatisierte Kinder durch ihre Eltern traumatisiert werden) verantwortlich ist.

Wenn die Sozialpsychologie davon spricht, dass das Familiengedächtnis »auf der Einheitlichkeit und Wiederholung der Praxis des Erinnerns sowie auf der Fiktion einer kanonisierten Familiengeschichte« (Welzer/Moller/Tschuggnall 2002: 21) beruht, dann interessieren hier folglich die *Pathologien*, die diese Praxis durchziehen und das *unbewusst Tradierte*, das die Familiengeschichte zu einer Geschichte des weitergegebenen Traumas macht. Im Interview mit Irmgard Koppenhöfer, die wie die Mehrzahl der Gesprächspartner von der Belastung ihrer Familie im Zweiten Weltkrieg erzählt, spiegelt sich diese Medikalisierung der Familie recht deutlich wieder:

»Ich glaube, das ist sehr tragisch, denn Kriegsgenerationen über einige Generationen hinaus bleiben gezeichnet. (Pause) Wir haben das gestern so am Beispiel meines Mannes durchgesprochen. Er war mit neun Monaten vaterlos und das ist schon so ein schweres Trauma in seinem Fall gewesen, er war dann sprachbehindert, und die Suche oder die Verletzung der Mutter ließ überhaupt nicht nach. Und da hat sich so viel draus ergeben. Also auch wir als Familie heute sind davon tief betroffen und kommen da auch nicht raus. Unsere Kinder sind auch neu davon betroffen und kommen da auch nicht raus. Es ist schon ein Verhängnis.« (Interview mit Irmgard Koppenhöfer vom 02.11.2005, Z. 232-238)

Folgt man Irmgard Koppenhöfer, dann hat das im Zweiten Weltkrieg erworbene Trauma ihres Mannes nicht nur ihn, sondern auch ihre Familie über Generationen hinweg fest im Griff: Der Verlust des Vaters führte in der Vergangenheit nicht nur zu einer dauerhaften Verletzung der zur Kriegswitwe gewordenen Mutter und zu einer Sprachbehinderung des Ehemanns, sondern dehnt sich in der Gegenwart auch auf Koppenhöfers Kinder aus. Die Formulierung, dass die Weitergabe des Traumas ein »Verhängnis« sei, aus dem man nicht »raus komme«, lässt sich als Hinweis darauf lesen, dass aus der Sicht der Ärztin das Kriegstrauma in der Zukunft unweigerlich auch auf die Generation der Enkelkinder übertragen wird. Koppenhöfer scheint sich dabei in ein Schicksal ergeben zu haben, das nicht nur das Schicksal ihrer, sondern auch anderer deutscher Familien ist. Auf die Frage, ob sie Auswege aus diesem Verhängnis sieht, antwortet sie nur: »Wir werden weiterhin leiden müssen.« (Ebd.: Z. 251) An dieser Stelle zeigt sich somit ein Phänomen, das auch weiter oben schon unter dem Punkt der Subjektivierung von Trauma deutlich wurde: Indem das Konzept der transgenerationellen Weitergabe von Trauma auf die eigene Familie bezogen wird, gibt es die Grundlage für ein Erinnerungsnarrativ ab, das die Geschichte der Familie in einem spezifischen, medizinisch-psychologischen Licht erscheinen lässt. Der entscheidende Unterschied zu oben besteht allerdings darin, dass es sich nicht um ein Narrativ des individuellen Traumas handelt, sondern die Rede von einem transgenerationellen Trauma von vornherein auf die kollektive Ebene gerichtet ist. Dadurch wird jedoch nicht nur die Familie als eine pathologische Erinnerungsgemeinschaft inszeniert (bzw. erinnert), sondern auch die familiäre Erinnerungspraxis selbst verändert: Irmgard Koppenhöfer überlegt, ob sie ihren Nichten und Neffen je von ihrer eigenen traumatischen Vergangenheit erzählen soll – sie zögere, »weil diese jungen Menschen so belastet werden würden. Das schränkt ein. Ich glaube nicht, dass man es jungen Menschen zumuten soll.« (Ebd.: Z. 504-506) Gerade weil das Trauma des Zweiten Weltkriegs ein Verhängnis für Koppenhöfers Familie darstellt, so lässt sich dieser Entschluss interpretieren, gilt es, den jungen Familienangehörigen zumindest die Anteile im Familiengedächtnis zu ersparen, deren Tradierung bewusst vermieden werden kann.

Das Konzept der transgenerationellen Weitergabe von Trauma erlaubt *zweitens* auch die Konstruktion einer *historischen Generationenfolge*, die auf der Idee des kollektiven Traumas aufbaut und über die enge Familiengeschichte hinausgeht. Folgt man der Studiengruppe *weltkrieg2kindheiten*, dann beginnt diese Abfolge nicht bei den Kriegskindern, sondern bei deren Eltern, die zwischen 1905 und 1920 geboren wurden. Diese Jahrgänge sind selbst in einem Krieg – dem Ersten Weltkrieg – aufgewachsen und könnten somit als »erste kriegsbetroffene Generation« (Radebold/Bohleber/Zinnecker 2008b: 8) in Deutschland gelten, die unter dem Verlust des Vaters im Krieg und den Auswirkungen elterlicher Traumata zu leiden gehabt hätte. Die zweite kriegsbetroffene Generation stellen die Kriegskinder des Zweiten Weltkriegs dar, die

> »neben der Bewältigung der unmittelbaren Kriegsfolgen auch Schwierigkeiten [hatten], ein adäquates Realitätsgefühl aufbauen zu können. Viele Kinder durchschauten dann als Jugendliche mehr oder weniger diese falsche Identifizierung der Eltern, die sich als Opfer Hitlers und des Krieges fühlten. Sie blieben aber auch durch frühkindliche Identifizierungsprozesse unbewusst an die Eltern gebunden, was zu vielfältigen und oft destruktiv verlaufenden Familienkonflikten führte. Darüber hinaus mussten Kinder vielfach Elternfunktion für ihre Eltern übernehmen, entweder den fehlenden Partner ersetzen oder bei physischer und psychischer Beschädigung des Elternteils kompensatorisch einspringen.« (Ebd.: 8)

Die Generation der Kinder des Zweiten Weltkriegs zeichnet sich hier dadurch aus, dass sie nicht nur durch eigene Erlebnisse im Krieg und in der unmittelbaren Nachkriegszeit traumatisiert wurde, sondern auch durch Elternteile, die selbst sowohl in ihrer Kindheit im Ersten Weltkrieg als auch als Erwachsene im Zweiten Weltkrieg Traumatisierungen erlitten haben. Als dritte kriegsbetroffene Generation werden die Kinder dieser Kriegskinder bezeichnet, von denen sich viele »zurzeit in psychotherapeutischer Behandlung« (ebd.) befänden. Der Zweite Weltkrieg wurde dabei nicht selbst erlebt, sondern wirkt sich nur noch auf indirektem Wege über die Eltern aus:

> »Sie [die Kinder der Kriegskinder; Anm. d. Verf.] vermitteln inzwischen zunehmend deutlicher, welche Folgen diese – ihnen allerdings oft unbekannte – Kriegskindheit ihrer Eltern hatte und noch hat. So klagen sie insbesondere über den Widerspruch zwischen äußere Sicherheit gebender Verwöhnung und

psychischem Desinteresse dieser Eltern an alltäglichen Schwierigkeiten, und über innere Unerreichbarkeit bei gleichzeitig unbekannter Familienvorgeschichte. Ihre Kinder wiederum (d.h. die Enkelkinder der Kriegskinder des Zweiten Weltkriegs) verkörpern die bereits *vierte* (wiederum indirekt) *kriegsbetroffene Generation.*« (Ebd.: 8 f.; Herv. i.O.)

Diese Konstruktion einer Generationenfolge kann zunächst als Versuch gelesen werden, die Generation der Kriegskinder nicht als isolierten Generationszusammenhang, sondern im Verhältnis zu anderen Generationen zu begreifen. Auffällig ist dabei jedoch, dass die für Generationsbeziehungen aus soziologischer Sicht typischen Spannungen zwischen den Generationen ausgeblendet und einem alle Generationen durchziehenden und letztlich alles bestimmenden Trauma untergeordnet werden. Selbst dort, wo die in dieser Lesart erste und zweite kriegsbetroffene Generation in »destruktiv verlaufenden Familienkonflikten« aufeinander trifft – von gesamtgesellschaftlichen Konflikten und der Generation der 68er ist hier gar nicht erst die Rede –, sehen die Forscher unbewusste Bindungen am Werk, die auf eine Weitergabe von Trauma verweisen und die Generationen (zumindest aus einer analytischen Perspektive) integrieren. Bettina Völter kritisiert daran, dass mit einem solchen Mechanismus der Weitergabe das Bild einer »unilinearen Bewegung« (Völter 2008: 103) von einem aktiven Geber zu einem passiven Empfänger nahe gelegt wird, das die komplexen Austauschprozesse, die zwischen den Generationen stattfinden, nicht abzubilden vermag. Sie geht vielmehr von einem intergenerationellen »Multilog« (ebd.) aus, in dem nicht nur Generationserfahrungen wechselseitig hergestellt werden, sondern auch das, was weitergegeben wird, in einem »lebenslangen, komplexen Prozess biografischer Arbeit« (ebd.: 104) verhandelt und immer wieder neu in sich aufschichtende Erfahrungen eingebettet wird. Aus einer Perspektive, die an der Erfindung der Erinnerung an deutsche Kriegskindheiten interessiert ist, bedeutet diese »Reduktion einer komplexen Wirklichkeit« (ebd.) jedoch, dass das Trauma der Kriegskinder als ein Trauma der *Generationen* thematisierbar wird, das seine Relevanz sowohl aus seiner *historischen Tiefe* als auch seiner *Verlängerung in die Zukunft* erhält. Historisch tief ist das kollektive Trauma der Generationen deshalb, da es seine Wurzeln im Ersten Weltkrieg hat; in die Zukunft verlängert wird es aufgrund der linearen – und wie es scheint: nur schwer zu unterbrechenden – Weitergabe. Damit werden, so die Logik, auch immer mehr Menschen von einem kollektiven Trauma infiziert und ergriffen, das sich aus der Familie heraus auf die Generationen und damit auch die deutsche Nation überträgt.

Blickt man auf den öffentlichen Erinnerungsdiskurs, dann zeigt sich, dass dieses medizinisch-psychologisch fundierte Narrativ hoch anschlussfähig ist: Die Erfindung der Generation der Kriegskinder wird mittlerweile begleitet von einer Erfindung der Kinder der Kriegskinder. So schreibt die 1974 geborene Journalistin Anne-Ev Ustorf, nach eigenen Angaben selbst schwer belastetes Kind von Kriegskindern, in ihrem 2008 erschienenen Buch *Wir Kinder der Kriegskinder: Die Generation im Schatten des Zweiten Weltkriegs*:

»Wir sind eine Generation, deren Lebensgefühl geprägt ist von emotionalen Erfahrungen, die gut 60 Jahre zurückreichen: die Heimatlosigkeit, das Gefühl, sich nirgends verwurzeln zu können, die eingeimpfte Existenzangst, Bindungsschwierigkeiten, Identitätsverwirrungen und vor allem das Gefühl, bei den Eltern wieder etwas gutmachen zu müssen ... all das sind oft Folgen der elterlichen Kriegs-, Flucht- und Vertreibungserfahrung.« (Ustorf 2008: 13)

Ihr Buch hat zum Ziel, mit Hilfe der Lebensgeschichten von zwischen 1955 und 1975 geborenen Kindern von Kriegskindern diese mannigfaltigen Belastungen und Verunsicherungen als eine generationelle Erfahrung zu beschreiben. Dahinter verbirgt sich die Hoffnung, »eine Auseinandersetzung mit der eigenen Familiengeschichte zu führen und so die eigenen Prägungen zu erkennen«; gelänge dies, »dann müssen wir sie nicht an unsere Kinder weiterreichen.« (Ebd.: 14) Ein ähnliches Ziel verfolgt auch Sabine Bode mit ihrem 2009 erschienenen Buch *Kriegsenkel*, das ebenfalls auf Gesprächen mit Kindern von Kriegskindern beruht. Bode macht dabei eine interessante Beobachtung:

»Gleichfalls berichteten viele Kriegsenkel von einem verunsicherten Lebensgefühl, von unauflösbaren Ängsten und Blockaden. Hatte man sich bis dahin als Generation ohne Eigenschaften gesehen, verblüffte und erleichterte die Kinder der Kriegskinder der Gedanke, offenbar doch generationsspezifische

Probleme zu haben. Sie zogen daraus den Schluss, es könne sich lohnen, einem Themenkomplex auf den Grund zu gehen, der in der eigenen Altersgruppe auffällig oft anzutreffen ist.« (Bode 2009: 13)

Die Idee, dass Trauma über die Generationen hinweg weitergegeben wird, wird von den Kindern der Kriegskinder – die im Untertitel des Buches als »Erben der vergessenen Generation« bezeichnet werden –, wie es scheint, mit Erleichterung aufgegriffen, bietet es ihnen doch die Möglichkeit, ihre individuelle Vergangenheit und ihre gegenwärtigen Leiden in den kollektiven Erfahrungszusammenhang einer traumatisierten Generation zu verorten. Diese beiden Beispiele, die als Ausdruck eines breiteren gesellschaftlichen Erinnerungsphänomens einer eigenen Untersuchung bedürften, zeigen sehr deutlich, dass das medizinisch-psychologische Konzept der transgenerationellen Weitergabe von Trauma zu einem kulturellen Erinnerungsnarrativ umgeformt wird, das nicht nur die familiäre Erinnerungspraxis von außen pathologisiert und in ihrem Inneren beeinflusst, sondern auch zur Erfindung neuer Generationen beiträgt, die ebenfalls der in Teil I beschriebenen Logik des Erinnerns und Erinnertwerdens folgt. Der entscheidende Punkt liegt dabei in der Zukunftsoffenheit des Konzepts: Da die Weitergabe des im Krieg erlittenen Traumas zeitlich nicht begrenzt ist, können sich auch immer mehr Individuen mit dem wissenschaftlichen und, wie hier zu sehen ist, auch medialen Konstrukt »kriegsbetroffener« Generationen identifizieren, die auf die Kriegskinder folgen und ebenso wie diese traumatisiert sind. Das aber bedeutet, dass die Unterscheidung zwischen Tätern und Opfern des Nationalsozialismus immer mehr verschwimmt: Im öffentlichen Erinnerungsdiskurs, der sich auf die *Nachkommen* des Dritten Reichs konzentriert, gibt es letztlich keine Täter mehr.[14] Indem ein Konzept, das dazu entwickelt wurde,

14 Dort, wo die Kinder von NS-Tätern in der medizinisch-psychologischen Literatur zur transgenerationellen Weitergabe von Trauma thematisiert werden, steht die Frage im Raum, ob auch sie von »Täterhaftigkeit« (Müller-Hohagen 2008) betroffen sind. Damit sind »psychische Dispositionen oder erhöhte Verhaltenswahrscheinlichkeiten, in labilen Situationen wie Partnerschaftskrisen, Konflikten mit pubertierenden Kindern oder in der Unüberschaubarkeit hochkomplexer Arbeitsprozesse im Zweifelsfall nicht

um das Leid der Überlebenden des Holocaust in seiner zeitlichen Entwicklung zu beschreiben und zu verstehen, auf die Täterseite übertragen wird, wird nicht nur der psychologische Mechanismus der Weitergabe universalisiert, sondern besteht auch die Gefahr, das Leid selbst zu verallgemeinern, seine Kontexte und seine Geschichte zu beseitigen.

TRAUMA EUROPÄISIEREN

Der letzte Punkt berührt ein Thema, das in den vergangenen Jahren sowohl in der Öffentlichkeit als auch in der Wissenschaft intensiv debattiert wurde: die Möglichkeit eines europäischen Gedächtnisses. Das Interesse am Gedächtnis Europas speist sich vor allem aus der Frage, wie sich eine gemeinsame europäische Identität herstellen lässt. Kollektive Erinnerungen werden dabei immer wieder – ganz in der Tradition eines Maurice Halbwachs – als der Kitt in Betracht gezogen, der die unterschiedlichen »nationalen Basiserzählungen« (Bauböck/Mokre/Weiss 2003: 14) und verschiedenen historischen Erfahrungsräume, die Europa auszeichnen, zusammenhalten und verbinden könnte (vgl. Eder/Spohn 2005; König/Schmidt/Sicking 2008). Es geht hier jedoch nicht darum, die verschiedenen theoretischen Argumente und Perspektiven nachzuzeichnen, die für oder gegen die Konstruktion eines – je nach Standpunkt: notwendigen oder verzichtbaren – europäischen Gedächtnisses sprechen. Für die folgende Argumentation ist vielmehr die Beobachtung entscheidend, dass auch das medikalisierte Gedächtnis der Kriegskinder immer wieder Bezug auf Europa nimmt. Wichtig zu sehen ist dabei, dass das Thema deutsche Kriegskindheiten jedoch erst sehr zögerlich aus dem Binnenraum der nationalen Erinnerung herausgelöst wird. Zwar finden sich bei allen untersuchten Gruppen Vernetzungen mit Projekten und Vereinen, die in anderen europäischen Ländern angesiedelt sind, doch bezieht sich die deutsche Dis-

---

[...] das Antlitz des anderen wahrzunehmen, sondern gerade daran vorbei zu schauen und den Mitmenschen aufs Spiel zu setzen.« (Ebd.: 157) Auch die Kinder von NS-Tätern können in der medizinisch-psychologischen Perspektive somit als Opfer der Vergangenheit gelten.

kussion im Wesentlichen auch auf die deutschen Kriegskinder. Dieser nationale Fokus schließt die Orientierung an transnationalen bzw. europäischen Erinnerungsnarrativen jedoch nicht aus – im Gegenteil: Die These, die es im Folgenden zu entfalten und zu belegen gilt, lautet, dass gerade *durch* die Europäisierung der Erinnerung das kollektive Trauma der Generation der Kriegskinder und der deutschen Nation legitimiert und als Gegenstand der öffentlichen Erinnerung verankert wird.

Die Herstellung des Gedächtnisses der Kriegskinder verweist damit auf eine analytisch-theoretische Figur, die sich als *reflexiver Partikularismus* beschreiben lässt:

> »Through reflexive particularism, the nation state is being re-valued in an emergent transnational European memoryscape. This phenomenon can be reduced to neither the persistence nor the demise of nationalism, revealing instead how the prism of cognitive or mnemonic practices can itself redefine or reinflect the national.« (Levy/Heinlein/Breuer 2010: 5 f.)

Der Begriff des reflexiven Partikularismus macht eine Erinnerungspraxis sichtbar, in der nationale Erinnerungen mit einem im Entstehen begriffenen europäischen Gedächtnisraum verknüpft und verbunden werden. Ausschlaggebend ist dabei die Erkenntnis, dass mit einer zunehmenden Europäisierung der Erinnerung der nationale Gedächtnisrahmen nicht obsolet wird oder verschwindet, sondern auf vielfältige Weise angepasst und umgedeutet wird. Nationale und europäische Erinnerungsnarrative bzw. -rahmen werden in dieser Perspektive somit nicht dichotomisch oder als sich wechselseitig ausschließende Kategorien gedacht, sondern in ihrer *praktischen Durchdringung* betrachtet und analysiert. Der springende Punkt liegt dabei darin, dass durch die Konstruktion einer europäischen Erinnerung gleichzeitig auch das nationale Erinnerungsnarrativ verändert wird – und vice versa. Bezieht man diese Überlegungen auf das medikalisierte Gedächtnis der Kriegskinder, dann lassen sich zwei Strategien unterscheiden, mit denen das kollektive Trauma der Generation der Kriegskinder und der deutschen Nation entlang europäischer Erinnerungsnarrative erfunden und erinnert wird: Zum einen wird mit Verweis auf die *gemeinsame Vergangenheit* Europas ein Gedächtnisraum konstruiert, in dem auch die Erinnerung an das deutsche Kriegstrauma ihren legitimen Platz hat; zum anderen wird das kollektive Trauma der deutschen Kriegskinder in den Dienst einer Erinnerung gestellt, die für die *gemeinsame Zukunft* in Europa und auf der ganzen Welt Frieden sichern will.

Das deutsche Trauma und Europas Vergangenheit

Zum *ersten* Fall: Hier wird Europa als unvollendet angesehen, da der europäischen Identität aus medizinisch-psychologischer Sicht eine wichtige Komponente fehlt: das kollektive Erinnern an das *gemeinsame Leid*. Dieses Argument findet sich an exponierter Stelle im Rahmen des im April 2005 veranstalteten Frankfurter Kriegskinderkongresses »Die Generation der Kriegskinder und ihre Botschaft für Europa sechzig Jahre nach Kriegsende« wieder: Ein ausgewiesenes Ziel der Tagung, die unter anderem von der Studiengruppe *weltkrieg2-kindheiten* geplant wurde, bestand darin, Europa »psychisch zusammenwachsen« zu lassen, wie Hartmut Radebold dies in seinem Eröffnungsvortrag formuliert:

> »Die internationale Kooperation [der Forschungsgruppe *weltkrieg2kindheiten*; Anm. d. Verf.] würde ermöglichen, die weit reichenden Folgen des Zweiten Weltkrieges, von denen unsere Nachbarländer genauso und teilweise noch viel schlimmer betroffen waren, gemeinsam und im Vergleich zu erkunden. [...] Der zweite Teil unseres Kongresstitels drückt unsere Hoffnung aus, dass unsere Forschungen dazu beitragen, dass Europa nach der politischen, ökonomischen, sozialen Einigung auch psychisch zusammenwächst. Erst das sich selbst zugestandene Leid erlaubt, das Leid der anderen gefühlsmäßig besser zu verstehen, sich dann über das gemeinsame Leid auszutauschen sowie schließlich diese gemeinsame Erfahrung an die nächsten Generationen weiterzugeben.« (Radebold 2006a: 25)

Folgt man Hartmut Radebold, der als Mitglied der Studiengruppe zu den Organisatoren des Frankfurter Kongresses gehörte, dann darf das kollektive Trauma der deutschen Kriegskinder nicht isoliert von den traumatischen Erfahrungen anderer Länder betrachtet werden, sondern muss in einem europäischen Rahmen verstanden und verortet werden. Dieser Schritt zur Europäisierung von Erinnerung und Forschung wird damit begründet, dass erst durch das gemeinsame Erkunden der traumatischen Vergangenheit Europa vollends, und das heißt: auch »psychisch« geeint werden könne. Hinter dieser Forderung steht die Erkenntnis, dass der Zweite Weltkrieg nicht nur Kinder in Deutschland traumatisiert hat, sondern, wie Insa Fooken (2006) zeigt, es kaum ein europäisches Land gibt, in dem Kinder *nicht* vom Zweiten Weltkrieg betroffen waren. Im Vergleich zu heute hätten sich damals jedoch eine Vielzahl europäischer Organisationen und Forschungsprojekte um das Schicksal dieser Kinder gesorgt: »In den ersten fünf Nachkriegsjahren war [...] im europäischen Raum ein Grundstein gelegt worden für unmittelbare Hilfsmaßnahmen aber auch für vergleichende Forschung über sowohl generalisierbare als auch spezifische kurz-, mittel- und langfristige Entwicklungsfolgen von Kindern mit Kriegsschädigungen.« (Fooken 2006: 150) Angesichts des Kalten Krieges und des Wiederaufbaus in Westeuropa geriet diese europäische Herangehensweise[15], in deren Rahmen auch deutsche Kriegskindheiten thematisiert wurden, jedoch zunehmend in Vergessenheit:

> »Die einzige Gruppe, deren Leid und Traumata noch am ehesten im Kontext internationaler Forschung rezipiert wurde, waren die jüdischen Kinder, die den Holocaust überlebt hatten und/oder unter den Folgen von Versteck, Folter, Elternverlust, Exil, Evakuierung litten. Mehrheitlich wurden aber mit der allmählichen Konsolidierung der Verhältnisse in Westeuropa die Fragen kindlicher Kriegsfolgen in die jeweiligen nationalen Zuständigkeiten überstellt. Für das Thema Kriegsbewältigung in Deutschland hieß das, dass nicht nur generell, sondern auch in Bezug auf mögliche kindliche Betroffenheiten und Traumata eher Prozesse von Anpassung, Normalität und ›Vergessen-Machen‹ erwünscht waren als die der Aufarbeitung und Auseinandersetzung.« (Ebd.: 151)

Auf eine Phase, in der das Thema Kriegskindheit in europäischer Perspektive erforscht und verhandelt wurde, schloss sich, bedingt durch

15 Insbesondere die Schweiz hat mit verschiedenen Aktivitäten und Initiativen wie beispielsweise den bereits im September 1945 einberufenen »Internationalen Studienwochen für das kriegsgeschädigte Kind« zur Europäisierung des Themas in der unmittelbaren Nachkriegszeit beigetragen (vgl. Fooken 149 f.).

politische und gesellschaftliche Entwicklungen der 1950er Jahre, eine Phase der nationalen Begrenzung des Themas an. Die Folge war, dass keine internationale Forschung und kein internationaler Austausch mehr über die Folgen des Krieges für die Kinder in Europa – die jüdischen Kinder stellen eine Ausnahme dar – stattfanden. Ihr Trauma verschwand gleichsam hinter den Grenzen national spezifischer Verarbeitungsweisen der Vergangenheit, was laut Fooken in Deutschland dazu führte, dass das Schicksal der Kriegskinder aus dem öffentlichen und wissenschaftlichen Diskurs verschwand (zum norwegischen und dänischen Umgang mit Wehrmachtskindern – damit sind Kinder gemeint, die aus einer Beziehung zwischen einer Einheimischen und einem deutschen Soldaten hervorgegangen sind – siehe genauer Mochmann/Larsen 2005). Blickt man vor diesem Hintergrund auf die Zielsetzung des Frankfurter Kongresses und die von Radebold erwähnte Forschungsarbeit, dann kann beides als ein Versuch verstanden werden, die Kriegskindheitsthematik erneut zu europäisieren: Durch die vergleichende Forschung der Studiengruppe, die sich insbesondere an polnischen Kriegskindheiten orientiert[16] (vgl. Ruchniewicz/Zinnecker 2007), und der bewussten Öffnung des Erinnerungsdiskurses für die

16 Wie Jürgen Zinnecker im Interview erläutert, stecken hinter dieser vergleichenden Perspektive auch wissenschaftstheoretische Überlegungen. Aus der Studiengruppe *weltkrieg2kindheiten* berichtet er Folgendes: »Da gibt es sozusagen interne Reflektionsversuche und wir haben eben als Konsequenz gezogen, wir dürfen auf keinen Fall bei der deutschen Kindheit stehen bleiben und dieser Generation, sondern wir müssen den europäischen Kontakt suchen. Also, deswegen haben wir uns an Polen orientiert, weil wir dachten, das ist ein sehr gutes Kontrastland, [...] und das bietet sich eben an als Nachbarland – obwohl es bei unserem Thema besonders viele Ereignisse auch waren und Betroffenheiten unterschiedlicher Gruppen: Holocaustgruppen, polnische Gruppen und deutsche Gruppen waren betroffen. Also, das Ideal für Forschungszwecke. Ist aber vor allem unter dem Gesichtspunkt wichtig, dass wir eine Distanz zu unserer eigenen Kindheit herstellen.« (Interview mit Jürgen Zinnecker vom 20.12.2005, Z. 179-188) Diese Strategie könnte man als epistemologischen Kosmopolitismus bezeichnen: Die nationale Erinnerung wird für polnische Erinnerungen geöffnet, um Distanz zum Eigenen herzustellen.

Erinnerungen anderer Nationen, soll ein gemeinsamer europäischer Gedächtnisraum geschaffen werden, in dem nicht nur alle Kinder des Zweiten Weltkriegs als eine gleichsam europäische Generation (vgl. Zinnecker 2008b: 148) repräsentiert sind, sondern auch die Einigung Europas vollzogen wird.[17] Diese Form der Europäisierung hat jedoch auch Folgen dafür, wie das kollektive Trauma deutscher Kriegskinder – im Sinne eines reflexiven Partikularismus – erinnert wird. Zwei Punkte sind dabei entscheidend: Der *erste* Punkt bezieht sich darauf, dass sich der Kongress ebenso wie die Arbeit der Studiengruppe *weltkrieg2kindheiten* auf die *Folgen* des Zweiten Weltkriegs konzentriert. Radebold sieht den Zweiten Weltkrieg zwar als Ursache des Traumas von Kriegskindern in ganz Europa, geht in seinen Ausführungen aber nicht näher darauf ein, dass Deutschland diesen Krieg verursacht hat: Im Zweiten Weltkrieg haben, so die dahinter liegende Botschaft, alle Kinder gelitten. In dieser Logik stellt das deutsche Trauma einen legitimen Bestandteil des nationalen wie europäischen Gedächtnisses dar

17 Zwei Punkte sind hier anzumerken, die bei einer *Reeuropäisierung* der Kriegskindheitsthematik aus einer soziologischen Perspektive berücksichtigt werden müssten: Zum einen existieren in verschiedenen europäischen Ländern ganz unterschiedliche Vorstellungen davon, was unter Kriegskindern zu verstehen ist. Fooken (2006: 153) unterscheidet beispielsweise je nach nationalem Kontext Kollaborateurskinder, Wehrmachtskinder, Lebensbornkinder, Besatzungskinder und Kinder mit traumatisierten Biografien. Zum anderen scheinen auch Ungleichzeitigkeiten in der Verarbeitung und Thematisierung eine große Rolle zu spielen: »Vor allem in den nordischen Ländern, dort gibt es diese Betroffenenbewegungen, sehr aktiv von den Besatzungskindern, was übrigens in Polen überhaupt nicht vorhanden ist. Man könnte ja auch sagen, die müssten sich auch organisieren, die wurden nach 1945 auch diskriminiert, diese Besatzungskinder, ob das nun deutsche Wehrmacht oder die Rote Armee war. Aber das ist überhaupt kein Thema bisher in Polen. Da ist man mal gespannt, wann die aufwachen.« (Interview mit Jürgen Zinnecker vom 20.12.2005, Z. 333-338) Eine ernst gemeinte europäische bzw. kosmopolitische Erinnerung an Kriegskindheiten steht vor der Aufgabe, die bestehenden Unterschiede in einer gemeinsamen Erinnerungspraxis zu integrieren, gleichzeitig aber auch zu erhalten.

– auch wenn angemerkt wird, dass die Nachbarländer Deutschlands »genauso und teilweise noch viel schlimmer betroffen waren« (siehe oben). Gerade *weil* Europa den normativen Hintergrund der nationalen Erinnerung abgibt, gerade *weil* die Erinnerungen anderer europäischer Länder in das eigene, nationale Erinnern einbezogen werden sollen, wird das deutsche Trauma zu einem objektiven Tatbestand, der nicht nur wissenschaftlich, sondern auch erinnerungskulturell anerkannt werden muss. Unterstützt wird diese Konstruktion *zweitens* durch eine These, die aus dem Bereich der Psychotherapie stammt: Das Leid der Anderen – sprich: der Opfer der Deutschen – könne »gefühlsmäßig« erst dann verstanden und ein gemeinsamer Austausch in Gang gesetzt werden, wenn die deutschen Opfer ebenfalls anerkannt und Teil der deutschen Erinnerungskultur werden. Helga Spranger vom Verein *kriegskind.de* erläutert diese These im Interview folgendermaßen:

»Sie haben Schmerzen, es nimmt keiner Rücksicht auf Sie. Dann ist die Folge davon, dass Sie lernen, es hat gar keinen Sinn, dass ich klage, es geht sowieso niemand darauf ein. Der nächste Schritt ist aber dann der unter Umständen, dass Sie dann sagen: Na ja, also, dann geh ich auch nicht darauf ein, wenn die Anderen klagen. Und jetzt im positiven Umkehrschluss: Nur dann, wenn man Zugang zu seinem eigenen Schmerz hat, und wenn der auch anerkannt wird – du hast Schmerzen, wir wissen das! – dann ist der Output auf Andere, also die soziale Kompetenz zu Anderen hin, die wird dann in der gleichen Weise sich auch ausleben, dass Sie auch Verständnis haben für Schmerzen und Verletzungen bei Anderen. Das ist der Hintergrund. Also, wenn, wenn man einem Menschen nicht gestattet über seinen eigenen Schmerz zu klagen, dann wird man verhärtete Menschen produzieren.« (Interview mit Helga Spranger vom 02.11.2005, Z. 553-563)

Folgt man dieser medizinisch-psychologischen Sichtweise, dann liegt der Schlüssel zum Verständnis des Leids des Anderen in der Anerkennung des eigenen Leids. Damit ist nicht nur der kognitive, sondern auch der emotionale Zugang zum Trauma der Kriegskinder von entscheidender Bedeutung dafür, ob die deutsche Nation in der Lage ist, auf das Leid Anderer einzugehen, oder aber damit fortfährt, »verhärtete Menschen« zu produzieren. Will man Europa auch auf der psychischen Ebene zusammenwachsen lassen, dann ist es somit nicht nur legitim, sondern auch *notwendig*, das kollektive Trauma der Generation der Kriegskinder und der deutschen Nation ebenso wie die eigenen Taten öffentlich anzuerkennen und zu verarbeiten. Das aber bedeutet, dass das deutsche Trauma nicht ein Trauma unter vielen ist, sondern in Europas Gedächtnis eine *Schlüsselrolle* einnimmt: Erst wenn die Deutschen sich ihrem Trauma gestellt haben, wird eine auf wechselseitigem Verständnis beruhende Versöhnung in einem gemeinsamen Europa möglich.

Das deutsche Trauma und Europas Zukunft

Im Gegensatz zu einer – in der Erinnerungspraxis selbst erst herzustellenden – gemeinsamen europäischen Vergangenheit rückt im Rahmen der *zweiten* Strategie die gemeinsame *Zukunft* in den Vordergrund.[18] Auf welche Weise dies geschieht und welche Rolle der Begriff des kollektiven Traumas dabei spielt, lässt sich an Sabine Bodes Antwort auf ihre Frage ablesen, wie heute mit den immer noch unverarbeiteten Traumatisierungen deutscher Kriegskinder umzugehen sei. Ihre Antwort umfasst drei Forderungen:

> »Erstens müssen wir uns darum kümmern, damit nicht länger traumatische Erfahrungen an die nachfolgenden Generationen weitergegeben werden. Zweitens müssen wir es tun, um einen neuen Opferkult zu verhindern. Und drittens sind wir dazu verpflichtet, um den Frieden in Europa zu erhalten.« (Bode 2004: 263)

Die Anerkennung des kollektiven Traumas der deutschen Kriegskinder hat aus der Sicht von Sabine Bode nicht nur Folgen für die deutsche Nation selbst, indem die generationsübergreifende Weitergabe von Trauma unterbrochen und einem »neuen Opferkult« zuvorge-

18 Erinnerung hat, wie Harald Welzer (2010) mit dem Begriff des »prospektiven Gedächtnisses« anmerkt, per se mehr mit Zukunft als mit Vergangenheit zu tun. Wie Zukunftsorientierungen in individuellen wie kollektiven Gedächtnissen manifest werden und wirken, müsste jedoch im Rahmen einer allgemeinen soziologischen Theorie der Erinnerung und des Gedächtnisses systematisch herausgearbeitet werden.

kommen werden kann. Vielmehr stellt das öffentliche Erinnern dieses Traumas auch einen friedenspolitischen Akt dar, zu dem Deutschland als Bestandteil Europas verpflichtet ist. Begründet wird diese Forderung von Bode folgendermaßen:

»Der Ausbruch der Gewalt im Balkan in den neunziger Jahren hat gezeigt, dass das Langzeitgedächtnis für unverarbeitete kollektive Schrecken nachtragend und unberechenbar ist. 50, sogar 100 Jahre können verstrichen sein, und man glaubt, die Zeit habe alle Wunden geheilt – aber dann eskaliert irgendein Konflikt, und eine ungeheure Zerstörungskraft bricht auf. Unverarbeitete kollektive Traumata können sich in Ressentiments niederschlagen wie auch in blutigen Auseinandersetzungen. Ähnlich wie bei Blindgängern und Giftmülldeponien bestünde verantwortliches Handeln darin, die Gefahr zu entschärfen, bevor sie zum Ausbruch kommt.« (Ebd.: 263 f.)

Folgt man dieser Argumentation, dann lassen sich die Kriege in Slowenien, Kroatien, Bosnien und dem Kosovo als eine direkte Folge gesellschaftlicher und politischer Versäumnisse begreifen: Da in der Vergangenheit erlittene kollektive Traumatisierungen in der Öffentlichkeit nicht aufgearbeitet und thematisiert worden sind, konnten sich diese unbemerkt in das gesellschaftliche Langzeitgedächtnis einschreiben und – mit zum Teil erheblicher zeitlicher Verzögerung – zu der Gewaltexplosion auf dem Balkan führen. Bode prangert damit eine Politik der Verdrängung an, die sie nicht nur im Kontext des deutschen Umgangs mit der insbesondere für Kinder belastenden Vergangenheit des Zweiten Weltkriegs ausmacht, sondern auch in den südosteuropäischen Ländern des Balkans am Werk sieht. Der Zusammenhang, der hier zwischen der fahrlässig versäumten Aufarbeitung kollektiver Traumata und dem Ausbruch von Kriegen konstruiert wird, wird dabei nicht nur als universal gültig angenommen, sondern auch als Aufforderung zu »verantwortlichem Handeln« verstanden: Ebenso wie im vorherigen Fall wird die Anerkennung des deutschen Traumas als eine gesellschaftlich zu meisternde Aufgabe gesehen, die an dieser Stelle jedoch nicht primär zur Einigung Europas beiträgt, sondern unvermeidlich ist, wenn zukünftige Auseinandersetzungen in einem von Kriegen gezeichneten Europa vermieden werden sollen. Dies hat zur Folge, dass das deutsche Trauma auch hier zu einem Trauma unter vielen wird, dessen Bewältigung und Verarbeitung jedoch in den Dienst einer *europäischen Friedenspolitik* gestellt wird, die auf der leidvollen Erfahrung immer wiederkehrender blutiger Konflikte beruht.

Als reflexiver Partikularismus lässt sich dabei der Versuch begreifen, das kollektive Trauma der Generation der Kriegskinder und der deutschen Nation über eine Vorstellung von Europa zu reformulieren, die Europa sowohl als Erinnerungs- als auch als Friedensgemeinschaft begreift: Das europäische Gedächtnis, das Sabine Bode vor Augen schwebt, orientiert sich nicht nur am Ideal einer gemeinsam gestaltbaren Zukunft, sondern auch an der normativen Zielsetzung »Nie wieder Krieg«.[19] Dass sich diese auf Prävention ausgerichtete Erinnerung im medikalisierten Gedächtnis der Kriegskinder nicht allein auf Europa beschränkt, wird mit der Arbeit des Vereins *kriegskind.de* sichtbar. Für Helga Spranger ist auch der *globale* Raum von Bedeutung:

»Also, für mich persönlich ist die Geographie nicht so wichtig. Ich weiß, wo überall Kriegskinder entstanden sein könnten. Für mich ist eine andere Verbindung, eine vertikale, zeitliche Verbindung das Wichtige, und zwar von der Vergangenheit in die Gegenwart. Wenn Sie bedenken, wir haben, 2003 haben wir 40 virulente Kriege auf der Welt gehabt. Es ist jetzt, glaub ich, nicht sehr viel weniger. Ich habe kürzlich mal gehört, dass wir derzeit 38 Kriege haben. Das heißt, wir produzieren all over the world neue Traumatisierte. Wir wissen, es ist Hungersnot da, wir zerstören die, die Gebiete, in denen man eigentlich Getreide ansäen könnte. Und diese Dummheit, das ist, das ist das, diese Kurzsichtigkeit, der Materialismus oder auch Imperialismus, aus dem heraus diese Kriege geführt werden – auf Kosten speziell der Zivilbevölkerung. Das ist

19 Vor diesem Hintergrund wurde auch der gemeinnützige Förderverein *Kriegskinder für den Frieden e.V.* von ehemaligen Kriegskindern gegründet, der sich »für die wissenschaftliche Friedensarbeit« einsetzt: »Er fördert Forschungsprojekte, die dem wissenschaftlichen interdisziplinären und internationalen Austausch dienen. Der Verein unterstützt eine internationale Gesinnung, Toleranz auf allen Gebieten der Kultur sowie den Gedanken der Völkerverständigung und des Friedens.« Die Homepage des Vereins, von der auch dieses Zitat stammt, lautet http://www.kriegskinder-fuer-den-frieden.de/Kriegskinderfuerdenfrieden.htm.

doch, das ist doch entsetzlich. Und ich, ich, da ist meine Verbindung, dass ich sage: Mensch, wir haben jetzt ja Daten, wir haben Daten von vor 50 Jahren, wir haben Kosovodaten, wir haben Irakdaten, wir haben Afghanistandaten. Das liegt ja alles vor. Und wir brauchen ja nur zu gucken, welche Schädigungen da sind. Da sind ja sehr differenzierte Arbeiten inzwischen entstanden. Dann müssten wir doch eigentlich wissen, dass wir diese Art von Kriege nicht mehr tun dürfen. Zumal jeder weiß inzwischen, dass die Schädigung der Soldaten wesentlich geringer ist, also der Anteil der geschädigten Soldaten wesentlich geringer ist als der Anteil der geschädigten Zivilbevölkerung. (Interview mit Helga Spranger vom 02.11.2005, Z. 661-677)

Wie dieses Zitat zeigt, verfolgt auch Helga Spranger mit ihrer Arbeit einen friedenspolitischen Anspruch: Die Beschäftigung mit dem Trauma von Kriegskindern erhält ihren Sinn unter anderem auch dadurch, dass auf diesem Wege die Sinnlosigkeit von Kriegen herausgestellt und über das Leiden und die dauerhaften Schädigungen der Zivilbevölkerung aufgeklärt werden kann. Für Spranger ist dabei ein Perspektivenwechsel entscheidend, der bereits bei Sabine Bode anklingt: Sie begreift Kriege nicht in ihrer räumlichen Ordnung, sondern versucht, kriegerische Auseinandersetzungen, die zu unterschiedlichen Zeiten stattgefunden haben, in Beziehung zueinander zu setzen. Entsprechend sinnvoll ist es, die Daten, die über die Auswirkungen des Zweiten Weltkriegs für die deutsche Zivilbevölkerung – darunter auch die Kriegskinder – vorliegen, mit aktuellen Daten über den Irak, Afghanistan und dem Kosovo zu kombinieren und zu vergleichen, um neue Erkenntnisse über Kriegsschädigungen zu gewinnen oder aber die Wahrscheinlichkeit bestimmter psychischer Kriegsschädigungen für zukünftige Kriege abschätzen zu können (was nicht zuletzt die medizinisch-psychologische Betreuung in den von Krieg betroffenen Gebieten erleichtern würde).[20] Aus einer Perspektive, die daran inte-

20 Michael Ermann vom Münchner Projekt *Kriegskindheit* vertritt hier eine gänzlich andere Meinung. Sein Argument lautet, dass man »einen Krieg, Kosovo oder im Irak, nicht über die allgemeine menschliche, humanistische Katastrophe, die da drin steckt, hinaus« miteinander vergleichen könne: »Die sind so unterschiedlich eingebettet in Dinge, die für Bewältigung unglaublich wichtig sind, wie zum Beispiel der ganze religiöse Hin-

ressiert ist, wie das Trauma deutscher Kriegskinder vor dem Hintergrund europäischer bzw. transnationaler Narrative konstruiert und legitimiert wird, lässt sich dies als ein Versuch interpretieren, das Trauma der deutschen Kriegskinder in einen *universalen Opferdiskurs* einzubetten, in dem Kriege unabhängig von ihren politischen, kulturellen und historischen Kontexten als menschliche Tragödien begriffen werden:

»The universal idea of victimhood begins with the idea that modern warfare made everyone victims. It does not matter if you start, win, or lose the war because war is a human tragedy affecting all. This is why in the universalized discourse on victimhood, war is seen as a tragedy and an aberration in the cosmopolitan path to peace.« (Levy/Sznaider 2005a: 3)

Indem Kriege als Ereignisse erinnert werden, die in ihrem Kern *alle* zu Opfern machen, verschwinden, wie Daniel Levy und Natan Sznaider anmerken, wichtige Differenzierungen zwischen Siegern, Besiegten und Auslösern des Krieges. Im Gedächtnis der Kriegskinder verstärkt sich dieser Effekt dadurch, dass der Blick auf die *traumatischen Folgen* von Kriegen gerichtet wird, von denen in letzter Konsequenz auch die Verursacher betroffen sind – einerlei, ob es sich um die Verknüpfung des Zweiten Weltkriegs mit europäischen (Sabine Bode) oder globalen (Helga Spranger) Kriegen handelt oder aber um die Konstruktion einer europäischen Opferidentität, die auf dem Argument beruht, dass in der Vergangenheit alle vom Zweiten Weltkrieg betroffenen Länder in ähnlicher Weise gelitten hätten. Der Begriff des Traumas ist somit aus zwei Gründen der Schlüssel zum Verständnis des reflexiven Partikularismus, der das Gedächtnis der Kriegskinder auszeichnet: Zum einen verweist Trauma auf den *Gegenstand* der reflexiv partikularen Erinnerung, d.h. durch die Bezüge auf Europa und den globalen Raum wird Trauma als ein deutsches Trauma konstruiert

tergrund, die Frage der Einheitlichkeit des Volkes, wie weit das durch Bürgerkrieg zerrissen ist und so weiter.« (Interview mit Michael Ermann, 03.01.2006, Z. 470-475) Diese geografisch-kulturellen Hindernisse verhinderten seiner Meinung nach auch die Übertragung von Daten aus der Vergangenheit auf aktuelle Kriege.

und legitimiert. Zum anderen ermöglicht der dem Trauma eingeschriebene »universal code of suffering« (Levy/Sznaider 2005b: 289) erst diese Form der Erinnerung, d.h. der Traumabegriff hat also etwas mit dem *Mechanismus* des reflexiven Partikularismus selbst zu tun. Dass das deutsche Kriegstrauma als ein Trauma unter vielen nationalen Traumata erinnert werden kann, beruht auf einer gemeinsamen Projektionsfläche, die aus der Universalisierung und Ikonisierung des Holocaust resultiert: »The Holocaust has become the iconic trauma. It is now a concept that has been dislocated from space and time resulting in its inscription into other acts of injustice and traumatic national memories across the globe.« (Ebd.: 292) Indem der Holocaust als Schlüsselereignis des 20. Jahrhunderts im Laufe der Zeit auf seinen traumatischen Kern reduziert und aus seinen raum-zeitlichen Bezügen herausgelöst wurde, gibt er die Folie ab, vor deren Hintergrund Jahrzehnte später partikulare Erinnerungen (re-)formuliert und mit einem universalen Opfernarrativ verknüpft werden. Der Holocaust stellt gleichsam einen »universalen ›Container‹ für Erinnerungen an unterschiedliche Opfer« dar (Levy/Sznaider 2001: 223).[21] Im Gedächtnis der Kriegskinder zeigt sich dies darin, dass die belastenden Folgen des Zweiten Weltkriegs mit Hilfe des Traumanarrativs gleichzeitig als universal *und* partikular ausgewiesen werden. Wenn also Norbert Frei konstatiert, dass – »vorangetrieben von den einstigen Achtundsechzigern, die sich plötzlich als Generation der Kriegskinder entdecken« – in »den Gedächtnisraum einer globalisierten Holocaust-Erinnerung [...] die intensive Verlebendigung von Bombenkrieg, Flucht und Vertreibung«[22] drängt, dann übersieht er einen wesentlichen Punkt: Es ist *gerade* die Globalisierung und Universalisierung der Holocaust-Erinnerung, die dieses Hineindrängen möglich macht – und im medikalisierten Gedächtnis der Kriegskinder sowohl zu zukunfts- als auch vergangenheitsbezogenen Formen eines reflexiven Partikularismus

21 Jill Bennett und Roseanne Kennedy (2003) sprechen – wenn auch vor anderen theoretischen Hintergründen – von »vernacular languages of trauma«, die in verschiedenen kulturellen Kontexten durch die Aneignung und Überformung eines global verfügbaren, universalen Traumadiskurses entstehen.

22 Dieses Zitat ist dem vorderen Klappentext von Frei (2005) entnommen.

führt, an dem sich die analytischen, politischen und moralischen Probleme ablesen lassen, die im Laufe der Ausführungen immer wieder sichtbar geworden sind. Die Erfindung der Erinnerung an deutsche Kriegskindheiten ist somit nicht nur eine rein nationale Angelegenheit, sondern findet auch in einem europäisierten und globalisierten Gedächtnisraum statt, den es nicht als Gegenpart, sondern als *integralen Bestandteil* lokaler Gedächtnispraktiken zu begreifen gilt.

4. Zusammenfassung

Ausgehend von der Beobachtung, dass sich die Erinnerung an deutsche Kriegskindheiten stark auf den Topos des Traumas konzentriert, hatte sich dieser Teil des Buches zum Ziel gesetzt, die konkreten Praktiken des solchermaßen medikalisierten Gedächtnisses der Kriegskinder zu untersuchen. Dabei ging es auch darum, die Rolle, die der medizinisch-psychologische Begriff des Traumas im Rahmen des aktuellen Wandels der Erinnerungslandschaft spielt, herauszuarbeiten und abzuschätzen. Die Analyse folgte der Unterscheidung zwischen individuell und kollektiv erinnertem Trauma, hatte dabei jedoch stets im Blick, dass das Traumanarrativ quer zu Prozessen des individuellen und kollektiven Erinnerns liegt: Individuelle Erinnerungen verbinden sich ebenso mit Vorstellungen kollektiver Traumata, wie im Rahmen der Kollektivierung von Trauma auch immer wieder auf die Idee individueller Traumata zurückgegriffen wird.

Auf der Ebene des Individuums wurde zunächst deutlich, dass die medizinisch-psychologische Konstruktion des Kriegskinds als traumatisiertes Subjekt eng verbunden ist mit der Entstehung einer Erinnerungspraxis, in der die objektive Diagnose der Kriegstraumatisierung von Menschen dazu genutzt wird, die eigene Vergangenheit vor einem lebensweltlichen Hintergrund neu zu deuten. Die Rede von einem individuellen Trauma verweist in diesem Kontext somit nicht nur auf eine individualtherapeutische Praxis, die sich unter anderem am Konzept der Posttraumatischen Belastungsstörung orientiert, sondern auch auf einen sozialen Rahmen des Gedächtnisses, durch den Individuen in die Lage versetzt werden, ihr subjektiv empfundenes Leid als Folge des Zweiten Weltkriegs zu begreifen und zu erinnern. In diesem Zusammenhang wurde auch die Doppelrolle herausgearbeitet, die Subjekte einnehmen, die gleichzeitig über Kriegskinder forschen und sich selbst als Kriegskinder identifizieren. Die Besonderheit dieser Doppelrolle liegt darin, dass sich in ihr die im Kontrast von wissenschaftlicher Literatur und autobiografischen Schriften auszumachende Auseinandersetzung zwischen der objektiv-wissenschaftlichen Seite des individuellen Traumas und seiner subjektiv-lebensweltlichen Wendung in die Subjekte hinein verlagert.

Neben den individuellen Vergangenheiten, die im medikalisierten Gedächtnis der Kriegskinder neu gedeutet und erinnert werden, lässt das Erinnerungsnarrativ des Traumas jedoch auch die Vergangenheiten von Kollektiven in einem neuen Licht erscheinen. In einem zweiten Schritt wurden daher vier Strategien identifiziert, deren gemeinsames Ziel darin besteht, Trauma sowohl als ein Trauma der Generation(en) als auch als ein nationales Trauma zu konstruieren und zu legitimieren. Das Augenmerk lag dabei auch stets auf den damit einhergehenden moralischen Probleme – durch die Universalität des Traumabegriffs werden, so die Kritik, nicht nur unterschiedlichste Erfahrungen extremer Gewalt auf den gemeinsamen Nenner eines Opfernarrativs gebracht, sondern bleiben auch die mit diesen Erfahrungen verbundenen historischen, sozialen, politischen und kulturellen Kontexte unberücksichtigt. Insbesondere die Verallgemeinerung der Theorie der transgenerationellen Weitergabe von Trauma, die ursprünglich in der Auseinandersetzung mit Kindern von Holocaustüberlebenden entwickelt wurde, und die Behauptung einer traumatisierten Nation vor dem Hintergrund eines universalen Opferdiskurses machten klar, dass im Gedächtnis der Kriegskinder die Unterscheidung zwischen Tätern und Opfern des Nationalsozialismus immer wieder auf problematische Weise verschwimmt. Damit kommen Herausforderungen an eine Erinnerungskultur am Ende der Zeitzeugenschaft des Zweiten Weltkriegs in den Blick, auf die das Schlusskapitel – ergänzt um den im engeren Sinne theoretischen Ertrag des Buches – eingehen will.

Schluss

> The memory remains.
> METALLICA

Die Erfindung der Erinnerung an deutsche Kriegskindheiten verweist auf komplexe gesellschaftliche Praktiken, die quer zu individuellen und kollektiven, privaten und öffentlichen Zusammenhängen liegen. Der erste Teil des Buches hat sich darum bemüht, diese Komplexität auf konzeptioneller Ebene in den Griff zu bekommen und eine praxeologisch orientierte Soziologie des Gedächtnisses zu entwerfen. Dabei sollte insbesondere auch die mediale Seite des gesellschaftlich verfassten individuellen wie kollektiven Erinnerns in den Blick genommen werden. Das Ziel der empirischen Analysen des zweiten Teils bestand darin, einerseits die konzeptionellen Überlegungen des ersten Teils weiterzuführen und zu vertiefen, andererseits aber auch den durch das Verschwinden der Zeitzeugen bedingten Wandel der Erinnerungslandschaft näher unter die Lupe zu nehmen: Entlang welcher Vorstellungen und Bilder, so lautete die zentrale Frage, wird die leidvolle Vergangenheit des Zweiten Weltkriegs im Gedächtnis der Kriegskinder repräsentiert? Und was sagt dies über die Art und Weise aus, mit der die Erinnerungen dieser letzten Zeitzeugen im kulturellen Gedächtnis des Zweiten Weltkriegs verankert und verortet werden? Dieses Schlusskapitel will einerseits ein konzeptionelles Fazit ziehen und den erinnerungstheoretischen Ertrag der vorhergehenden Überlegungen bündeln, andererseits aber auch einen kritischen Beitrag zur Diskussion um den gegenwärtigen Gedächtnisumbruch und die Erinnerung an die deutschen Opfer des Zweiten Weltkriegs leisten.

In konzeptioneller Hinsicht sollen abschließend noch einmal zwei Punkte hervorgehoben werden, die zu einer allgemeinen soziologischen Theorie der Erinnerung und des Gedächtnisses beisteuern können: Der erste Punkt bezieht sich auf die *Rekursivität* von Gedächtnis. Die zentrale Erkenntnis an dieser Stelle lautet, dass sich die gesellschaftliche Praxis des Erinnerns erst dann hinreichend verstehen lässt, wenn die Verknüpfungen, die zwischen den Praktiken des individuellen und des kollektiven Erinnerns bestehen, systematisch in den Blick genommen werden. Wie im ersten Teil des Buches ausgehend von der Halbwachs'schen Gedächtnistheorie und unter Zuhilfenahme medientheoretischer Überlegungen gezeigt wurde, sind individuelle Erinnerungen stets mit kollektiven Erinnerungen verbunden – und es gibt auch keine kollektiven Erinnerungen, die sich nicht auf individuelle Erinnerungen beziehen und auf diesen aufbauen würden. Die sozialen und medialen Rahmen des Gedächtnisses strukturieren und informieren das individuelle Erinnern wie das individuelle Erinnern selbst Form und Inhalt der überindividuell gelagerten Rahmungen beeinflussen kann. Diese Rekursivität von Gedächtnis wurde auch in Teil II deutlich: Die Erinnerung an das Trauma deutscher Kriegskinder speist sich nämlich nicht allein durch medizinisch-psychologische Repräsentationen, sondern auch dadurch, dass Kriegskinder den Begriff des Traumas aufgreifen, in individuelle Praktiken des Erinnerns einbinden und damit das Erinnerungsnarrativ des Traumas verändern.

Dass Erinnerungen auch rezipiert bzw. konsumiert werden, wird in der sozial- und kulturwissenschaftlichen Erinnerungsforschung demgegenüber jedoch noch kaum diskutiert. Der Historiker Wulf Kansteiner sieht in dieser Verkürzung zu Recht ein folgenreiches methodologisches Problem:

»Most studies on memory focus on the representation of specific events within particular chronological, geographical, and media settings without reflecting on the audiences of the representations in question. As a result, the wealth of new insights into past and present historical cultures cannot be linked conclusively to specific social collectives and their historical consciousness. [...] [S]ome of these shortcomings can be addressed through the extensive contextualization of specific strategies of representation, which links facts of representation with facts of reception. As a result, the history of collective memory would be recast as a complex process of cultural production and consumption that acknowledges the persistence of cultural traditions as well as the ingenuity of memory makers and the subversive interests of memory consumers.« (Kansteiner 2002: 179)

Kansteiners Vorschlag lautet, die Analyse der »facts of representation« mit einer Analyse der »facts of reception« zu ergänzen, die beiden Seiten der Repräsentation und der Rezeption also gleichzeitig in den Blick zu nehmen. Der springende Punkt an der Rekursivität von Gedächtnis, wie sie hier verstanden wird, liegt jedoch darin, dass es um die *Wechselwirkung* von individuellen und kollektiven Erinnerungspraktiken geht, also darum, auf welche Weisen und in welchen Zusammenhängen sich das individuelle mit dem kollektiven Erinnern verschränkt und welche Folgen damit verbunden sind. Die individuelle Rezeption von Erinnerungen stellt somit, wie man sagen kann, einen integralen Bestandteil ihrer kollektiven Repräsentation dar. Diese Wechselverhältnisse herauszuarbeiten und in der Analyse konkreter Gedächtnisformationen zu berücksichtigen, stellt eine der zentralen Herausforderungen an eine sozialwissenschaftliche Auseinandersetzung mit Erinnerung und Gedächtnis dar.

Eng damit verbunden ist ein zweiter Punkt, der sich unter dem Schlagwort der *Heterogenität* von Gedächtnis fassen lässt. Heterogenität meint dabei zweierlei: Zum einen verweist dieser Begriff auf den Umstand, dass kollektive Gedächtnisse keine einheitlichen, allumfassenden und alles determinierenden Räume sind. Die Kollektivität von Gedächtnis ergibt sich vielmehr aus einer Vielzahl räumlich und zeitlich verteilter Akte des Erinnerns, die – je nach Institutionalisierungsgrad des Gedächtnisses – lose oder fest miteinander gekoppelt sind. So zeigt und realisiert sich das Gedächtnis der Kriegskinder beispielsweise ebenso im Rahmen eines organisierten Kongresses, der von Kriegskindern zur spontanen Vergemeinschaftung genutzt wurde, wie auch in Erinnerungsereignissen, die von Zirkulationsmedien – etwa Bücher oder Ausstellungsobjekte – angestoßen werden. Gleichzeitig können Medien auch als Speichermedien fungieren, die dem Gedächtnis der Kriegskinder über die Zeit hinweg zu Stabilität und historischer Tiefe verhelfen. Diese Tiefe ergibt sich jedoch nicht auf natürlichem Wege, sondern hängt wiederum von institutionalisierten Praktiken des Erinnerns, genauer: des Speicherns und Abrufens ab. Auf einer zweiten Bedeutungsebene meint Heterogenität, dass das Gedächtnis der Kriegskinder auch deshalb auf keinen einheitlichen Gedächtnisraum verweist, da sich in ihm – wie in jedem anderen kollektiven Gedächtnis auch – unterschiedliche Diskurse, Praktiken, Medien und Akteure vermischen. Kollektive Gedächtnisse verweisen somit immer auf eine netzwerkartige Struktur, die aus verschiedensten Elementen besteht. Nimmt man diesen Hinweis, der auch bereits im Einleitungskapitel mit dem Bild des Erinnerungsdickichts (*thick of things*, Edward S. Casey) angesprochen wurde, ernst, dann greift es aus soziologischer Perspektive zu kurz, kollektive Gedächtnisse nur in Bezug auf kommunikative Akte zu analysieren oder allein »materielle Träger wie Denkmäler, Gedenkstätten, Museen und Archive« (A. Assmann 2003: 15) in den Blick zu nehmen. Vielmehr gilt es, die mannigfaltigen Verbindungslinien (Astrid Erll) zu rekonstruieren, über die diese Diskurse, Praktiken, Medien und Akteure miteinander verwoben sind und durch deren Heterogenität das Erinnern im sozialen Raum überhaupt erst möglich wird. Diese Heterogenität zeigte sich im Übrigen auch dort, wo man zunächst einen einheitlichen Traumadiskurs erwarten würde: In den Analysen des zweiten Teils wurde deutlich, dass im Gedächtnis der Kriegskinder nicht *ein* Trauma erinnert wird, sondern eine Vielzahl von miteinander verknüpften Formen und Bedeutungen, die sowohl auf der individuellen als auch auf der kollektiven Ebene angesiedelt sind und auf spezifische Erinnerungspraktiken aufmerksam machen. Fragt man, warum Trauma im Rahmen der Erinnerung an deutsche Kriegskindheiten ein so wirkmächtiges und attraktives Erinnerungsnarrativ darstellt, dann erklärt sich dies auch dadurch, dass es eine Vielzahl an Anschlussmöglichkeiten bietet: Kriegskinder können nicht nur ihre eigene Biografie neu erinnern, sondern ihr Trauma auch in ihrer Familie verorten und sich einer traumatisierten Generation bzw. Nation hinzu definieren.

An dieser Stelle lässt sich zu einer kritischen Reflexion der gegenwärtigen Erinnerungslandschaft überleiten, die nicht nur vom Verschwinden der Zeitzeugen des Zweiten Weltkriegs gekennzeichnet ist, sondern in der auch die Frage, wie der deutschen Opfer dieses Krieges zu gedenken sei, im Zentrum steht. Vor dem Hintergrund der in Teil II versammelten Analysen zur (Konstruktion der) Erinnerung an das

Trauma deutscher Kriegskinder lassen sich zwei Punkte in die Diskussion einbringen:

Richtet man den Blick vor dem Hintergrund der Ergebnisse in einem ersten Schritt auf die *normativen* Aspekte, die mit dem gegenwärtigen Umbruch der Erinnerungskultur verbunden sind, dann wird deutlich, dass sich die Erinnerung an das deutsche Kriegstrauma in einem Spannungsfeld bewegt, das mit den Begriffen der *Eindeutigkeit* und der *Ambivalenz* beschrieben werden kann: Eindeutigkeit ist das, was das Gedächtnis der Kriegskinder hervorbringt, Ambivalenz verweist auf normative Erwartungen, die an die deutsche Erinnerungskultur gestellt werden. Micha Brumlik schreibt dazu Folgendes:

»Während es im Gedenken an die ermordeten Juden Europas darum geht, den unschuldig ausgegrenzten, vertriebenen, vernutzten und unter unsäglichen Qualen ihrer Würde beraubten und schließlich ermordeten Juden, Roma, Polen und Russen sowie aller Opfer der eugenischen Politik der Nationalsozialisten zu gedenken, geht es bei der Erinnerung an das durch Krieg, Bombennächte, Flucht und Vertreibung erzeugte Leiden um die ungleich schwierigere Aufgabe, ein Leiden an und von Menschen zu artikulieren, die oft genug nicht nur Opfer von Kriegshandlungen, sondern auch deren Verursacher oder Nutznießer waren. Damit werden höchste Ansprüche an das gestellt, was die Sozialpsychologie als ›Ambivalenztoleranz‹ bezeichnet. Sich dabei jener liturgischen und museographischen Formen zu bedienen, die bisher im Rahmen der Gedenkkultur des Holocaust entwickelt wurden, liefe nicht nur in der historischen Sache auf eine Geschichtsklitterung hinaus – die deutschen Opfer waren nicht die Opfer eines Genozids –, sondern versagte auch vor der selbst gestellten Aufgabe, der objektiven Ambivalenz dieses Erinnerns gerecht zu werden.« (Brumlik 2005: 551 f.)

Der Begriff der Ambivalenz macht hier gleichzeitig auf eine Aufgabe und ein Problem aufmerksam: Wie kann dem im Zweiten Weltkrieg verursachten Leid der deutschen Bevölkerung gedacht werden, *ohne* dabei die eigene Rolle als Täter zu verdecken und das Leid der jüdischen Opfer des Holocaust zu relativieren? Auch wenn es im medikalisierten Gedächtnis der Kriegskinder nicht bewusst und explizit um das Aufrechnen von Leid oder um Opferkonkurrenzen gehen mag, stellt sich dennoch die Frage, wie viel Ambivalenz das Erinnerungsnarrativ des Traumas erlaubt. Die vorhergehenden Kapitel legen nahe, dass durch die Medikalisierung der Erinnerung mehr *Eindeutigkeit* produziert als Ambivalenz anerkannt wird: Traumatisierte Kriegskinder werden kaum als Täter wahrgenommen, und auch durch die Konzentration auf die traumatischen Folgen des Zweiten Weltkriegs geraten die Täter und Mitläufer des Nationalsozialismus als Täter und Mitläufer – und nicht als Opfer, die durch die Konsequenzen ihres eigenen Tuns oder Unterlassens traumatisiert wurden – leicht aus dem Blick. Dieses Buch wirft daher auch die Frage auf, ob Trauma – so sinnvoll und hilfreich diese Diagnose im Kontext der *individuellen* Therapie von Kriegskindern auch sein mag – ein angemessener Begriff ist, mit dem das deutsche Leid *kollektiv* erinnert und in einer zukünftigen Gedenkkultur repräsentiert werden kann und soll. Zu fragen wäre somit einerseits nach Alternativen, andererseits aber auch danach, ob und wie das Erinnerungsnarrativ des Traumas so reflektiert, umgebaut und kontextualisiert werden kann, dass es der von Brumlik angesprochenen »objektiven Ambivalenz« des Erinnerns gerecht wird. Wichtig zu sehen ist dabei, dass es damit nicht darum geht, Kriegskindern ihr subjektiv empfundenes Leiden abzusprechen oder die Erinnerung an deutsche Kriegskindheiten für unsinnig oder unangebracht zu erklären. Vielmehr gilt es, eine dringend notwendige »öffentliche begleitende Kritik, Reflexion und Diskussion« (A. Assmann 2003: 15) der Herstellung des Gedächtnisses der Kriegskinder in Gang zu setzen, die ihre Argumente nicht allein aus einem medizinisch-psychologisch geprägten Diskurs bezieht.

Eng damit verbunden ist ein zweiter Punkt, der aufdeckt, dass mit der Betonung von Reflexion lediglich ein – wenn man so will – *halbiertes* Gedächtnis in den Blick kommt: Die Herstellung des Gedächtnisses der Kriegskinder verweist nicht nur auf wissenschaftliche und, wie es beispielsweise im Rahmen von Autobiografien der Fall ist, alltägliche Reflexionen über das Thema Kriegskindheit, sondern beruht auch auf spontanen und plötzlichen *Reflexen*.[1] Was heißt das? Blickt

1 Zu einer modernisierungstheoretischen Diskussion dieses Begriffspaars, die Reflexe mit Nebenfolgen der Modernisierung und damit verbundenem Nicht-Wissen verbindet, siehe Beck (1986, 1996). In Bezug auf Erinne-

man auf die Vielzahl an Autobiografien, die von Kriegskindern veröffentlicht werden, auf das starke Interesse von Kriegskindern am Frankfurter Kongress und auf die hohe Bereitschaft, die medizinisch-psychologische Diagnose des Traumas in die eigene Biografie zu integrieren, dann scheint die Medikalisierung der Erinnerung für viele Menschen auch ein Bedürfnis nach Gewissheit und Sicherheit zu erfüllen. Das Narrativ des Traumas kann dies auf vielfältige Weise und in verschiedenen Formen vermitteln – etwa die Sicherheit, eine konkrete, wissenschaftlich anerkannte Identität zu besitzen, die Gewissheit, als Angehöriger einer traumatisierten Generation mit seinem subjektiv empfundenen Leid nicht allein zu sein oder eine Geschichte erzählen zu können, die als authentischer Bericht eines Zeitzeugen auf öffentliches Interesse stößt. Reflexhaft wird die Erinnerung jedoch dort, wo sie in ein unvermitteltes und von Emotionen begleitetes Zurückziehen auf eine unverrückbare Opferidentität mündet: In den Erinnerungen von Kriegskindern – und auch in den Versuchen, das deutsche Opfernarrativ zu legitimieren – finden sich immer wieder Unter- und Zwischentöne, die zum Teil anklagend darauf hinweisen, dass man sich endlich in der Rolle des Opfers erinnern und sein eigenes Leid thematisieren dürfe. Reflexe lassen sich aber auch an den Stellen ausmachen, an denen Deutschland mit Hilfe transnationaler Erinnerungsdiskurse sowohl in Europa als auch im globalen Raum als eine traumatisierte Nation von Opfern behauptet und inszeniert wird. Der reflexartige Rückzug in eine kollektive Opferidentität bietet hier Sicherheit in einer Wirklichkeit, die von einer nicht nur empirisch vorfindbaren (vgl. Beck 2004, 2008), sondern auch *gefühlten* Auflösung und Verflüssigung nationalstaatlicher Grenzen gekennzeichnet ist.

Der mit dem Ende der Zeitzeugenschaft des Zweiten Weltkriegs einhergehende Wandel der Erinnerungslandschaft macht somit nicht nur auf eine aus normativer Sicht angreifbare Produktion von Eindeutigkeit aufmerksam, sondern verweist auch auf ein komplexes Ineinander von Reflexen und Reflexionen. Will man die Erinnerungen der Menschen, die den Zweiten Weltkrieg in ihrer Kindheit miterlebt haben, in ein kulturelles Gedächtnis übersetzen und einfließen lassen,

rung und Gedächtnis wird diese Unterscheidung bei Heinlein/Levy/Sznaider (2005) aufgegriffen.

dann gilt es, diese Dynamiken und ihre Folgen im Blick zu behalten und ganz im Sinne der von Reinhart Koselleck formulierten Fragen »*Wer* ist zu erinnern? *Was* ist zu erinnern? *Wie* ist zu erinnern?« (Koselleck 2002: 26; Herv. i.O.) zu diskutieren und zu korrigieren. Nur dann kann angemessen geklärt werden, wie wir jetzt die Zukunft unserer Erinnerung gestalten und zukünftig unsere Vergangenheit erinnern wollen.

Literatur

Adler, Bruni (2004): Bevor es zu spät ist: Begegnungen mit der Kriegsgeneration, Tübingen: Klöpfer und Meyer.

Alexander, Jeffrey C. (2004): »Toward a Theory of Cultural Trauma«, in: Alexander et al. (Hg.): Cultural Trauma and Collective Identity, S. 1-30.

Alexander, Jeffrey C./Eyerman, Ron/Giesen, Bernhard/Smelser, Neil J./Sztompka, Piotr (Hg.) (2004): Cultural Trauma and Collective Identity, Berkeley, CA: University of California Press.

Alexijewitsch, Swetlana (2005): Die letzten Zeugen: Kinder im Zweiten Weltkrieg, Berlin: Aufbau.

American Psychiatric Association (1980): Diagnostic and statistical manual of mental disorders DSM-III (3. ed.), Washington, DC: American Psychiatric Association.

Antze, Paul/Lambek, Michael (Hg.) (1996): Tense past: cultural essays in trauma and memory, New York/London: Routledge.

Arendt, Hannah (2002): Vita activa oder Vom tätigen Leben, München: Piper.

Assmann, Aleida (1991): »Zur Metaphorik der Erinnerung«, in: Dies./Dietrich Harth (Hg.): Mnemosyne. Formen und Funktionen der kulturellen Erinnerung, Frankfurt a.M.: Fischer, S. 13-35.

Assmann, Aleida (2003): Erinnerungsräume. Formen und Wandlungen des kulturellen Gedächtnisses, München: C.H. Beck.

Assmann, Aleida (2004): Das Kulturelle Gedächtnis an der Milleniumsschwelle: Krise und Zukunft der Bildung, Konstanz: UVK.

Assmann, Jan (1988): »Kollektives Gedächtnis und kulturelle Identität«, in: Ders./Tonio Hölscher (Hg.): Kultur und Gedächtnis, Frankfurt a.M.: Suhrkamp, S. 9-19.

Assmann, Jan (1992): Das kulturelle Gedächtnis: Schrift, Erinnerung und politische Identität in frühen Hochkulturen, München: C.H. Beck.

Assmann, Jan (1997): Moses the Egyptian: The memory of Egypt in Western Monotheism, Cambridge, Mass.: Harvard University Press.

Assmann, Jan (2002): »Nachwort«, in: Esposito: Soziales Vergessen, S. 400-414.

Badura, Bernhard/Feuerstein, Günter (2007): »Gesundheit und Gesellschaft«, in: Hans Joas (Hg.): Lehrbuch der Soziologie, Frankfurt a.M.: Campus, S. 395-418.

Bal, Mieke (1999): »Introduction«, in: Dies./Jonathan Crewe/Leo Spitzer (Hg.): Acts of memory: cultural recall in the present, Hanover: University Press of New England, S. vii-xvii.

Bar-On, Dan (1996): Die Last des Schweigens: Gespräche mit Kindern von Nazi-Tätern, Reinbek: Rowohlt.

Baschek, Sigrid/Betzendahl, Herta (2005): Wo sind meine Schuhe? Was ist ein Trauma und wie bewältigt man es?, Hamburg: Ellert & Richter.

Bauböck, Rainer/Mokre, Monika/Weiss, Gilbert (2003): »Nun wächst zusammen, was noch nie zusammen gehörte«, in: Monika Mokre/Gilbert Weiss/Rainer Bauböck (Hg.): Europas Identitäten: Mythen, Konflikte, Konstruktionen, Frankfurt a.M.: Campus, S. 9-22.

Beck, Ulrich (1986): Risikogesellschaft: Auf dem Weg in eine andere Moderne, Frankfurt a.M.: Suhrkamp.

Beck, Ulrich (1996): »Wissen oder Nicht-Wissen? Zwei Perspektiven ›reflexiver Modernisierung‹«, in: Ders./Anthony Giddens/Scott Lash: Reflexive Modernisierung: Eine Kontroverse, Frankfurt a.M.: Suhrkamp, S. 289-315.

Beck, Ulrich (2004): Der kosmopolitische Blick oder: Krieg ist Frieden, Frankfurt a.M.: Suhrkamp.

Beck, Ulrich (2008): Weltrisikogesellschaft: Auf der Suche nach der verlorenen Sicherheit, Frankfurt a.M.: Suhrkamp.

Becker, David (2003): »Migration, Flucht und Trauma: Der Trauma-Diskurs und seine politischen und gesellschaftlichen Bedeutungen«, in: Edgar Forster/Ingo Bieringer/Franziska Lamott (Hg.):

Migration und Trauma: Beiträge zu einer reflexiven Flüchtlingsarbeit, Berlin/Hamburg/Münster: LIT, S. 17-37.

Behnken, Imbke/Mikota, Jana (Hg.) (2008): Gemeinsam an der Familiengeschichte arbeiten: Texte und Erfahrungen aus Erinnerungswerkstätten, Weinheim/München: Juventa.

Bennett, Jill/Kennedy, Rosanne (2003): »Introduction«, in: Dies. (Hg.): World Memory: Personal Trajectories in Global Time, Basingstoke/New York: Palgrave Macmillan, S. 1-15.

Berger, Peter L./Luckmann, Thomas (1969): Die gesellschaftliche Konstruktion der Wirklichkeit. Eine Theorie der Wissenssoziologie, Frankfurt a.M.: Fischer.

Berger, Stefan (2006): »On Taboos, Traumas and Other Myths: Why the Debate about German Victims of the Second World War is not a Historians' Controversy«, in: Niven, Germans as Victims, S. 210-224

Bode, Sabine (2004): Die vergessene Generation: Die Kriegskinder brechen ihr Schweigen, Stuttgart: Klett-Cotta.

Bode, Sabine (2006): Die deutsche Krankheit – German Angst, Stuttgart: Klett-Cotta.

Bode, Sabine (2009): Kriegsenkel: Die Erben der vergessenen Generation, Stuttgart: Klett-Cotta.

Bogner, Alexander/Menz, Wolfgang (2005): »Expertenwissen und Forschungspraxis: die modernisierungstheoretische und die methodische Debatte um die Experten. Zur Einführung in ein unübersichtliches Problemfeld«, in: Alexander Bogner/Beate Littig/Wolfgang Menz (Hg.): Das Experteninterview. Theorie, Methode, Anwendung, Weinheim: VS Verlag, S. 7-30.

Bohleber, Werner (2008): »Wege und Inhalte transgenerationaler Weitergabe. Psychoanalytische Perspektiven«, in: Radebold/Bohleber/Zinnecker, Transgenerationale Weitergabe kriegsbelasteter Kindheiten, S. 107-118.

Böll, Heinrich (1954): Haus ohne Hüter. Roman, Köln/Berlin: Kiepenheuer & Witsch.

Brainin, Elisabeth (2003): »Gibt es eine transgenerationelle Transmission von Trauma?«, in: Heidemarie Uhl (Hg.): Zivilisationsbruch und Gedächtniskultur, Innsbruck u.a.: StudienVerlag, S. 103-114.

Brenner, Ira (2000): »Stacheldraht in der Seele. Ein Blick auf die generationsübergreifende Weitergabe des Holocaust-Traumas«, in: Liliane Opher-Cohn/Johannes Pfäfflin/Bernd Sonntag/Bernd Klose/Peter Pogany-Wnendt (Hg.): Das Ende der Sprachlosigkeit. Auswirkungen traumatischer Holocaust-Erfahrungen über mehrere Generationen, Gießen: Psycho-Sozial Verlag, S. 113-139.

Brumlik, Micha (2005): »Holocaust und Vertreibung: Das ambivalente Gedenken der Kriegskindergeneration«, in: Blätter für deutsche und internationale Politik 5, S. 549-563.

Bude, Heinz (1999): »Der Einzelne und seine Generation. Kriegskindheit und Jugendrevolte bei der 68er Generation«, in: Elisabeth Domansky/Harald Welzer (Hg.): Eine offene Geschichte. Zur kommunikativen Tradierung der nationalsozialistischen Vergangenheit, Tübingen: edition diskord, S. 26-34.

Burlingham, Dorothy/Freud, Anna (1943): War and Children, New York: Medical War Books.

Casey, Edward S. (2000): Remembering. A Phenomenological Study, Bloomington/Indianapolis: Indiana University Press.

Chaumont, Jean-Michel (2001): Die Konkurrenz der Opfer. Genozid, Identität und Anerkennung, Lüneburg: zu Klampen.

Connerton, Paul (1989): How Societies Remember, Cambridge/New York: Cambridge University Press.

Connerton, Paul (2009): How Modernity Forgets, Cambridge/New York: Cambridge University Press.

Coser, Lewis A. (1992): »Introduction: Maurice Halbwachs 1877-1945«, in: Maurice Halbwachs: On Collective Memory. Edited, translated, and with an introduction by Lewis A. Coser, Chicago/London: The University of Chicago Press, S. 1-34.

Dörr, Margarete (2007): »Der Krieg hat uns geprägt«: Wie Kinder den Zweiten Weltkrieg erlebten. 2 Bände, Frankfurt a.M./New York: Campus.

Durkheim, Émile (1984): Die Regeln der soziologischen Methode, Frankfurt a.M.: Suhrkamp.

Durkheim, Émile (2007): Die elementaren Formen des religiösen Lebens, Frankfurt a.M.: Suhrkamp

Echterhoff, Gerald/Saar, Martin (Hg.) (2002a): Kontexte und Kulturen des Erinnerns: Maurice Halbwachs und das Paradigma des kollektiven Gedächtnisses, Konstanz: UVK.

Echterhoff, Gerald/Saar, Martin (2002b): »Einleitung: Das Paradigma des kollektiven Gedächtnisses«, in: Dies., Kontexte und Kulturen des Erinnerns, S. 13-35.

Echternkamp, Jörg (2003): Nach dem Krieg: Alltagsnot, Neuorientierung und die Last der Vergangenheit 1945-1949, Zürich: Pendo.

Echternkamp, Jörg (Hg.) (2004): Das Deutsche Reich und der Zweite Weltkrieg. Band 9, Teil 1: Die deutsche Kriegsgesellschaft 1939 bis 1945: Politisierung, Vernichtung, Überleben, München: DVA.

Echternkamp, Jörg (Hg.) (2005): Das Deutsche Reich und der Zweite Weltkrieg. Band 9, Teil 2: Die deutsche Kriegsgesellschaft 1939 bis 1945: Ausbeutung, Deutungen, Ausgrenzung, München: DVA.

Eder, Klaus/Spohn, Willfried (Hg.) (2005): Collective Memory and European Identity: The Effects of Integration and Enlargement, Aldershot: Ashgate.

Egger, Stephan (Hg.) (2003): Maurice Halbwachs – Aspekte des Werks, Konstanz: UVK.

Eitinger, Leo (1980): »The Concentration Camp Syndrome and its Late Sequelae«, in: Joel E. Dimsdale (Hg.): Survivors, Victims and Perpetrators: Essays on the Nazi Holocaust, Washington: Hemisphere, S. 127-162.

Erikson, Kai T. (1994): A New Species of Trouble: The Human Experience of Modern Disasters, New York: W.W. Norton and Co.

Erll, Astrid (2005): Kollektives Gedächtnis und Erinnerungskulturen. Eine Einführung, Stuttgart: Metzler.

Esposito, Elena (2002): Soziales Vergessen. Formen und Medien des Gedächtnisses der Gesellschaft, Frankfurt a.M.: Suhrkamp.

Ewers, Hans-Heino/Mikota, Jana/Reulecke, Jürgen/Zinnecker, Jürgen (2006): »Einleitung«, in: Dies. (Hg.): Erinnerungen an Kriegskindheiten. Erfahrungsräume, Erinnerungskultur und Geschichtspolitik unter sozial- und kulturwissenschaftlicher Perspektive, Weinheim/München: Juventa, S. 7-10.

Fischer-Homberger, Esther (1999): »Zur Medizingeschichte des Traumas«, in: Gesnerus 56, S. 260-294.

Fooken, Insa (2006): »Kriegskinder aus europäischer Perspektive – eine kurze Bestandsaufnahme«, in: Radebold/Heuft/Fooken, Kindheiten im Zweiten Weltkrieg, S. 149-158.

Förster, Alice/Beck, Birgit (2003): »Post-Traumatic Stress Disorder and World War II: Can a Psychiatric Concept Help Us Understand Postwar Society?«, in: Richard Bessel/Dirk Schumann (Hg.): Life After Death: Approaches to a Cultural and Social History of Europe during the 1940s and 1950s, Cambridge: Cambridge University Press, S. 15-36.

Foucault, Michel (1993): Die Geburt der Klinik. Eine Archäologie des ärztlichen Blicks, Frankfurt a.M.: Fischer.

Fraisl, Bettina (2004): »Trauma, Individuum, Kollektiv, Kultur«, in: Dies./Monika Stromberger (Hg.): Stadt und Trauma. City and Trauma. Annäherungen, Konzepte, Analysen, Würzburg: Königshausen & Neumann, S. 19-39.

Frei, Norbert (2003): »Deutsche Lernprozesse. NS-Vergangenheit und Generationenfolge seit 1945«, in: Heidemarie Uhl (Hg.): Zivilisationsbruch und Gedächtniskultur, Innsbruck u.a.: StudienVerlag, S. 87-102.

Frei, Norbert (2005): 1945 und wir. Das Dritte Reich im Bewusstsein der Deutschen, München: C.H. Beck.

Freud, Sigmund (1916/1917): Vorlesung zur Einführung in die Psychoanalyse. GW XI, Frankfurt a.M.: Fischer.

Friedrich, Jörg (2002): Der Brand. Deutschland im Bombenkrieg 1940-1945, Berlin/München: Propyläen.

Fruhstorfer, Heidi (2005): Wir Kriegskinder – Münchner Zeitzeugen erinnern sich, Gudensberg-Gleichen: Wartberg.

Gerber, Manfred (2005): Wir Kriegskinder – Wiesbadener Zeitzeugen erinnern sich, Gudensberg-Gleichen: Wartberg.

Gerhards, Jürgen (2006): »Soziologiekongresse als Orte veranstalteter Öffentlichkeit«, in: Soziologie 35(4), S. 432-439.

Giesen, Bernhard (2004): Triumph and Trauma, Boulder: Paradigm Publishers.

Giesen, Bernhard/Schneider, Christoph (Hg.) (2004): Tätertrauma. Nationale Erinnerungen im öffentlichen Diskurs, Konstanz: UVK.

Goffman, Erving (1980): Rahmen-Analyse. Ein Versuch über die Organisation von Alltagserfahrungen, Frankfurt a.M.: Suhrkamp.

Grass, Günter (2002): Im Krebsgang. Eine Novelle, Göttingen: Steidl.

Hacking, Ian (1996): »Memory Sciences, Memory Politics«, in: Antze/Lambek, Tense past, S. 67-87.

Hage, Volker (2005): »Verschüttete Gefühle. Wie die deutschen Schriftsteller den Bombenkrieg bewältigten«, in: Osteuropa 55(4-6), S. 265-280.

Halbwachs, Maurice (1967): Das kollektive Gedächtnis, Stuttgart: Enke.

Halbwachs, Maurice (1985): Das Gedächtnis und seine sozialen Bedingungen, Frankfurt a.M.: Suhrkamp.

Heinl, Peter (1994): »Maikäfer flieg, dein Vater ist im Krieg…« Seelische Wunden aus der Kriegskindheit, München: Kösel.

Heinlein, Michael (2003): Pflege in Aktion. Zur Materialität alltäglicher Pflegepraxis, München/Mering: Hampp.

Heinlein, Michael/Levy, Daniel/Sznaider, Natan (2005): »Kosmopolitische Erinnerung und reflexive Modernisierung: Der politische Diskurs der Zwangsarbeitsentschädigung«, in: Soziale Welt 56(2/3), S. 225-246.

Heinlein, Michael/Dimbath, Oliver (2010): »Soziologie«, in: Christian Gudehus/Ariane Eichenberg/Harald Welzer (Hg.): Erinnerung und Gedächtnis. Ein interdisziplinäres Handbuch, Stuttgart: Metzler, S. 276-287.

Heinlein, Michael/Müller, Nina (2010): »Die Unsicherheiten des Gedächtnisses: Zur kollektiven Herstellung von Erinnerung an den Zweiten Weltkrieg«, in: Fritz Böhle/Werner Schneider (Hg.): Handeln und Subjekt in der reflexiven Moderne, Weilerswist: Velbrück (in Vorbereitung).

Hemken, Kai-Uwe (1996): »Einleitung«, in: Ders. (Hg.): Gedächtnisbilder. Vergessen und Erinnern in der Gegenwartskunst, Leipzig: Reclam, S. 9-14.

Hockerts, Hans Günter (2001): »Zugänge zur Zeitgeschichte: Primärerfahrung, Erinnerungskultur, Geschichtswissenschaft«, in: Aus Politik und Zeitgeschichte B28, S. 15-30.

Hoffmann, Maria (2008): Gedächtnisromane zwischen privater und öffentlicher Erinnerung. Zur medialen Konstruktion des Gedächtnisses der Kriegskinder. Unveröffentlichte Diplomarbeit, München.

Huyssen, Andreas (1995): Twilight Memories. Marking Time in a Culture of Amnesia, New York: Routledge.

Huyssen, Andreas (2003): Present Pasts: Urban Palimpsests and the Politics of Memory, Stanford: Stanford University Press.

Jamin, Mathilde (2006): »Kindheitserinnerungen an den Bombenkrieg. Interviews im Rahmen der Ausstellung ›Maikäfer flieg…‹ des Ruhrlandmuseums Essen«, in: Hans-Heino Ewers/Jana Mikota/Jürgen Reulecke/Jürgen Zinnecker (Hg.): Erinnerungen an Kriegskindheiten. Erfahrungsräume, Erinnerungskultur und Geschichtspolitik unter sozial- und kulturwissenschaftlicher Perspektive, Weinheim/München: Juventa, S. 19-29.

Janus, Ludwig (2006): »Belastende Kriegserfahrungen der Mütter und die prägende Wirkung von vorgeburtlichem Stress«, in: Radebold/Heuft/Fooken, Kindheiten im Zweiten Weltkrieg, S. 27-35.

Kansteiner, Wulf (2002): »Finding Meaning in Memory: A Methodological Critique of Collective Memory Studies«, in: History and Theory 41, S. 179-197.

Kansteiner, Wulf (2004): »Genealogy of a Category Mistake: A Critical Intellectual History of the Cultural Trauma Metaphor«, in: Rethinking History 8(2), S. 193-221.

Kehl, Christoph (2008): »Die Verdrängung der Verdrängung. Das Gedächtnis im Spannungsfeld biologischer und psychoanalytischer Deutungsmuster«, in: Jörg Niewöhner/Ders./Stefan Beck (Hg.): Wie geht Kultur unter die Haut? Emergente Praxen an der Schnittstelle von Medizin, Lebens- und Sozialwissenschaft, Bielefeld: transcript, S. 81-111.

Kellerman, Natan P. F. (2008): »Die Kinder der Child Survivors«, in: Radebold/Bohleber/Zinnecker, Transgenerationale Weitergabe kriegsbelasteter Kindheiten, S. 57-73.

Kieserling, André (1999): Kommunikation unter Anwesenden: Studien über Interaktionssysteme, Frankfurt a.M.: Suhrkamp.

Knopp, Guido (2000): Hitlers Kinder, München: Bertelsmann.

Kogan, Ilany (2008): »Die Durchlässigkeit der Grenzen in Holocaust-Überlebenden und ihren Nachkommen«, in: Radebold/Bohleber/Zinnecker, Transgenerationale Weitergabe kriegsbelasteter Kindheiten, S. 119-127.

König , Helmut/Schmidt, Julia/Sicking, Manfred (Hg.) (2008): Europas Gedächtnis. Das neue Europa zwischen nationalen Erinnerungen und gemeinsamer Identität, Bielefeld: transcript.

Koselleck, Reinhart (2002): »Formen und Traditionen des negativen Gedächtnisses«, in: Volkhard Knigge/Norbert Frei (Hg.): Verbrechen erinnern: Die Auseinandersetzung mit Holocaust und Völkermord, München: C.H. Beck, S. 21-32.

Krämer, Sybille (1998): »Das Medium als Spur und als Apparat«, in: Dies. (Hg.): Medien, Computer, Realität. Wirklichkeitsvorstellungen und Neue Medien, Frankfurt am Main: Suhrkamp, S. 73-94.

Krapoth, Hermann (Hg.) (2005): Erinnerung und Gesellschaft. Hommage à Maurice Halbwachs (1877–1945), Wiesbaden: VS Verlag.

Kühner, Angela (2008): Trauma und kollektives Gedächtnis, Gießen: Psychosozial Verlag.

Küpper, Heinz (1963): Simplicius 45. Roman, Köln: Middelhauve.

Lambek, Michael/Antze, Paul (1996): »Introduction«, in: Antze/ Lambek, Tense past, S. xi-xxxviii.

Latour, Bruno (1987): Science in Action. How to Follow Scientists and Engineers through Society, Milton Keynes: Open University Press.

Latour, Bruno (1999). »On Recalling ANT«, in: John Law/John Hassard (Hg.) Actor Network Theory and After, Oxford: Blackwell, S. 15-25.

Latour, Bruno (2000): Die Hoffnung der Pandora: Untersuchungen zur Wirklichkeit der Wissenschaft, Frankfurt a.M.: Suhrkamp.

Latour, Bruno (2007): Eine neue Soziologie für eine neue Gesellschaft. Einführung in die Akteur-Netzwerk-Theorie, Frankfurt a.M.: Suhrkamp.

Leuzinger-Bohleber, Marianne (2003): »Die langen Schatten von Krieg und Verfolgung: Kriegskinder in Psychoanalysen. Beobachtungen und Berichte aus der DPV-Katamnesestudie«, in: Psyche – Zeitschrift für Psychoanalyse und ihre Anwendungen 57(9/10), S. 982-1016.

Levy, Daniel/Sznaider, Natan (2001): Erinnerung im globalen Zeitalter: Der Holocaust, Frankfurt a.M.: Suhrkamp.

Levy, Daniel/Sznaider, Natan (2005a): »Memories of Universal Victimhood: The Case of Ethnic German Expellees«, in: German Politics and Society 23(2), S. 1-27.

Levy, Daniel/Sznaider, Natan (2005b): »The politics of commemoration: The Holocaust, memory and trauma«, in: Gerard Delanty (Hg.): Handbook of Contemporary European Social Theory, London/New York: Routledge, S. 289-297.

Levy, Daniel/Heinlein, Michael/Breuer, Lars (2010): »Reflexive Particularism and Cosmopolitanization: The Reconfiguration of the National in Europe«, in: Global Networks (in Vorbereitung).

Leys, Ruth (2000): Trauma: A Genealogy, Chicago/London: The University of Chicago Press.

Liebermann, Peter/Wöller, Wolfgang/Siol, Torsten/Reddemann, Luise (2004): »Einleitung«, in: Guido Flatten/Ursula Gast/Arne Hofmann/Peter Liebermann/Luise Reddemann/Torsten Siol/Wolfgang Wöller/Ernst R. Petzold (Hg.): Posttraumatische Belastungsstörung. Leitlinie und Quellentext. 2. Auflage, Stuttgart: Schattauer, S. 15-28.

Lorenz, Hilke (2005): Kriegskinder: Das Schicksal einer Generation, Berlin: List.

Luhmann, Niklas (1998): Die Gesellschaft der Gesellschaft. 2 Bände, Frankfurt a.M.: Suhrkamp.

Mannheim, Karl (2009): »Das Problem der Generationen«, in: Ders.: Schriften zur Wirtschafts- und Kultursoziologie. Herausgegeben von Amalia Barboza und Klaus Lichtblau, Wiesbaden: VS Verlag, S. 121-166.

McNally, Richard J. (2003): Remembering Trauma, Cambridge: Harvard University Press.

McNally, Richard J. (2006): »The Expanding Empire of Posttraumatic Stress Disorder«, in: Medscape General Medicine 8(2), S. 9.

Mead, George Herbert (1929): »The Nature of the Past«, in: John Coss (Hg.): Essays in Honor of John Dewey, New York: Henry Holt & Co., S. 235-242.

Middleton, David/Brown, Steven D. (2005): The Social Psychology of Experience. Studies in Remembering and Forgetting, London/Thousand Oaks/New Delhi: Sage.

Mikota, Jana (2007): »Die Darstellung der Kriegs- und Nachkriegskindheit in den deutschsprachigen Autobiografien seit 1945«, in: Ruchniewicz/Zinnecker, Zwischen Zwangsarbeit, Holocaust und Vertreibung, S. 127-137.

Misztal, Barbara A. (2003a): Theories of Social Remembering, Maidenhead: Open University Press.

Misztal, Barbara A. (2003b): »Durkheim on Collective Memory«, in: Journal of Classical Sociology 3(2), S. 123-143.

Mochmann, Ingvill C./Larsen, Stein Ugelvik (2005): »Kriegskinder in Europa«, in: Aus Politik und Zeitgeschichte 18/19, S. 34-38.

Moeller, Robert G. (2001): War Stories: The Search for a Usable Past in the Federal Republic of Germany, Berkeley: University of California Press.

Müller, Tim B. (2005): »Der linguistic turn ins Jenseits der Sprache. Geschichtswissenschaft zwischen Theorie und Trauma: Eine Annäherung an Dominick LaCapra«, in: Jürgen Trabant (Hg.): Sprache der Geschichte, München: Oldenbourg, S. 107-132.

Müller-Hohagen, Jürgen (2008): »Übermittlung von Täterhaftigkeit an die nachfolgenden Generationen«, in: Radebold/Bohleber/Zinnecker, Transgenerationale Weitergabe kriegsbelasteter Kindheiten, S. 155-164.

Neumann, Birgit (2003): »Literatur als Medium (der Inszenierung) kollektiver Erinnerungen und Identitäten«, in: Astrid Erll/Marion Gymnich/Ansgar Nünning (Hg.): Literatur, Erinnerung, Identität: Theoriekonzeptionen und Fallstudien, Trier: WVT, S. 49-77.

Niethammer, Lutz (2000): Kollektive Identität. Heimliche Quellen einer unheimlichen Konjunktur. (Unter Mitarbeit von Axel Dossmann), Reinbek: Rowohlt.

Niethammer, Lutz (Hg.) (1985): Lebenserfahrung und kollektives Gedächtnis. Die Praxis der »Oral History«, Frankfurt a.M.: Suhrkamp.

Niven, Bill (Hg.) (2006a): Germans as Victims. Remembering the Past in Contemporary Germany, Houndmills/New York: Palgrave Macmillan.

Niven, Bill (2006b): »Introduction: German Victimhood at the Turn of the Millennium«, in: Ders., Germans as Victims, S. 1-25.

Olick, Jeffrey K./Robbins, Joyce (1998): »Social Memory Studies: From ›Collective Memory‹ to the Historical Sociology of Mnemonic Practices«, in: Annual Review of Sociology 24, S. 105-140.

Plato, Alexander von (1998): »Erfahrungen junger Soldaten im Zweiten Weltkrieg«, in: BIOS 11(1), S. 15-23.

Radebold, Hartmut (2004): Abwesende Väter und Kriegskindheit: Fortbestehende Folgen in Psychoanalysen, Göttingen: Vandenhoeck & Ruprecht.

Radebold, Hartmut (2006a): »Kriegskindheiten in Deutschland – damals und heute«, in: Ders./Heuft/Fooken, Kindheiten im Zweiten Weltkrieg, S. 15-25.

Radebold, Hartmut (2006b): »Während des Alterns anzutreffende Folgen: aktueller Kenntnisstand«, in: Ders./Heuft/Fooken, Kindheiten im Zweiten Weltkrieg, S. 139-148.

Radebold, Hartmut (2008): »Kriegsbedingte Kindheiten und Jugendzeit. Teil 1: Zeitgeschichtliche Erfahrungen, Folgen und transgenerationale Auswirkungen«, in: Ders./Bohleber/Zinnecker, Transgenerationale Weitergabe kriegsbelasteter Kindheiten, S. 45-55.

Radebold, Hartmut/Heuft, Gereon/Fooken, Insa (Hg.) (2006): Kindheiten im Zweiten Weltkrieg: Kriegserfahrungen und deren Folgen aus psychohistorischer Perspektive, Weinheim/München: Juventa.

Radebold, Hartmut/Bohleber, Werner/Zinnecker, Jürgen (Hg.) (2008a): Transgenerationale Weitergabe kriegsbelasteter Kindheiten: Interdisziplinäre Studien zur Nachhaltigkeit historischer Erfahrungen über vier Generationen, Weinheim/München: Juventa.

Radebold, Hartmut/Bohleber, Werner/Zinnecker, Jürgen (2008b): »Einleitung. Kriegskindheiten – transgenerationale Auswirkungen«, in: Dies., Transgenerationale Weitergabe kriegsbelasteter Kindheiten, S. 7-12.

Reddemann, Luise (2004): »Nachwort«, in: Bode: Die vergessene Generation, S. 283-288.

Reichel, Peter (1995): Politik mit der Erinnerung: Gedächtnisorte im Streit um die nationalsozialistische Vergangenheit, München: Hanser.

Renan, Ernest (1995): »Was ist eine Nation?«, in: Ders.: Was ist eine Nation? Und andere politische Schriften. Herausgegeben von Walter Euchner, Wien/Bozen: Folio-Verlag, S. 41-58.

Rieck, Miriam (1991): »Die Nachkommen der Holocaust-Überlebenden. Ein Literaturüberblick«, in: Hans Stoffels (Hg.): Schicksale der Verfolgten. Psychische und somatische Auswirkungen von Terrorherrschaft, Berlin u.a.: Springer, S. 129-147.

Riedesser, Peter (2006): »Belastende Kriegserfahrungen in der Kleinkindzeit«, in: Radebold/Heuft/Fooken, Kindheiten im Zweiten Weltkrieg, S. 37-50.

Ruchniewicz, Krzysztof/Zinnecker, Jürgen (Hg.) (2007): Zwischen Zwangsarbeit, Holocaust und Vertreibung: Polnische, jüdische und deutsche Kindheiten im besetzten Polen, Weinheim/München: Juventa.

Schäfer, Dierk (2006): »Auf der Suche nach der ›geraubten‹ Biographie: Rück-Sicht«, in: Radebold/Heuft/Fooken, Kindheiten im Zweiten Weltkrieg, S. 181-187.

Schröder, Gerhard (2006): Entscheidungen: Mein Leben in der Politik, Hamburg: Hoffmann und Campe.

Schulz, Hermann/Radebold, Hartmut/Reulecke, Jürgen (2004): Söhne ohne Väter: Erfahrungen der Kriegsgeneration, Berlin: Ch. Links.

Seegers, Lu/Reulecke, Jürgen (Hg.) (2009): Die »Generation der Kriegskinder«: Historische Hintergründe und Deutungen, Gießen: Psychosozial Verlag.

Spinney, Russell (2008): Review of Bode, Sabine, Die deutsche Krankheit – German Angst. H-German, H-Net Reviews. February, 2008 (http://www.h-net.org/reviews/showrev.php?id=14240).

Stambolis, Barbara (2009): »Fotografie und Erinnerung: Erinnerungsbilder und innere Bildwelten im mentalen Gepäck der Kinder des Zweiten Weltkriegs«, in: Vadim Oswalt/Hans-Jürgen Pandel (Hg.): Geschichtskultur. Die Anwesenheit von Vergangenheit in der Gegenwart, Schwalbach am Taunus: Wochenschau, S. 225-236.

Stambolis, Barbara/Jakob, Volker (Hg.) (2006): Kriegskinder zwischen Hitlerjugend und Nachkriegsalltag. Fotografien von Walter Nies, Münster: Agenda.

Stargardt, Nicholas (2006): Witnesses of War: Children's Lives under the Nazis, New York: Random House.

Stargardt, Nicholas (2007): »A German Trauma?«, in: Schweizerische Zeitschrift für Geschichte 57(1), S. 85-98.

Summerfield, Derek (2000): »Childhood, War, Refugeedom and ›Trauma‹: Three Core Questions for Mental Health Professionals«, in: Transcultural Psychiatry 37(3), S. 417-433.

Summerfield, Derek (2001): »The invention of post-traumatic stress disorder and the social usefulness of a psychiatric category«, in: British Medical Journal 322, S. 95-98.

Teegen, Frauke/Meister, Verena (2000): »Traumatische Erfahrungen deutscher Flüchtlinge am Ende des II. Weltkriegs und heutige Belastungsstörungen«, in: Zeitschrift für Gerontopsychologie und -psychiatrie 13(3/4), S. 112-124.

Thießen, Malte (2009): »Zeitzeuge und Erinnerungskultur. Zum Verhältnis von privaten und öffentlichen Erzählungen des Luftkriegs«, in: Seegers/Reulecke, Die »Generation der Kriegskinder«, S. 157-182.

Ustorf, Anne-Ev (2008): Wir Kinder der Kriegskinder: Die Generation im Schatten des Zweiten Weltkriegs, Freiburg/Basel/Wien: Herder.

Van Loon, Joost (2008): Media Technology: Critical Perspectives, Maidenhead/New York: Open University Press.

Völter, Bettina (2008): »Generationenforschung und ›transgenerationale Weitergabe‹ aus biografietheoretischer Perspektive«, in: Radebold/Bohleber/Zinnecker, Transgenerationale Weitergabe kriegsbelasteter Kindheiten, S. 95-106.

Wägenbaur, Thomas (1998): »The Memory and Recollection: The Cognitive and Literary Model«, in: Ders. (Hg.): The Poetics of Memory, Tübingen: Stauffenburg, S. 3-22.

Weinrich, Harald (1964): »Typen der Gedächtnismetaphorik«, in: Archiv für Begriffsgeschichte 9, S. 23-26.

Weisbrod, Bernd (2007): »Cultures of Change: Political Generations and Silent Generations in Post-War Germany«, in: Stephen Lovell (Hg.): Generations in Twentieth-Century Europe, London: Palgrave MacMillan, S. 19-35.

Welzer, Harald (2002): Das kommunikative Gedächtnis. Eine Theorie der Erinnerung, München: C.H. Beck.

Welzer, Harald (2004): »Schön unscharf. Über die Konjunktur der Familien- und Generationenromane«, in: Mittelweg 36, 13(1), S. 53-64.

Welzer, Harald (2008): »Die Nachhaltigkeit historischer Erfahrungen. Eine sozialpsychologische Perspektive«, in: Radebold/Bohleber/Zinnecker, Transgenerationale Weitergabe kriegsbelasteter Kindheiten, S. 75-93.

Welzer, Harald (2010): »Erinnerung und Gedächtnis: Desiderate und Perspektiven«, in: Christian Gudehus/Ariane Eichenberg/Ders. (Hg.): Gedächtnis und Erinnerung. Ein interdisziplinäres Handbuch, Stuttgart: Metzler, S. 1-10.

Welzer, Harald/Moller, Sabine/Tschuggnall, Karoline (2002): »Opa war kein Nazi«: Nationalsozialismus und Holocaust im Familiengedächtnis, Frankfurt a.M.: Fischer.

Werner, Emmy E. (2001): Unschuldige Zeugen. Der Zweite Weltkrieg in den Augen von Kindern, Hamburg/Wien: Europa Verlag.

Young, Allan (1997): The Harmony of Illusions: Inventing Post-Traumatic Stress Disorder, Princeton: Princeton University Press.

Zerubavel, Eviatar (2003): Time Maps: Collective Memory and the Social Shape of the Past, Chicago/London: The University of Chicago Press

Zifonun, Darius (2004): Gedenken und Identität. Der deutsche Erinnerungsdiskurs, Frankfurt a.M./New York: Campus.

Zimmer, Hasko (2005): »Kollektives Gedächtnis im Zeitalter der Globalisierung: Gibt es eine postnationale Erinnerungskultur?«, in: Helma Lutz/Kathrin Gawarecki (Hg.): Kolonialismus und Erinnerungskultur: die Kolonialvergangenheit im kollektiven Gedächtnis der deutschen und niederländischen Einwanderungsgesellschaft, Münster: Waxmann, S. 67-80.

Zinnecker, Jürgen (2006): »Autobiografisches Schreiben als Erinnern einer Kriegsgeneration«, in: Kulturwissenschaftliches Institut (Hg.): Jahrbuch 2005, Bielefeld: transcript, S. 89-112.

Zinnecker, Jürgen (2008a): »Die Generation der Kriegskinder als Erinnerungsgemeinschaft«, in: Behnken/Mikota, Gemeinsam an der Familiengeschichte arbeiten, S. 21-29.

Zinnecker, Jürgen (2008b): »Die ›transgenerationale Weitergabe‹ der Erfahrung des Weltkrieges in der Familie. Der Blickwinkel der Familien-, Sozialisations- und Generationenforschung«, in: Radebold/Bohleber/Ders., Transgenerationale Weitergabe kriegsbelasteter Kindheiten, S. 141-154.

Sozialtheorie

Ulrich Bröckling,
Robert Feustel (Hg.)
Das Politische denken
Zeitgenössische Positionen

Januar 2010, 340 Seiten, kart., 25,80 €,
ISBN 978-3-8376-1160-1

Markus Gamper,
Linda Reschke (Hg.)
Knoten und Kanten
Soziale Netzwerkanalyse in Wirtschafts- und Migrationsforschung

Oktober 2010, ca. 280 Seiten, kart., ca. 29,80 €,
ISBN 978-3-8376-1311-7

Jürgen Howaldt, Michael Schwarz
»Soziale Innovation« im Fokus
Skizze eines gesellschaftstheoretisch inspirierten Forschungskonzepts

August 2010, 152 Seiten, kart., 18,80 €,
ISBN 978-3-8376-1535-7

Leseproben, weitere Informationen und Bestellmöglichkeiten finden Sie unter www.transcript-verlag.de

Sozialtheorie

KARIN KAUDELKA,
GERHARD KILGER (HG.)
Die Arbeitswelt von morgen
Wie wollen wir leben und arbeiten?

Oktober 2010, ca. 234 Seiten,
kart., zahlr. Abb., 19,80 €,
ISBN 978-3-8376-1423-7

MAX MILLER
Sozialtheorie
Eine Kritik aktueller
Theorieparadigmen.
Gesammelte Aufsätze

Dezember 2010, ca. 300 Seiten, kart., ca. 27,80 €,
ISBN 978-3-89942-703-5

ELISABETH MIXA
Body & Soul
Wellness: von heilsamer Lustbarkeit
und Postsexualität

Januar 2011, ca. 250 Seiten, kart., zahlr. Abb.,
ca. 24,80 €,
ISBN 978-3-8376-1154-0

**Leseproben, weitere Informationen und Bestellmöglichkeiten
finden Sie unter www.transcript-verlag.de**

Sozialtheorie

Roswitha Breckner
Sozialtheorie des Bildes
Zur interpretativen Analyse von Bildern und Fotografien
Dezember 2010, ca. 386 Seiten, kart., zahlr. z.T. farb. Abb., ca. 33,80 €,
ISBN 978-3-8376-1282-0

Hannelore Bublitz
Im Beichtstuhl der Medien
Die Produktion des Selbst im öffentlichen Bekenntnis
März 2010, 240 Seiten, kart., 25,80 €,
ISBN 978-3-8376-1371-1

Michael Busch, Jan Jeskow, Rüdiger Stutz (Hg.)
Zwischen Prekarisierung und Protest
Die Lebenslagen und Generationsbilder von Jugendlichen in Ost und West
Januar 2010, 496 Seiten, kart., 29,80 €,
ISBN 978-3-8376-1203-5

Pradeep Chakkarath, Doris Weidemann (Hg.)
Kulturpsychologische Gegenwartsdiagnosen
Bestandsaufnahmen zu Wissenschaft und Gesellschaft
Oktober 2010, ca. 226 Seiten, kart., ca. 25,80 €,
ISBN 978-3-8376-1500-5

Carolin Kollewe, Elmar Schenkel (Hg.)
Alter: unbekannt
Über die Vielfalt des Älterwerdens. Internationale Perspektiven
Januar 2011, ca. 280 Seiten, kart., zahlr. Abb., 29,80 €,
ISBN 978-3-8376-1506-7

Thomas Lenz
Konsum und Modernisierung
Die Debatte um das Warenhaus als Diskurs um die Moderne
Oktober 2010, ca. 218 Seiten, kart., ca. 23,80 €,
ISBN 978-3-8376-1382-7

Stephan Lorenz (Hg.)
TafelGesellschaft
Zum neuen Umgang mit Überfluss und Ausgrenzung
August 2010, 240 Seiten, kart., 22,80 €,
ISBN 978-3-8376-1504-3

Herfried Münkler, Matthias Bohlender, Sabine Meurer (Hg.)
Handeln unter Risiko
Gestaltungsansätze zwischen Wagnis und Vorsorge
Juli 2010, 288 Seiten, kart., 29,80 €,
ISBN 978-3-8376-1228-8

Herfried Münkler, Matthias Bohlender, Sabine Meurer (Hg.)
Sicherheit und Risiko
Über den Umgang mit Gefahr im 21. Jahrhundert
März 2010, 266 Seiten, kart., zahlr. Abb., 26,80 €,
ISBN 978-3-8376-1229-5

Mathias Stuhr
Mythos New Economy
Die Arbeit an der Geschichte der Informationsgesellschaft
Juli 2010, 330 Seiten, kart., 29,80 €,
ISBN 978-3-8376-1430-5